経済と法の原理論

宇野弘蔵の法律学

青木孝平 著

Principles of Political Economy and Law

Uno Kozo's Jurisprudence

Aoki kohei

社会評論社

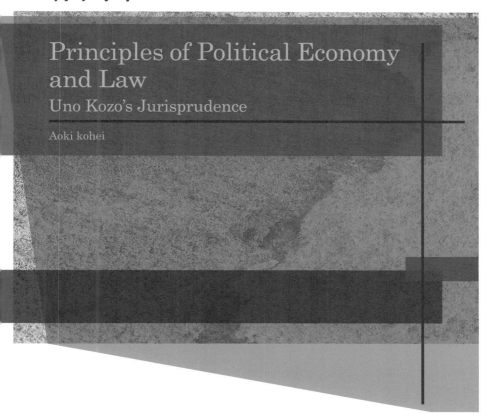

まえがき

本書は、『資本論』の随所に見られる法的カテゴリーを、宇野弘蔵の法学に対する問題提起にしたがって再構成し体系化することを意図した試論である。こうした「『資本論』に対応する原理としての法体系」を構築するという課題は、宇野自身が長年にわたり強く念願しながらもついに実現しえなかった、いわば宇野の〝遺言〟にあたるものでもある。

もっとも、不遜ながら、私がこのような〝遺言の執行〟を試みるのはこれが最初ではない。今から三〇年以上も前の一九八四年に、私にとって処女作である『資本論と法原理』と題する書物を論創社から刊行している。本書は、この旧著を内容、文体ともに全面的に書き改め、その後に執筆した関連論文を補ったものである。旧著『資本論と法原理』は、なにぶんにも三〇歳前後に書いた「若書き」であり、難解であることを秀逸であることと勘違いした悪文の典型であった。そのため、長年、その意図が読者に十分に伝わらなかったのではないかと危惧し続けてきた。けれども、そうした心配は杞憂であったのかもしれない。この書物は、すでに在庫がまったくない状態であり、一部の熱心な読者からその復刊を望む声が漏れ聴こえるようにもなってきた。そうした経緯もあって本書は上梓される。旧著の増補全面改訂版というより、ほとんど新たに執筆したものなので、まったく別の著作として読んでもらいたいと願い、タイトルも『経済と法の原理論』と改めた。

顧みれば旧著の執筆時、私はいまだ法社会学なるものを専攻する一大学院生であり、経済学にかんして誰の指導も受けたことのない門外漢にすぎなかった。そんな私が、無謀にも意を決して、あえて『資本論』＝経済原論に対応する「原理としての法体系」を試作することに挑戦したのである。そのため旧著の「まえがき」には、かなり生意気で優等生を気取った調子で、その執筆の動機を次のように書き記していた。

「第一に、ますます錯綜と混迷をきわめ多元的に制定される現代国家の諸立法の解明のためには、一見迂遠のようであるが、資本主義＝近代市民社会における意思関係（権利義務関係）の原理的構造を正確に把握し、各国の発展段階の典型的な立法化の機構を媒介に、その現代的変貌の根拠を探るしかないからであり、第二に、かかる現代法を分析する課題を果たすべく、法解釈学を乗り越え登場したはずのマルクス主義法学が、まったく有効に機能していない現状を多少とも切開せんがためである。」

けれども、この三〇有余年のあいだに、法学界の「マルクス離れ」は止め処なく進んで、わが国のマルクス主義法学は、一九七〇～八〇年代における藤田勇の『法と経済の一般理論』および『マルクス主義法学講座全八巻』の刊行をピークに衰退の一途をたどり、一九九一年のソ連邦の崩壊をへて二一世紀に入ると、もはや影も形もなくなってしまった。かつてのマルクス主義法学者は、いまやリベラルな進歩的人権派に装いを変えて、かつての学問的蓄積の一切を歴史のくず箱に投げ捨て、初めから何もなかったかのようにひたすら口をつぐんでいるようにみえる。

だが旧著の刊行にさいして記した私の執筆の動機は、現在でもいささかも揺らいではいない。むしろ、マルクス主義の終焉を真正面から見据えて確認するために、今こそ、この新著を上梓しなければならない。その使命感は、以前にも増して強固なものになっているとさえいいうる。

なぜなら、歴史のくず箱の中で消滅したのは、「一般理論」とか「マルクス主義」という用語が端的に示しているように、マルクスの片言隻語をエンゲルスが定式化してレーニンやスターリンへと継承された、階級社会一般の経済と法の関係を、主義（イデオロギー）としての唯物史観によって裁断するドグマそのものだったのではないか。しかもそれは、法律学につきまとう近代の市民的権利を擁護する規範観念とストレートに結びつくことによって、さらにいっそう、本来のマルクスの法理論から遠ざかっていったように思われる。すなわち、一方で、いまもって前近代的な共同体規範を告発し、独立・自由・平等の西欧的権利を展望する市民法学に見られがちな啓蒙的発想を色濃く帯び、他方で、現代資本主義の国家的組織化に追随した社会民主主義的な「社会法」ないし「公共の福祉」を賛美する、両極的な法曹的改良の実践と癒着することによって、イデオロギーから独立した社会科学としての法学の確立をますます困難にしてきたように思われるのである。

だがいうまでもなく、マルクス自身の法に対するスタンスは、初期の「ユダヤ人問題のために」や「ヘーゲル法哲学批判」から最終的に『資本論』にいたるまで、一貫して資本主義社会のイデオロギー体系としての近代法と権利そのものを批判の対象とするものであった。個別の法律のもつ階級的機能に対する実践的批判ではなく、「法は守らるべし」とされる近代法の合理性と正当性すなわち法の物神性そのものが、理論的に分析の俎上に載せられなければならない。じっさいこのことは、法学から始まったマルクスの社会科学が、政治学による階級国家の根拠づけに向かうのではなく、資本主義的市場メカニズムの特殊性を体系化する『資本論』へと結実していったことに端的に表現されていよう。逆説的ではあるが、『資本論』は経済学の書物として自らを純化することによって、それを包む外皮としての法的関係に、総体的な分析の基準を与えたのである。

文献学的にも、マルクスによる『経済学批判要綱』から『資本論』へといたる経済学研究の進展は、「国家によるブルジョア社会の総括」や「領有法則の転回」による法の階級的機能への批判がしだいに消滅していく過程であった。それゆえ『資本論』体系の完成は、同時に、そのイデオロギー的表現である法の体系化への着手でもある。いいかえれば初期マルクス以来の懸案である「法学批判」の開始であったとみることもできよう。

したがって、宇野弘蔵が『資本論』を敷衍して構想した「法の原理論」は、経済過程が、商品形態によって諸階級を総括する自立的完結性をもつことに対応して、普遍的で無階級的な形式の法規範に、特殊資本主義的なイデオロギー性を見て取ることを課題とすることになる。そのためには、私法、とりわけ市場経済の自己調整メカニズムを「私的自治・自己責任・財産権の不可侵」というかたちで表現する所有権法の領域で、まずは、完結的世界を構築することが喫緊のテーマとなるであろう。刑法や公法はこれを外から保障するものとして、『資本論』に直接に照応するものではないが、私法の世界は、流通・生産・分配に対応する物神性の堆積プロセスが構造的に解明できるはずである。

本書では、まずは「序章」において、宇野弘蔵自身の言説に依拠し、私なりに法の原理的体系化の構想を提起する。ついで「本論」では、対象をひとまず私法（所有権法）領域に限定して、その編成と展開、体系を、『資本論』の再構成の課題をともないつつ叙述することにする。また、本来の最終目標である現代法分析に鑑み、段階論としての国家による法の制定化のプロセス、および現代法における福祉国家と新自由主義の法政策にかんしても、紙幅の許すかぎり視点を補足したいと思う。

あらためて強調するが、宇野の説いた経済学は、「まず原理論において法学と、ついで段階論で政治学と共同」してこそ、現状を有効に分析しうる本来の意味での社会科学たりうる。その意味で、これまで宇野学派が経済学にこもり、また法学者が宇野理論に無関心であったのは、不可解で異常な事態であったといわざるをえない。本書は、いまなお浅学菲才による誤解に充ちているかもしれない。しかしながらこの試みが、わずかでも経済学と法学とを、さらには社会諸科学全体とを架橋する一助になれば、これにまさる幸せはない。

読者の厳しいご批判とご叱正を仰ぎたいと思う。

著者

経済と法の原理論——宇野弘蔵の法律学＊目次

第二章　資本の生産過程と労働法

第三章　信用制度と債権法

第四章　地代論と土地所有権

補論1　民主主義法学の衰退と川島法学

補論2　中小企業と「営業の自由」論争

序章　宇野弘蔵の法律学

一　はじめに

序章では、これまでまったくといってよいほど無視されてきた、宇野弘蔵自身による法学に対する問題提起を紹介し検討したいと思う。

宇野弘蔵は、一九五一年の「社会科学としての法律学」をはじめ、法学に提言するいくつかの論文を発表している。また、一九五五年には、『法律時報』が企画した鼎談「法律学への疑問——法の社会科学的研究方法について」において、法学者の鵜飼信成と有泉亨を相手に、みずからの経済学との関連において法律学への批判を展開している。

もっとも、宇野は、自らを「法律学のしろうと」と前置きしてその主張を述べているように、あらかじめ完成した法学研究の体系が存在するわけではない。けれども宇野は、この鼎談の最初に、宇野理論をたんなる経済学プロパーの方法論であると理解する法学者たちに対して、これを否定し、自らの三段階論が「少なくとも経済学、法律学、政治学を中心にその他の社会諸科学を統合する方法体系」として画策したものであると公言している。しかも、「政治学・国家論は段階論からはじまる」のに対し、これと異なり、「法律学は、経済学の流通・生産・分配に対応するがごとき、私法から始まり刑法・公法にいたる体系が原理として一応展開できる」[1]とまで主張している。それゆえ、宇野の意図した「法の原理論」とはいかなるものか。すでに崩壊したマルクス主義法学に対して、どのような独自性と優位性を発揮できるのか、まず、この点を考察してみたい。

折しも宇野弘蔵の没後すでに四〇年の時間が経過し、固有の経済学シューレとしての宇野学派は次第に減少して、ますます仲間内だけのトリヴィアルな議論に終始している。しかも、現状を有効に分析できる方法論的視点の一致さえみないまま、混迷を深めて解体の危機に瀕しているといってよい。(2)こうした状況のなかで、むしろ経済学以外の研究者によって、宇野理論に学んで社会科学を再考しようという動き(3)もみられるようになってきた。そうした人たちによって、宇野理論を、広く社会科学全体を包括する方法論として検討した、かつての降旗節雄、鎌倉孝夫、柴垣和夫らの研究(4)が、わずかながらも顧みられつつある。このことは、宇野理論を経済学の方法論にとどめず、社会科学諸部門の体系的統合に生かそうと志す者にとってかすかな希望であろう。

さて、宇野が法学にかんする論文や発言を発表した一九五〇年代は、奇しくもわが国の法学界における戦後最初にして最大の論争である「法社会学論争」がはなばなしく展開された時期とみごとに一致する。

この論争は、A・Ia・ヴィシンスキーの影響のもとに形成された日本の「マルクス主義法学派」が、E・B・パシュカーニスを介して形成された川島武宜や山中康雄らの「法社会学派」を全面否定して始まり、互いに激しい議論を展開するものであった。宇野が、ドイツ修正主義論争をへた日本資本主義論争の過程において、けれどもそれへの参加をひかえた冷静で深い関心を秘めた客観的考察によって、「労農派」と「講座派」の両派を超える方法論を確立したことを想起するとき、宇野による法の原理論の提起は、たとえ未完成とはいえ、初期ソヴィエト法論争から日本法社会学論争にいたるプロセスを見据えて構想されたと推測するのも、あながち過剰な思い入れではないように思われる。

そこで筆者も宇野にならい、初心に帰ってみずからを「経済学のしろうと」と反省しつつ、宇野弘蔵の法学原理論構想を、その経済学との連関をふまえた体系性において紹介してみることにしたい。そして、これを当時の法社会学論争の総括から捉え返すことによって、その歴史的意義と理論的画期性をあらためて俯瞰してみようと思う。

二　戦後法社会学論争と宇野弘蔵

1　マルクス主義法学への批判

宇野弘蔵は、一九四七年にその独自の『価値論』を発表し、一九五〇年には『経済原論』の上巻を、そして五三年にはその下巻を公刊して、マルクスの『資本論』の原理的な純化を試みつつ社会科学の体系化に着手している。この時期はちょうど、わが国の法学界が、戦争による転向という暗い谷間から復興し、法の社会科学の黎明ともいえる一九四八年から五一年までつづく「法社会学論争」によって再生を期さんとした時代と重なる。

①　法の概念論争

当時の日本の法学は、戦前以来の野呂栄太郎や山田盛太郎による「講座派」経済学を共通の土壌として形成されたといってよいだろう。一方には、平野義太郎、風早八十二、山之内一郎、杉之原舜一ら「プロレタリア科学研究所」に結集した研究者を中心とするいわゆるマルクス主義法学派が存在した。彼らは、「軍事的半農奴制的天皇制国家」の絶対主義的法体制を社会主義革命への展望をもった民主的な近代的法制度に変革しようとするグループであった。そして他方には、戦前に末弘厳太郎によって創始され、川島武宜、戒能通孝、山中康雄らへとつづくいわゆる法社会学派が存在した。彼らは、戦中のマルクス主義に対する弾圧のなかにおいても市民的リベラルな法律学を維持し継承してきたと自負する「民主主義科学者協会」に集うグループであった。それゆえ「法社会学論争」とは、この両派の蜜月から対立にいたる歴史プロセスとして捉えることができるであろう。

しかしながら一連の戦後における法制度の改革が、占領軍と日本の権力による新憲法の制定に始まり労働法の公布や農地改革、家族制度の廃止などをつうじて矢継ぎ早に実現されていくなかで、この二つの研究者集団は、その共同綱領である「前近代的制度の批判によるブルジョア法制度の確立」という目標を急速に喪失し、矛先の向けるべき対象をしだいに見失ってゆくことになる。それゆえ法制度の変革の焦点を、マルクス主義法学派は、人民民主主義革命論にもとづく天皇制国家の打倒という国家権力論に定め、これに対して法社会学派は、憲法で保障された近代的法制度を現実の社会関係のなかに定着させ土着化させる方向へと分解していくのは避けられないところであった。

そしてそれは、たんなる実践的目標の相違にとどまらず、法学における分析対象の差異、ひいては法の概念に対する認識そのものの決定的な背馳をもたらしてゆくものでもあった。このことは、論争の当初、戒能通孝が、法社会学の性格を、「反動に対しては進歩的であるが、革命に対しては保守的な……ブルジョア科学」[5]というように自己限定している点に端的にあらわれていよう。すなわち、少なくとも戦後初期において両派は、マルクス主義法学が「国家法」や「裁判規範」という権力関係を分析対象とするのに対して、法社会学はその分析対象をもっぱら「生ける法」や「行為規範」という社会関係に限るという、分業と平和共存ともいえる関係にあった。だがこの両派の関係は、やがて相互の了解による統一戦線を踏みはずした、マルクス主義法学から法社会学に対する宣戦布告へと発展していったのである。

これが、法社会学論争の第一論点としての「法の概念論争」であった。

この法の概念論争は、民科を代表する川島武宜の一九四七年の論文「労働法の特殊性と労働法学の課題」および四八年の「生産管理の違法性と合法性」に対して、四九年に、プロ科を代表する杉之原舜一が論文「法社会学の性格」を発表したことによって一挙に口火が切られた。杉之原は、川島の法社会学が人々の行為規範を「生ける法」と呼んで社会関係そのものの内部に法の存在を認めている点を批判し、行為規範と裁判規範とは直接的な国家権力の発動の有無の点で本質的に異なることを強調した。それゆえ法のメルクマールは、「国家意思」に、すなわち「支配階級に有利にして必要な社会関係と秩序を防衛し、維持発展せしめる意思であり、支配階級の権力意思の最も集中的な表現として、……その意思に反するあらゆる意思と力を抑圧しようとする強制力」[6]に求めねばならないという。すなわち、裁判規範としての「国家法」だけが、ゆいいつ行為規範をも規定するあらゆる法規範と法的関係の基礎であるとするのである。こうした見解は、その後一九五〇年の熊倉武の「法の階級性について」および細野武男の「法社会学に対する疑問」によって、いっそう補強されていった。

そして最終的には、五一年に、山之内一郎がソ連邦において公認されたA・Ia・ヴィシンスキーの「法の定義」を輸入し紹介することによって、この論争に決着がつけられることになる。当時、I・V・スターリンの権威は絶大であり、その指導のもとにつくられたヴィシンスキーによる法の定義もまた、何人も逆らえない聖なる布告であったといえよう。ヴィシンスキーは法を次のように定義する、

「法とは、支配階級の意思を表現し、立法手続きによって制定された行為諸規範、ならびにその適用が支配階級に有利で好都合な社会関係を保護、強化、発展させるために、国家の強制力によって保障されるところの、国家権力によってサンクションをうけた慣習および共同生活のための諸規範の総体である。(7)」

この定義は、マルクスとエンゲルスの共著『共産党宣言』や、エンゲルスの『家族・私有財産・国家の起源』および『反デューリング論』そしてその継承であるV・I・レーニンの『国家と革命』に原型があり、これらを集大成して形成されたとされるスターリンの理論体系の一環である。それゆえこの定義は、その後、M・ゴルンスキーやA・ストロゴヴィッチによって継承されてソ連科学アカデミー研究所の公認理論となり、日本においても、長谷川正安、影山日出弥、藤田勇らが依拠するところとなる。マルクス主義法学のもっとも有力な根本テーゼであったことは言をまたないであろう。

②　宇野弘蔵による批判

ところが、こうしたヴィシンスキー流の法概念の大合唱のなかで、ひとりこれに懐疑と批判の念を抱くマルクス理論家が存在した。いうまでもなく、それが宇野弘蔵である。宇野は、経済学における講座派と労農派の対立にさいし、すでに両派に共通するK・カウツキーいらいの一国単線発展論型の「唯物史観」を独自の三段階論によって批判しており、戦後における両派の共倒れにかかわらない孤高の水準を維持していた。それればかりか、当時の絶対的権威であったスターリンの『社会主義の経済的諸問題』に対しても真っ向から異を唱えるスタンスを打ち固めていた。それゆえ法にかんしても、階級社会一般と国家の階級性を前提とするマルクス主義法学に対して、原理論としての『資本論』の研究を足場とした独自の社会科学理論にもとづいて果敢な批判に踏み込んでいくことになる。

宇野は、一九五一年の論文「社会科学としての法律学」において、「いわゆる市民社会を恰も理想社会の如く考える法理の解釈論の域を出ない法社会学」と、「一定の指導理念たる社会主義イデオロギーに基づくマルクス主義法学」とを、ともに「実践的主張と学問的主張の混同」と断じて批判し、とりわけ後者について、「法律関係をアタマから階級的なるものとすることは単なる解釈論と同様に、科学的研究をイデオロギー的な、実践的主張と混同するものに他ならない(8)」と厳しく拒絶する。そして、そもそも経済過程における階級関係を、直接に法律という上部構造的意思によってしか形成維持できないならば、意思から独立した法則的な土台が上部構造を規定するとはいえず、唯物史観の論拠さえ怪しくなると警鐘を鳴らすことになる。それゆえ宇野は、法学についてもヴィシンスキーの法の定義なるものよりも、なにより『資本論』の方法がまず活用されるべきだというのである。

周知のように「唯物史観」は、無階級社会から奴隷制、封建制、資本制という歴史過程を分業と私有の進展にともなう生産様式の発展段階として説く方法論であり、一八四五年の『ドイツ・イデオロギー』に始まり五九年の『経済学批判』の「序言」において定式化されたものである。これに対して一八六七年に公刊された『資本論』は、この定式を、あくまでもブルジョア社会の解剖のための「導きの糸」にとどめ、商品による商品の生産としての特殊資本主義社会の解明によって、逆に、これを基礎づける普遍的な「人類史の前提」である労働＝生産過程の意味を検証しようとしたものであった。

宇野によれば、『資本論』はまた、一九世紀中頃のイギリス産業資本の発展と純化傾向を方法的に模写して「攪乱的影響により不純にされることが最も少ない……過程の純粋な進行を保障する条件(9)」のもとで、資本主義生産様式を固有の対象として研究したものである。それゆえ、国家権力その他の上部構造による経済外強制を払拭して、経済過程が、商品価値の労働時間による規制および労働の社会的配分としての価値法則、労働力の需給関係を資本構成の変化によって規制する人口法則、さらに資本相互の競争による利潤率均等化法則をつうじて、市場の自己調整メカニズムとして成立しうる根拠を論証したものである。したがってここに、「何が階級を形成するか」という問いにも、はじめて客観的な解答が与えられることになる。

それゆえ、こうした『資本論』を根拠にしてのみ、いわゆる「土台」の諸個人の意思から独立した運動と、資本主義以前にはこの経済過程と混在していた「法的・政治的上部構造」の分離、そして土台による上部構造への規定性の根拠が明らかになる。総じてイデオロギー的仮説としてのいわゆる唯物史観も、ここにようやく客観的に論証されたものになるというのである。この点を宇野は次のようにいう、

「(ヴィシンスキーやマルクス主義法学のように) 法律を階級社会のイデオロギーだといって片付けても、決してその科学的根拠を明らかにするものではない。」「(資本主義的商品経済は) 国家権力や政治過程の積極的規制を不純要因として排除する傾向を示し」、「個々の私的個人の利害を吸収し無化して」、「市民社会イデオロギーを、それ自身にはなんらの階級的関係を表示しない法律形態で、……経済的分析をいわば外部的に対応するその根拠として採用し得るにすぎない」ものとして措定していく。それゆえ資本主義の原理論は「(その上部構造から) 階級的性格を直接に示す政治過程を除去し、……それ自身として決して階級的性格を明らかにするものといえない……私法・刑法・公法等の各分野にわたるいわゆる市民的法律関係を、手続き的なものを包含しつつ明らかにし得るものとならなければならない。[10]」

すなわち宇野によれば、『資本論』による原理的な土台の自立性の論証が、同時に、それに一方的に規定されるものとしての人間の意思関係の、独自の歴史をもたない存在拘束性と形式的普遍性という法的性格を明らかにすることになる。そしてこうした法の性格を基準として、「歴史的発展段階に応じて展開される法律の変化自身も……それ自身には階級的性格をもたないものも、階級的関係を包摂し、階級関係の変化とともに変化してくることが明らかになれば、もはやそれを超階級的なものとはいえなくなる」。たとえば宇野は、「一七、八世紀の自由主義段階における契約自由の原則に対し、一九世紀末から労働時間の制限とか最低賃金を決める法律的制約がでてくる」ことを例にとって、「むしろ非階級的な市民社会の原理として完成される法律が」「資本主義のさらに進んだ……金融資本の時代になると修正されてくることが明らかになれば、その変化は資本家的階級関係の変化に照応するものとして、いい換えれば法律自身が資本家的階級関係を含み得るものとしてあることが明らかにされる[11]」と述べる。

このことは、国家が制定する法律の階級性という問題は、国家論としての政治学が経済政策論や社会政策論と共同することによって、段階論のレヴェルではじめて客観的な根拠が与えられることを意味していよう。先の宇野の示した例にも明らかなように、とりわけ金融資本が主導する帝国主義の段階になると、経済と法律が一方的な規定関係ではなく、相互作用の関係にあることが明確になる。さらに、第一次大戦以降の現代においては、むしろ国家は支配的資本の利害から独立し、立法や政策による経済過程への反作用が全面に登場してくるといえる。しかしながら、こうした段階論における相互規定関係および現状分析における反作用の関係に目を奪われ、原理的な生産関係による法に対する規定性を見失ってはならないことはいうまでもない。

このようにして、宇野は、『資本論』に対応する原理論の体系が、政治学ではなく、法学においてのみ可能であることを明らかにした。

このことはまた、このような法の概念規定が、ひるがえって資本主義以前の社会構成における「法」の分析にも、歴史学や人類学の協力を得ながら一定の手掛かりを与えうることを意味していよう。前資本主義的な社会において「法」は、経済過程の上部構造ではなく、その内部自体に倫理や宗教および身分的な諸規範として混淆しており、こうした経済外的な強制に直接依拠して、社会の分業や協働の関係もまた実現されている。このような資本主義以外の社会における諸規範の「法」としての意義と限界の問題についても、法社会学がいう「生ける法」なる概念の有効性をあらためて検証して解決しなければならないであろう。まさに人間の解剖が猿の解剖に鍵を与えたのと同じく、唯物史観による法学ではなく、『資本論』による法学が唯物史観にも一定の根拠を与えることになるのである。

2 法社会学への批判

興味深いことに、法社会学論争の当時、杉之原舜一や熊倉武、山之内一郎らの、法を階級国家による強制規範とみなすマルクス主義の通説に対して、これに対抗しえたのは、法社会学者のなかでもマルクス主義にシンパシーをもつ研究者たちであった。末弘厳太郎の「魚は水中に棲むものなる如く、法律は実生活の中に内在する」(12)というテーゼを継承して考案された、川島武宜の「生ける法」論および山中康雄の「客観的法秩序」論がその代表的なものであろう。

① 法カテゴリーの自己発展論争

たとえば川島はいう、「法律ないし法規の現実的基盤は、社会関係の中に現実に行われている『生ける法』である。……そして『生ける法』の規範性は、結局一つの自然史的行程としての社会関係を貫徹する自然必然性そのものである。[13]」

この理論は、E・エールリッヒやO・ギールケの影響のもとに、団体の内部秩序を事実として存在する法として解明する社会有機体説的方法であり、個人意思と社会規範、土台と上部構造といった連関を解明できず、法を社会関係一般に埋没させることになる。このかぎりで、杉之原が批判したように「法の超歴史的永遠性」を主張するものたらざるをえない。

だが川島の方法は、たんなる法社会学にとどまらず、「国家と法的関係は……物質的生産関係に根ざす」という唯物史観にならい、マルクスの「生産関係」範疇を「分業」としての社会関係一般におし広げ、法規範をこの現実的基盤そのものの中に見いだして分析するものであった。それゆえ川島法社会学は、「近代市民法の、日本の物質的生活における定着」をめざす講座派的近代化論の立場から、「理想型としての『資本論』に対応する法の解明」を志向し、市民社会の中に生まれる近代法の形態分析に着手することになる。

じっさいその代表作である一九四九年の著書『所有権法の理論』においては、『資本論』の端緒である「商品」カテゴリーを商品生産を意味するものと理解し、それゆえ価値支配権としての所有権の現実的端緒を、分業労働にもとづく商品の私的・観念的・絶対的な性格に求めていくことになる。そして、エンゲルスの「社会的生産と私的所有の矛盾」を法的モメントに翻訳して、「所有権」の私的モメントからその社会的モメントが分裂するにつれて「契約」が誕生し、商品所有権そのものが契約をつうじて流通して、「資本としての所有権」にまで到達する。川島によれば、このことは、「所有権が……抽象的普遍的平等者の自由な世界を指示すると同様に、他方では、具体的特殊的な不平等な関係とそこにおける支配と強制の世界を指示する。後者は前者によって必然的に産出され、後者は前者を媒介して自己を実現する」[14]ということになるのである。

すなわちそれは、近代法が商品生産法（自由で平等な所有権）から資本家的商品生産法（資本による支配としての所有権）へと発展するプロセスをたどる法カテゴリーの自己発展理論であった。

同様に、山中康雄もまたいう、「あらゆる社会がそれ自身に固有している秩序は、必ず同時に法秩序であらねばならない。秩序はそれが秩序である以上、自己を維持し単一性を如何にしても確保しようとする本能的衝動を有する。[15]」

この山中の理論も、「客観的法秩序」と名づけられた社会有機体説にもとづいて、「社会あるところ法あり」の主張を前提としている。もっとも、山中の「社会」概念は、川島と異なって物質的労働や生産を基盤とする関係に限定されているわけではなく、はるかに広い概念である。たとえば「市民社会」は、川島と対極的に「生産をその外に置かれた……共同体的生産に対立する商品交換社会」というように流通形態として把握され、法は「市民社会」のほか「家族や国家そのほか多元的な部分社会」におのおの固有の内部秩序として存在するものとされる。この点において山中もまた、杉之原のいう「法の超歴史的永遠化」を免れていない。

しかし山中の本領は、川島以上に『資本論』に密着して、近代法を体系化しようと試みた点にあろう。一九四七年に公刊された山中の主著『市民社会と民法』は、『資本論』の端緒である「商品」の存在を事実上可能にする最小限不可欠の範疇として、民法の「人」「物」「行為」をあげる。そして、これらの範疇によって構成される「市民的法秩序」が、外部から「全体社会の基礎をなす生産」を取り込むプロセスとして、法範疇の弁証法的自己発展の方法を提起する。すなわち、商品形態に含まれる「人」「物」「行為」から資本主義的生産を可能にする「営業」という範疇まで法範疇の自己発展をはかり、「資本制法秩序を全面的に構造分析し、その本質を体系的統一の相において暴露せん」とするものであった。

それゆえ近代法は、商品交換法（流通形態）から私資本再生産法（資本主義的営業）にいたるまでカテゴリーの自己発展をとげるということになる。

もちろん川島や山中による法の把握もまた、当時のソビエト連邦の法理論から少なからず影響をうけていよう。一九二〇年代の戦時共産主義期におけるＭ・Ａ・レイスネルやＩ・Ｌ・ポドヴォロツキーは、法を階級規範とみる意思理論を提起したが、これに抗して、初期正統派であるP・I・ストゥチカやI・P・ラズモフスキーらが、すでに法を社会関係とみなす見解を提唱している。この見解は、とりあえずネップの基盤の安定を志向する実践的なものだったとはいえ、川島や山中の法理解はこれとよく似ている。しかも、ソ連邦の法学では、この初期正統派の胎内から、いみじくも『資本論』の「交換過程論」に依拠したE・B・パシュカーニスの法理論が登場してくる。ここに、法を商品交換における意思関係とする理論が誕生し、内外に大きな影響を与えることになった。だが、ソ連邦における法の概念論争は、その後のスターリン主義の隆盛のなかで、三〇年のパシュカーニスによる自己批判と三八年のヴィシンスキー理論の台頭によって終息をみることになる。

日本の法社会学論争も「法の概念論争」としては、ソ連邦の法論争とほぼ同一のプロセスをたどることになったといってよいだろう。だが注目すべきは、これと同時並行的に、マルクスに依拠した法の理解について、もう一つの新たな論点が登場したことである。

これが法社会学論争の第二論点としての「法範疇の自己発展論争」であった。

この論争は、一九四六年の山中論文「民主主義と法認識」を批判する四八年の杉之原論文「法律学における唯物論の課題」によって開始された。すなわち山中や川島の法社会学は、法を分析するにあたり端緒範疇を設定し、そこから弁証法的に法範疇の自己発展をはかるという方法論を提起していた。杉之原らのマルクス主義法学派が批判したのは、まさにこの点であった。杉之原は、「法現象としての個々の、したがってまた総体的な社会関係自身、その社会の経済構造を土台としているのだから、それ自身固有の歴史をもちえない。いわんやそこから抽象された規範法則とか法的概念ないし範疇が自己固有の歴史をもち、……相互発展的移行の関係をもちうるはずがない[17]」と主張したのである。これに対して四八年、山中は「法学の科学性」で応酬するが、翌四九年には杉之原が「科学としての法律学」、戒能通孝が「書評 市民社会と親族身分法」でそれぞれ再批判を行なう。これらに対して山中が同年に「法範疇の発展ということについて」という反論を発表して以降、いわゆるマルクス主義法学派から山中に対する感情的な罵倒に近い批判がくりかえされ、論争は堕落して終息していくことになる[18]。

② 宇野弘蔵による批判

もちろん、宇野弘蔵は、この法の端緒および範疇の自己発展論争に直接参加したわけではない。だが、先に紹介した『法律時報』の鼎談「法律学への疑問」において、鵜飼信成と有泉亨を相手に、事実上この論争にかんして批判的見解を開示している。そこにおいて鵜飼が法の端緒範疇論をうけついで、経済と法の関係について、商品交換は「そこに法律的なものがくっつかねば全然存在しえない」、「売買自体が法律関係を必ず予想する」と述べる。これを批判して宇野は、経済的関係は法で動くものではなく「商品交換は必ずしも法範疇的な媒介を必要とするものではない」ことを強調する。

すなわち宇野によれば、法範疇の自己発展論は、その端緒範疇を、山中のように流通に即した形態概念と解するにせよ、川島のように分業にもとづく実体概念とするにせよ、『資本論』の経済学的端緒である「商品」そのものの構成に不可欠の要素として、法を直接に対応させる誤解に起因しているのではないか、ということになる。流通が生産を全面的に包摂する資本主義社会において、商品交換は市場メカニズムとして自立し、それゆえその外側に、自由・平等のイデオロギーが非経済的な法的関係として形成される。だが、この過程は、「商品の内容規定が……特に法律関係としてある必要はない。」「経済の変化してゆくプロセス自身が法律関係で変わることはない[19]」というのである。

これに対して、交換の媒介という冒頭商品に密着した山中や川島による法の端緒の措定は、当然にも、資本主義的生産に照応する法の外皮性すなわち上部構造性を示しえない。そのため、たんなる商品交換を媒介する「人・物・行為」あるいは「所有・契約・人格」から、特殊に資本主義的生産関係を包含する「営業」あるいは「資本としての所有権」まで、法的カテゴリーの自己発展を行なわなければならなくなる。これは「生ける法」とか「客観的法秩序」という、あらゆる社会関係そのもののうちに法を見いだす法社会学の誤解のひとつの帰結であろう。いいかえれば、法をそのまま経済的カテゴリーに解消してしまう基底還元主義の限界でもある、ということになる。

それゆえ、こうした欠陥の克服は、つねとして問題となる「法の端緒は何か」、所有権か契約か人の行為か、などという議論ではありえない。むしろ『資本論』における経済的諸範疇の展開が「どこで」「なぜ」「どのようにして」、法範疇をその外部に分離せざるをえないか、をまず客観的に解明することに求めなければならない。留意すべきは、宇野は、商品の価値と使用価値の対立による形態の展開と、価値の実体なるものに基礎づけられた経済の自己調整的な運動とを明確に区別していた点である。なぜなら経済的範疇の矛盾的発展が解決され、確立した諸範疇の連関にもとづいて完成した構造を再生産する反復的・循環的な法則的メカニズムが成立したとき、はじめて、「その活動に内容的に触れずそれを外的に保障するものとして」、経済関係を普遍的な形式で表現する法的関係が分離せざるをえない根拠を獲得することになるからである。

すでに宇野はその独自の価値論の研究によって、経済活動には商品の担い手である商品所持者の主観的な意思表現が不可欠である点を明らかにしていた。この意思表現は、その意図せざる総体的な連関として、さながら「理性の狡智」たる客観的法則性をつくりだす。そしてそれはひるがえって、諸個人の意思に外的に対立する規範関係すなわち法イデオロギーとして受容されることになる。この意味において経済的人間の意思表現（価値形態）と、人間諸関係の物象化された法則性（マルクスのいう価値実体）を表現する意思関係とは厳密に区別されなければならない。いうまでもなく後者、すなわち普遍的意思関係としての規範関係のみが法的カテゴリーでありうるのである。

こうして『資本論』にもとづく法学は、冒頭商品からカテゴリーの展開により上向する経済学の方法をまねた法社会学の方法論、すなわち法範疇の自己発展論とは根本的に異なることになる。すなわち、法の原理論は、経済の自己調整メカニズムに対応する外皮としての意思関係として、いいかえれば、その上部構造性を論証しうる体系として構成されねばならないことになろう。

三　宇野の法学原理論構想

1　法学の方法論

宇野は、先の鼎談「法律学への疑問」において、「法律学は、政治的支配関係から自由な経済活動にも内容的には触れないで、形式的にその活動を保障するものとして純粋の資本主義に対応するイデオロギー体系ができる。それが法律学の原理だ」といい、「経済学の原理とそれに対応した市民法の基礎的カテゴリーつまり近代私法の骨格、さらに発展して刑法、公法の一般理論ができるのではないか[20]」と提言する。こうした見解は、これ以降も、一九六二年の『経済学方法論』、六七年の『演習経済原論』でたびたびくりかえされ、同年の『経済学を語る』では、法社会学者の渡辺洋三を相手に、東京大学社会科学研究所において経済学・法学・政治学が共同研究をする前提として、法学原理論の構想[21]が提案されることになる。

宇野はいう、法の原理論は、各国の具体的な憲法・民法・刑法といった実定法から帰納的に一般原理を求める実証主義的方法ではなく、反対に、資本主義的商品経済の純化傾向に即した「一九世紀中頃の自由主義の時代のイギリスで形成されつつあった法律関係」を極限化して抽象したものとして構成しうる。それは「ヘーゲルの法律哲学が示したようなものを、法律哲学としてではなく、ちょうど経済学の原理論のように今日の市民社会の法律的関係の一般的規定[22]」として与えるものになる。すなわち、資本主義が資本主義であるかぎりどこにでも通用する法規範への要求を解明し、それが各国の実定法や慣習法の研究にさいして基準となるというのである。

「ただし」と宇野は付け加える。法学原理論は、「市民的な社会関係が理想状態であるかのような主観的意図が非常に入っている法社会学」のごとき、実践目標を打ち建てることを課題とするのではない。各国の法律の現状は、経済学の原理に対応した近代法の骨格を基準に、典型的な歴史段階の国家法としての変容を媒介にして、あくまでも客観的に分析されねばならない。この意味において、日本の後進性を「道義的あるいは法律的憤慨をもって研究する……法社会学は法社会科学になっていない[23]」。三段階論の方法にたてば、世界資本主義の帝国主義段階にはじめて資本主義化を遂げた日本としては、西欧から移入された近代法の諸規範と、農村を中心とした過剰の零細農の滞留による封建的社会関係の共存はむしろ当然の成りゆきであった、というのである。

すなわち、ともに講座派シェーマに則った法社会学とマルクス主義法学に共通する「封建的生産関係を基礎とする近代法規範」という奇妙な現状認識が、法における規範と社会関係の対立を法社会学論争としてひき起こすことになった。しかしながら、労農派のように、帝国主義段階固有の特徴を検証しないままで、原理的な資本主義と市民法の像を、およそそれと不整合な日本の現状に直接に当てはめる方法もまた明白に間違っている。この点において、労農派が法律学者をまったく魅了しないのも納得のゆく当然の事態であった。それゆえ宇野は、「日本における封建的法的慣行の実態調査という法社会学の本領」も、原理論、段階論をふまえた現状分析として行なわれてこそ、はじめて有効性を発揮するものとなるのではないか、と提言するのである。

このような冷静で巨大な射程をもつ法の三段階論の基軸をなす「法学原理論」の構想を、次に、経済と法の分離、法の構造的体系性、法の階級性といった諸点について、試論として若干の提示をしてみたい。

2　経済と法の分離

マルクスの『資本論』は、その第一部を「資本の生産過程」、第二部を「資本の流通過程」、そして第三部を「資本主義的生産の総過程」としている。これに対して宇野の『経済原論』は、『資本論』の冒頭の商品から価値の実体としての労働を削除し、商品―貨幣―資本の展開を第一篇「流通論」として置き、資本の生産過程を第二篇「生産論」とし、そのうえで資本の競争を第三篇「分配論」と規定して、『資本論』の組み替えを行なっている。G・W・F・ヘーゲルの弁証法をまねたトリアーデの編成であるといってよいだろう。

しかしながら、そこには何より、商品経済が労働＝生産過程を包摂して市民社会というかたちで自立するのは、いわゆる小生産社会ではなく資本主義社会としてのみ可能であることを強調する含みがあった。それゆえ宇野によれば、この経済原論の編成に照応して、市民社会の法体系がはじめて資本主義の上部構造として展開できることになる。

まず流通論は、社会の普遍的秩序を外部的に編成する欲求の形式であり、資本主義社会に固有の秩序を形成する前提条件をなす。経済過程は自立した内容をもたず、出発点である商品は、いまだ直接的に持ち手の個別的意思によって担われている。それゆえ流通論における商品―貨幣―資本の展開は、ヘーゲルの『法の哲学』における市民社会論と同様に、人間の欲求の形式が、個別意思から特殊意思を介して普遍意思にまで発展し、最終的に法規範を編成するにいたるプロセス(24)に対応することになる。

商品（一章）は、どんな生産過程の生産物であろうと、持ち手がその欲する使用価値物によって価値を表現する場面であらわれる。すなわち商品は、価値を表現する形態（相対的価値形態）と表現される形態（等価形態）の非対称的な関係概念であり、それはけっして「交換関係」にあるわけではない。それゆえその持ち手は、いまだ商品の取得になんら権原をもたない事実上の占有者つまり商品所持者といってよいだろう。この人間はいまだ経済的範疇と未分化のものとして、経済的諸関係のなかに埋もれている。商品の価値形態論は、こうした具体的人間の欲求ないし個別的意思を動力として、その価値表現の主観性がしだいに払拭され、さまざまな諸個人の、したがってあらゆる商品所持者の共通の欲望の対象となりうる一般的等価形態を要請するものとして展開されることになる。

この一般的等価形態が貨幣（二章）であり、それゆえ貨幣の価値尺度機能をつうじてひとまず売買としての「交換」が実現される。したがって「交換」は貨幣の側からの一方的で非対称的な購買にすぎない。貨幣の持ち手は、その使用価値への欲求をゆいいつ実現できる特殊意思の担い手であり、この特殊意思を前提としてのみ、流通手段から蓄蔵―支払い手段―資金といった流通諸機能もまたはじめて実現できることになる。

資本（三章）は、人間の意思の主観性をさらに制約することになる。貨幣Gから商品Wを介して貨幣G′に帰る商人資本形式G―W―G′、そして貨幣が自己増殖する金貸資本形式G……G′においては、いっけん経済過程は人間の意思から自立して運動するようにみえる。だがこのメタモルフォーゼは、貨幣の担い手である商人ないし金貸しの特別の手腕すなわち特殊意思を離れて存在しえない。この解決として、最終的に、資本の内部に生産過程Pを包み込む産業資本形式G―W…P…W′―G′が要請されることになる。

このようにして流通論全体をつうじ、商品の持ち手（所持者）はその欲求の表現を、個別意思から特殊意思を介して、共通な一つの全社会的すなわち普遍的な意思関係としての法的関係へと発展させていく。それゆえ流通論は、終局において生産過程における労働に基礎づけられ、商品交換を純粋に経済的な等価交換関係として完成させることになる。宇野の表現を借りれば、経済過程は「人間（Mensch）の意思の主観的契機を吸収して無化して」、「（これを）媒介せずとも解ける問題として土台を自立させるとともに、……人の物に対する普遍的意思の形式をいわばそれを包んでいる外皮として分離するに至る[25]」。したがって資本主義は、個別的な人間（Mensch）を普遍的な法的人格（Person）に置き換えることになるのである。

資本主義社会は、労働＝生産過程を背後に持つことで、労働力の価値どおりの販売と、これを取得した資本家による その消費としての生産をつうじて、あらゆる社会に共通する財の配分秩序をつくりだす。この秩序を市民社会に固有の法的形式によって保障するものが所有権法（Eigentumsrecht）である。まさに労働力という商品は、産業循環を介した資本の蓄積をつうじて価格の上昇と下降をくりかえし、「労働者がその再生産に必要な生活資料を買い戻す」レヴェルに規制される。この価値法則と呼ばれる市場メカニズムは、生活資料と生産手段の両部門の均衡に波及して、資本主義社会のすべての社会関係を「法的関係」として編成し、あらゆる人間を「法的人格」へと構成していく。それゆえ宇野はいう、

「経済学の場合、法律関係が前提されなくてはできないということはない。（経済関係は）法律的な関係など意識しないほど、普通の関係となって行なわれる。……（この経済関係の自立に対応して）法律の方でも、おそらく経済的な内容自身を入れなくても、ちゃんとイデオロギーのシステムとしてできあがる」。すなわち、経済関係の内容に対して法律は全面的に外皮となり「ノルム＝ゲメイスな無色の関係として……むしろ障害が生じた場合に、法律関係が出てくるものとなる。」「（こうして）消極的な法律的救済というか、あるいは近代的な所有関係というか、それが経済関係と裏腹になっていることは疑念の余地がない。……一九世紀の資本主義の発達した時代に変わってくるにしたがって、法律関係がそれに適応した形をだんだん持ってきた。その点で、資本主義的な経済関係の確立は、法律関係でも原理的な体系的なものを確立してきた。[26]」

3　近代法の体系性（私法）

このような法の体系性は、ヘーゲルの法哲学における抽象法（das abstrakte Recht）が説くように、まず私法としての所有権法に典型的にあらわれる。

流通における商品所持者としての個別意思の表現は、労働＝生産過程に基礎づけられることによって、経済的内容としての資本主義社会を自立させた。これに対応して、人の物に対する関係を普遍的意思として保障する私的・観念的・絶対的な支配権、すなわち所有権（Privateigentum）が確立される。この流通による生産の包摂を反映する無階級的で抽象的な法の形式は、それゆえ、購買すれば何でも生産できる商品としての労働力商品、すなわち無産者の形成が絶対的な条件となる。この無産者の形成にはまた、それ以前の共同体的な社会関係の解体による土地の私的支配が前提となるといわねばならない。宇野はいう、「土地の私有がまず確立しないと、資本家社会で全面的に確立される所有権も成立しない。そこで資本主義の発生を基礎づける資本の原始的蓄積も、この土地の私有を確立するということになる。(27)」

宇野においては、流通過程が抽象法（私法）を形成して、法が経済過程から全面的に分離するためには、生産論へのひとつの飛躍が必要であった。近代法の体系はたんなる商品経済の発展の結果ではない。たとえば『資本論』第一巻四章三節の「労働力の売買」が、二四章の原始的蓄積の歴史なくして純粋の論理だけでは措定できないように、イギリス法におけるエクイティの発展にともなうコモンローの整備と体系化には、封建地主が近代的所有権者へと脱皮する具体的な歴史過程が前提となるのである。この意味において、所有権というカテゴリーの確立には、一五〜一六世紀から一八世紀にわたる領主制度や都市ギルドの暴力的な解体、それゆえ共有地の囲い込み運動（enclosure movement）というドラスティックな創世記が隠されている。近代民法における所有権は、人間が自然を変革する労働＝生産という普遍的過程が、労働の生産物ではない土地と労働力の商品化を介してのみ、はじめて「人（Person）」の「物（Ding）」に対する私的関係になるという「無理」を象徴するカテゴリーなのである。

だが、こうした所有権法は、いったん確立されると、自分のものとしての所有（ヘーゲルのいう占有取得・使用・譲渡）を軸に、その他の私法上の基本カテゴリーをも「無階級的形式」において構成されることになる。

『経済原論』の第二篇である生産論では、「資本の生産過程」（一章）において、資本主義の基軸である労働力の商品化が、賃金の後払いによってたんなる労働に対する報酬とみなされることになる。それゆえそれは、法的カテゴリーとしては「雇用」や「請負」といった契約上の行為給付債権を成立させる。こうして生産過程は、「資本の流通過程」(二章)のなかに解消されてしまい、あらゆる人と人との関係は、双務・諾成・有償の互いに平等な「契約」として観念される。そして「資本の再生産過程」(三章)では、資本の蓄積における固定資本の変革の問題が、相対的過剰人口の排出と吸収をつうじて解決されることが明らかになる。すなわち労働力が諸部門を移動することによって、職業選択の自由さらには居住移転の自由や生命身体の自由といった「基本的人権」が法的カテゴリーとして成立するのである。また再生産表式による部門間の均衡は、財貨の給付におけるすべての移転関係を契約による債権・債務関係として表現する。まさに資本主義とは、民法的関係としては、「契約を媒介とした絶えざる所有権の移転」であるということになろう。

そして第三篇の分配論においては、こうした諸契約が個々に利潤、地代、利子に対応する法的カテゴリーとして具体化されることになる。個別資本家の相互の競争関係は、利潤率の均等化をつうじて民法上の「人」を「商人」とし、またその「行為」を「商行為」と表現して商法上のカテゴリーとなる(一章)。また土地の暴力的な占有は、超過利潤である地代を利子に還元して土地価格を表示し、価値権として不動産一般に解消され近代的所有権法の中心となる。それゆえ土地の利用は「賃貸借契約」としてカテゴリー化される(二章)。さらに資本の流通は、そこに生じる有休貨幣資本を根拠にして信用関係をつくりだす。すなわち商品の掛け売りと貨幣の支払いの分離によって、金銭債権の形成と債務の履行の過程が形成され、そのかんの有休資金の銀行への集中をつうじて「利息債権」が法的カテゴリーとして完成する。また、こうした売買や貸借の過程を商業資本が代行することから「有償委任契約」が成立し、その商業利潤は、利息債権と企業者利得に分割される。

こうして最終的に、あらゆる財産は利息を生むという法的観念が成立する。またそれとともに、資本家の企業活動による利得と労働者の労働に対する報酬としての賃金とが、当事者の意識において一体化される。ここに「自己の労働にもとづく所有権」という法の最終的権原およびその主体である「人格」の観念とその「権利能力」が完成する(三章)。

このようにして、権利能力の具体化である行為能力とこれを保障する市民社会の私的自治、さらにはその障害に対応する過失責任主義といった規範が形成されてゆき、宇野のいう「資本主義的経済関係を包んでいる……市民法の基礎カテゴリー、すなわち私法の骨格」ができあがることになる。

4　近代法の体系性（刑法・公法）

以上のように『経済原論』の閉じた体系は、資本家と労働者、土地所有者の関係が、「法的にはもはや階級的なものとはいえない」完全に普遍的な人格間の市民社会的関係すなわち私法に解消されることを示した。さらに宇野は、この関係は、「原理的なものが民法だけとか……いうのではなく、民法・商法のような私法と、刑法と公法というように全体関連した市民法原理としてでてこないといけない」[28]という。

先の鼎談において、宇野の問題意識に触発された鵜飼信成が、「商品交換は自由にして自分の所有権をもち、自由に処分できる相互の関係であって、それは主として契約によって行なわれる。これは基本的に私法関係となる……が、刑罰も法律的カテゴリーとしては、害悪である犯罪に対して刑罰を加えるという等価交換関係である」[29]と敷衍している。すなわち、私法は平等な主体間の権利関係を規律し、市民的不法行為に対する事後的な救済措置として、物権的請求権および不当利得や不法行為に対する価値の回復としての損害賠償請求権を生みだす。この応報関係の発展は、さらに主体の権利侵犯を類型的に構成要件化して、有責違法性をもつ犯罪について、市民社会総体から個人への等価的な報復関係を要請することになる。

それはちょうど『経済原論』のロジックが、最終的に、「それ自体で利子を生むものとしての資本」の物神性にもとづいて、資本そのものの商品化を理念として完成させたように、商品経済における諸個人の行為連関は、その意図せざる普遍的意思として市民社会そのものを擬制的に人格化する法的主体を要請する。すなわち、市民の個別的利害を資本主義社会の普遍的利害のうちに保障するものとして、幻想共同的な公的権威を形成せざるをえない。犯罪に対する可罰行為は、あらゆる社会にあてはまる秩序の防衛手段が商品経済的な等価的関係に包まれることによって、応報主義をになう市民社会的権威を一つの公権力として出現させることになるのである。刑法は、ほんらい私的に復讐すべき犯罪を、刑罰としての報復による犯罪の無効化をつうじて、犯罪者個人の更生とともに社会全体の秩序の回復を図るものとしてある。したがってそれは、資本主義のイデオロギーである市民社会の防衛を、あらゆる社会の再生産を維持する道徳（die Moralität）を具体化する特殊近代的な抽象法（das abstrakte Recht）の形式のうちに実現することになるのである。

それでは、公法は『経済原論』体系といかなる関係にたつのであろうか。

パシュカーニスによれば、「封建的権力は、商品交換取引のために必要な市場の平和の役割をはたすとき、その機能により公共性という新しい観念を形成した(30)」。この権力が自己の外部にある商品流通を世界市場にまで高めて統括するとき、それは商品経済の物神性を人格化した絶対主義権力として登場する。だが絶対王政はやがて、旧来の封建経済そのものを解体し、生産過程まで統一的国内市場のうちに編成することにならざるをえない。そのとき、絶対主義権力は自らの存立基盤自体を喪失して、自己を市民社会的な法秩序に解消することになる。それゆえ、「市場における交際の保証人としての権力は、いまや法の用語で表現されるだけでなく、それ自身が法として……すなわち全体として抽象的で客観的な規範と一体となる。」「人間の権力は、法それ自身の権力として、すなわち客観的で公平な規範の権力として行使される(31)」ことになるのである。

このような、いかなる階級や団体が担おうとも、市民社会の総括体として抽象的な普遍的意思を体現する規範こそが公法の原理であるということになろう。それゆえ公法は、まず、公権力による市民からの財源調達と市民への福利支出を等価的に規律する財政法としてあらわれ、ついで、権力の発動そのものを法が羈束する行政法の形式にいたる。そして、それは最終的に、権力の支配から市民的自由を保障する憲法上の公権的基本権を完成することになるのである。それゆえ、ヘーゲルは、公法を、福祉行政から職業団体をへて国内公法へと発展するものとして展開した。もっとも、こうした公法の具体的内容は、原始的蓄積をになう重商主義国家とりわけ絶対王政の行財政の能力から具体的に解明するしかないだろう。それはすぐれて段階論のテーマである。

ともあれ、このようにして資本主義は、諸個人間の商品経済的行為から成る私法と市民社会全体の秩序を維持する公法との分裂を回避すべく、さらに、手続法による司法活動（ヘーゲルのいう法律としての法、法の現存在、民事・刑事その他の裁判(32)）をも要請することになる。すなわち近代法は、「資本主義的商品経済の外皮」たることにより、抽象法としての私法を骨格としてその社会的内容である秩序を実現し、資本の流通過程を反映させながら、刑法―公法へと市民社会的合理性を貫いていくのである。こうして、市民同士、さらに市民と国家の関係が、等しく普遍的な人倫（die sittlichkeit）を有する法的規範関係として現われ、そのもとに「法の支配」あるいは「法治国家」の体系性を完成させることになる。

まさに、普遍的な労働＝生産過程の秩序ないし道徳を、特殊商品経済的な意思関係によって自動的に実現するという転倒性に、近代法体系のもつ特有の物神的性格があろう。宇野は以上の諸点をまとめて、次のようにいう、

「永遠的な社会規範が法律の形態をとること、それは……全面的な関係としては特殊歴史的な法律の体系をなす。……永遠不変なものとしては、抽象的な社会関係一般を規定するものとしての秩序とか道徳とかがあるが、それが法律的な関係として現れるのは、市民社会の要求するところといえる。(33)」

5　法の階級性の含み

流通過程が生産を包摂するとき、これにともなって、その外皮としての上部構造では、あらゆる社会に共通する普遍的秩序が法規範という特殊な形式で編成されることになる。だがそこには、すでに見てきたように労働力の商品化という無理が潜んでいた。宇野はこの点を踏まえて次のような発言をしている。

「法律関係自身には、ブルジョアジーとプロレタリアートの関係というものもない……。ブルジョアジーとプロレタリアートの関係も法律としては……契約関係として規定されるだけだから、両者の関係を前提とするとはいえないがそれを包含しうる。」「市民体系としての法律関係は、六、七分までは自由で平等な市民的関係として……説かれてよい。しかし後の三、四分はそういう階級的でない法律的形態が、階級関係を包みうるものとして、少なくともそういう含みをもって説かれることが必要でないか。……どうして刑法のようなものが必要になる

か、或いは国家のようなものが必要となってくるのかということが、やはり市民的な法体系の中で全体関連してでてくる。(34)」

この主張の背景には、宇野の『経済原論』が、マルクスの『資本論』とは異なって、商品経済的な法則性を、資本の生産過程を通して論証した方法との対応があろう。

これまで多くの法社会学者が試みてきた『資本論』の二章「交換過程」にもとづいて法を導きだす方法は、たんなる商品交換における意思関係をそのまま法的関係とみなすものであった。この方法からは、法の階級性の問題はおろか、権力の発動そのものが法によって規制される刑法や公法の契機さえも出てこない。マルクスの説いた法の概念は、なるほど「人間に対して人間自身の労働の社会的性格を、労働生産物の対象的性格とさせ、総労働に対する生産者たちの社会的関係をも諸対象の外に存在する社会的関係として反映させる(35)」というものであり、それは、労働生産過程によって規制された商品交換のもつ物神的性格を表現するものであった。だがマルクスは、それを、商品論それ自体から直接に導き出そうとしたために、いまだ法を、資本主義的関係に対応する上部構造として位置づけるものになっていない。

これに対して宇野においては、商品交換が根底的に労働によって規制され、そこにおける意思関係が、諸個人の主観性において自発的に守られるべき権利義務関係としてあらわれる根拠は、たんなる商品論ではなく、商品交換が労働力の商品化を介して資本の生産過程を背後にもつ関係に求められていた。この点に、宇野は「法の階級性の含み」を見いだしたといえよう。すなわち自由で平等な市民社会の法秩序は、労働をその使用価値とするほんらい商品たりえない労働力が、暴力的な経済外的強制をつうじて商品となる「無理」を前提として、はじめて形成される。この意味において、市民的な法的関係そのものが、資本の原始的蓄積という「原罪」につきまとわれる規範体系なのである。しかしながら完成された資本主義社会では、階級支配は、もはや強制的な剰余労働の収奪という暴力的形態をとらない。それればかりか、生産過程までもが資本の流通過程の一部とみなされるために、原始的蓄積を担った権力さえも自由・平等の法的関係に解消されていく。それゆえ権力の発動は、無階級的な形式の法規範から逸脱した者への制裁に限定されることになる。

エンゲルスやそれを継承したスターリンは、商品論における価値法則と、労働力の商品化による剰余価値の法則なるものを機械的に分断して、前者から自由・平等な市民的意思関係を、後者から階級意思としての強制的な権力関係をそれぞれ抽出した。(36) この過誤が、かつての法社会学やマルクス主義法学における主観的法と客観的法、存在と当為、関係と規範、私法と公法といった、二項対立的な法の把握による論争をひきおこしてきたといえる。宇野による法律学への問題提起は、こうした不毛な過去の論争に最終的な決着を付けるものであったというべきであろう。

したがって、こうして宇野の『経済原論』から想定される法の原理論構想は、法を、パシュカーニスの「法的主体」あるいは川島の「所有・契約・人格」や山中の「人・物・行為」のように、たんなる商品の交換を媒介する、階級性をまったく含まない社会関係として説くものではない。同時に、法を、ヴィシンスキーや杉之原舜一のように「生産手段の所有にもとづく支配階級の意思」といった階級性をむき出しにした権力規範として描くものでもありえない。それは、『資本論』から「国家」という権力機構を捨象しつつ、私法を中心にそこから刑法や公法にいたる体系性のうちに、なお法の階級性の契機を「含み」として包摂しうるものとなりえたのである。

このかぎりにおいては、かつての法社会学論争の総括時に、長谷川正安が論文「マルクシズム法学と法社会学」で指摘した結論は、論争当事者の双方の欠点を批判し克服する方向性を一定程度さし示したものといえるのではなかろうか。すなわち、「法社会学の根本的欠陥は法の階級性の軽視にあるとすれば、これまでのマルクシズム法学の欠陥は、法と深い関連をもつ、行為規範いっぱんの軽視にあると思われる(37)」。

四　まとめ――法の社会科学に向けて

ここまで、宇野による法律学への問題提起を、その時代背景である戦後の「法社会学論争」との関連において紹介し検討してきた。この宇野の問題提起からすでに半世紀以上の時が経過している。だがこんにちにいたるまで、法学者の怠慢か、あるいは故意か、宇野法学とりわけその法学原理論構想の存在は完全に無視され、黙殺され続けてきた。これは法学者だけの責任ではない。純粋経済学の砦のなかにひたすら閉じこもり、社会科学の総体を見渡そうともしない宇野学派の経済学者にも責任の一端があろう。

とはいえ、本書は、なお私の独断的で不十分な構想というそしりは免れえないし、長い年月を経てもこの程度のものしかできなかったという私自身の能力の限界にも忸怩たる思いがある。しかしながら、せめて日本で経済や法に関心をもつ読者に、宇野理論の有する広い射程について注意を喚起し、宇野弘蔵自身が終生期待してやまなかった「経済学・法律学・政治学を中心に社会科学を統合する」目標に多少とも貢献できればと考え、あえてこのような試論を提示してみたのである。

こんにち、マルクス主義法学はすでに跡形もなく消滅し、法社会学もまた衰退が顕著であり、いまや欧米の司法制度の紹介や裁判過程の実態調査に終始するのみである。戦後のその創成期にみられた熱気はもはや片鱗さえみられない。このような現状を垣間みるとき、現代法の分析のツールとして、宇野三段階論のもつ意義はいくら強調してもし過ぎることはない。宇野弘蔵の〝遺言〟ともいうべき法律学への問題提起の再評価は、消滅したマルクス主義法学へのレクイエムであると同時に、法学自身に残された「法の社会科学」への脱皮に向けた貴重な示唆を含む、未曽有の宝庫というべきであろう。

それゆえ、以上に示した「法学原理論構想」は、このような抽象的議論にとどまらず、『資本論』のロジックの意義と限界を冷静に見定めながら、じっさいにもう少し詳しく展開されなければならない。

次に「本論」として、おもに私法（所有権法）にかんする個々の論点について若干の各論の構成を試みてみたいと思う。

（1）宇野弘蔵・鵜飼信成・有泉亨「法律学への疑問―法の社会科学的研究方法について」『法律時報』二七巻四号、一九五五年、一一頁。
（2）宇野は、第一次大戦をもって「段階論」を終え、その後の資本主義を「現状分析」の対象とした。近年の宇野学派は、こうした宇野の方法論を否定して、「福祉国家」や「新自由主義ないしグローバル資本主義」なるものを新たな「段階」として設定しようという傾向が強い。しかしながら本書は、第一次大戦後に一貫して共通性する法の性格を「現代法」として括りだし、宇野自身の現状分析の方法論を擁護し維持するスタンスに立ちたいと思う。

(3) 佐藤優『国家論―日本社会をどう強化するか』NHKブックス、二〇〇七年。白井聡『未完のレーニン』講談社、二〇〇七年。長原豊『われら瑕疵ある者たち』青土社、二〇〇八年。柄谷行人『世界史の構造』岩波書店、二〇一〇年。熊野純彦『マルクス資本論の思考』せりか書房、二〇一三年。絓秀実『天皇制の隠語』航思社、二〇一四年などは、宇野理論から影響を受けていると思われる。

(4) 降旗節雄「マルクス経済学と国家論」『経済学批判六』社会評論社、一九七九年。鎌倉孝夫『国家論のプロブレマティク』社会評論社、一九九一年。柴垣和夫「社会諸科学から社会科学へ」武蔵大学論集六三巻二〜四号、二〇一六年などが参考になろう。

(5) 戒能通孝「法律社会学」『科学年鑑二巻』民主主義科学者協会、一九四七年。

(6) 杉之原舜一「法社会学の性格」『法律時報』二一巻五号、一九四九年。なお、同「法とは何か」『法社会学の諸問題』北隆館、一九五〇年も参照。

(7) 山之内一郎「ヴィシンスキーによるソヴェト法理論の確立」『社会科学研究』二巻三、四号、一九五一年。この経緯については藤田勇『ソビエト法理論史研究一九一七〜三八年』岩波書店、一九六八年を参照。

(8) 宇野弘蔵「社会科学としての法律学」『思想』一九五一年一二月、宇野著作集一〇巻、岩波書店、四五三、四五八頁。

(9) K.Marx ;*Das Kapital I*,Marx-Engels Werke, Bd. 23, S. 12. Institut für Marxismus-Leninismus beim ZK der SED, Dietz Verlag, Berlin, 1964. マルクス『資本論』第一巻、『マルクス＝エンゲルス全集』第二三巻、大月書店、八頁。(以下、MEW. と略記し原著の巻、頁および邦訳の巻、頁のみを記す。)

(10) 宇野弘蔵「社会科学としての法律学」前掲、四五六頁。

(11) 同　四五七〜八頁。

(12) 末弘厳太郎『物権法・上』一粒社、一九六〇年、五頁。

(13) 川島武宜『法社会学における法の存在構造』日本評論社、一九五〇年、二九頁。なお、『所有権法の理論』日本評論社、一九四九年(新版二〇一五年)、一四頁では、「所有権を独立のものとしてつくりだす根本的モメントは、生産における人・

家族の分裂と対立、即ち広い意味での分業である」と明確に述べている。
(14) 川島武宜『所有権法の理論』前掲、三一九〜三三〇頁。
(15) 山中康雄『市民社会と民法』日本評論社、一九四七年、三頁。なお山中の方法論における川島との差異については、山中「川島教授の所有権法の理論を読みて」『法学志林』四七巻一号、九九頁を参照。
(16) 藤田勇『ソビエト法理論史研究一九一七〜三八年』前掲、四三〇頁を参照。
(17) 杉之原舜一「科学としての法学」『法律時報』二一巻六号、一九四九年。
(18) 法社会学論争の経緯については、藤田勇・江守五夫編『文献研究 日本の法社会学』日本評論社、一九六九年。長谷川正安『法学論争史』学陽書房、一九七六年、第Ⅰ章。潮見俊隆編『法学文献選集二巻 法社会学』学陽書房、一九七三年などを参照。
(19) 宇野ほか「法律学への疑問」前掲、一七頁。
(20) 同一三頁。
(21) 宇野弘蔵『経済学方法論』宇野著作集九巻、岩波書店、一〇四頁。同『演習経済原論』同二巻、四五六〜四五八頁。同『経済学を語る』東京大学出版会、一九六七年、一章など。
(22) 宇野ほか「法律学への疑問」前掲、一二頁。
(23) 同一四頁。
(24) G. W. F. Hegel ; *Grundlinien der Philosophie des Rechts*, 1821.「法の哲学」『世界の名著三五巻』一九七八年、四一三〜四二六頁。なお、宇野の法学原理論の構想には、ヘーゲルの『法の哲学』の構成を参考にした形跡がみられるが、ヘーゲルとの対応は、主に本文中で引用するにとどめる。
(25) 宇野弘蔵『社会科学の根本問題』青木書店、一九六六年、一二七頁。同「法律学への疑問」前掲書、一七頁。
(26) 宇野弘蔵ほか「法律学への疑問」前掲、一六、一七頁。
(27) 宇野弘蔵「地租改正の土地制度」宇野著作集八巻、九五頁。
(28) 宇野ほか「法律学への疑問」前掲、一四頁。
(29) 同鼎談における鵜飼の発言、同書、一五頁。
(30) E. B. Paschukanis ; *Allgemeine Rechtslehre und Marxismus*, 1927.『法の一般理論とマルクス主義』稲子恒夫訳、日本評論社、

一九六七年（新版一九八六年）、一四三頁。
（31）*Ebenda.*, 邦訳、同書、一四六、一五一頁。
（32）G.W.F.Hegel ; *a.a.O.*, 邦訳 前掲書、四三七頁以下。
（33）宇野ほか「法律学への疑問」前掲、二三頁。
（34）宇野弘蔵『社会科学としての経済学』筑摩書房、一九六九年（新版二〇一六年）、一五九頁。宇野ほか「法律学への疑問」前掲書、一九頁。
（35）K. Marx ; *Das Kapital I*, MEW. Bd. 23, S. 86.（二三巻 九七〜九八頁。）
（36）F. Engels ; *Nachtrag, Das Kapital III*, MEW. Bd. 25, S. 909.（二五巻 一一四八頁。）スターリン「ソ同盟における社会主義の経済的諸問題」『スターリン戦後著作集』大月書店、一九五四年、二四七頁。
（37）長谷川正安「マルクシズム法学と法社会学」『法律文化』一九四九年一二月号、のちに『法学文献選集 法社会学』学陽書房、一九七二年、一七五頁 に収録。

第一章　流通形態論と法的人格

一　はじめに

序章で述べたように、ヴィシンスキーは、法とは、支配階級の意思を国家意思として表現したものであると定義した。日本のマルクス主義法学もまた、かつてはこの「法の定義」を正統的な見解として支持してきた。これに対して、こうした唯物史観のドグマティズムに抗して、社会科学としての法学の確立をめざす者は、おしなべて『資本論』、とりわけその第一巻一篇二章「交換過程」の冒頭部分に、法の認識の根拠を求めてきたといってよいだろう。まずは、この部分を引用することから始めよう。

「商品は、自分で市場に行くことはできないし、自分で自分たちを交換し合うこともできない。だから、われわれは商品の番人である商品所持者（Warenbesitzer）を捜さなければならない。商品は物であり、……これらの物を商品として互いに関係させるためには、商品の番人たちは、自分たちの意思をこれらの物に宿す人間として、互いに相対しなければならない。したがって、一方はただ他方の同意のもとにのみ、すなわちただ両者に共通な一つの意思行為を媒介としてのみ、自分の商品を譲渡することによって他人の商品を我がものとするのである。それゆえ彼らは互いに相手を私的所有権者（Privateigentümer）として認め合わなければならない。契約（Vertrag）をその形態とするこの意思関係は、法律的（juridische）に発展していてもいなくても、経済的関係がそこに反映されている一つの法的関係（Rechtsverhältnis）である。この法的関係または意思関係の内容は、経済的関係そのものによって与えられている。[1]」

ここには、商品の番人である商品所持者が直接に商品を交換することをつうじて、相互に平等で同型の法的人格として承認し合うというロジックが説かれている。しかもマルクスは、こうした商品交換における意思関係を、正当にも、「法律的に発展していてもいなくても（そのままで）法的関係である」という。

こうした『資本論』の「交換過程」にもとづいて法を理解する先鞭は、よく知られているように、E・B・パシュカーニスの、「労働の生産物が商品の本性を獲得し価値の担い手となると同時に、人間は法的主体の本性を獲得して権利の担い手となる[2]」という主張であった。そしてまた、わが国においては、加古祐二郎が『資本論』一章四節の商品の物神性論を踏まえ、「経済的関係が、人間の頭脳の産物としてそれ自身の生命を与えられて、人間諸個人のあいだでも相互に関係を結ぶ独立した姿として幻影する」という点に、商品交換にともない法が物神化される秘密があることを説いた[3]。さらには、法を社会関係一般に還元する法社会学の視点から、山中康雄が、「商品交換が経済的事実として成立することを保障する最小限不可欠の範疇」として法の端緒的カテゴリー論を提起した。また、川島武宜が商品交換における法の成立を、あらゆる社会を存立させる一般的根拠としての労働過程に還元し、社会的分業による商品の価値支配こそ所有権法の基礎であると理解したのも[4]、マルクスのこの法の規定に根拠があったといってよいだろう。

しかしながら、たんなる商品の交換関係から直接的、無媒介的に人間の意思関係としての法的関係を導きだすこれらの諸理論に対しては、さまざまの疑問が噴出してくる。

たとえば、「自由・平等の人格」「所有権の不可侵」「契約の遵守」といった近代に特有の法的関係が、それ以前の経済外的強制にもとづく規範との対比において把握されず、法は、原始共同体間から現代まで五〇〇〇～七〇〇〇年も存続しているとされる商品の流通にストレートに結びつけられる。あるいは、奴隷制や封建制、資本主義のいずれの社会においても、独立したひとつの生産関係を編成しえない単純商品生産＝交換からのみ構成されるフィクショナルな社会を想定し、近代法の典型的モデルをこうした小生産者の分業関係に求めていかざるをえない、などというものである。こうして、いわゆる商品交換法理論では、ゆいいつ商品経済的な自由・平等を実現する法は、近代の資本主義法だけであり、その成立には、資本の暴力的な原始的蓄積および封建的な身分関係を否定するブルジョア革命が前提となることが、完全に無視されることにもなったのである。

ここにはまた、エンゲルスによる資本主義の理解が大きな影響を与えていることも確かであろう。エンゲルスは、『反デューリング論』において、歴史の弁証法的発展の動力として「生産と所有の矛盾」なるものを挙げ、近代史の発展プロセスを、私的生産と私的所有の一致する小生産者社会から、社会的生産にもとづいて社会的所有が実現する社会主義社会へいたる必然的過程としてとらえた。それゆえ資本主義は、生産の社会的性格と所有の私的性格が矛盾する両者の過渡期であるという見解を示したのである。したがって近代法は、生産と所有の矛盾を体現する法、すなわち人間労働から遊離した資本家的所有権法にすぎないものとして、不当に過小に把握されることにもなった。

川島が、「所有の社会的モメントと私的モメントの矛盾」なるものを設定し、商品所有権に対応する「所有・契約・人格」から「資本としての所有権」まで上向する論理を提起し、また山中が「人・物・行為」を端緒として「営業」にまで展開する法範疇自己発展論を説いたのは、多かれ少なかれ、このようなエンゲルス流に理解された法の弁証法的矛盾による発展論から影響を受けたものとみても間違いではないだろう。

こうして『資本論』の「交換過程」にもとづいた法の理解はひとまず容認されるにしても、その経済学体系全体に占める配置があらためて問題となってくる。法は、単純商品の交換関係において近代法の歴史的な生成を明らかにするものではなく、むしろ資本主義的生産を内容としてこれを包む流通の形態にこそ、その成立根拠があるのではないか。じっさい、経済学批判体系としての『資本論』は、流通・生産・分配の全過程を総括するものとして諸階級の商品形態的編成を説いている。法的関係は、このような資本主義的生産をつつむ「交換過程」（流通過程）の生みだすイデオロギーとして再構成されなければならないのではないか。こうした課題をはたしてこそ、唯物史観にいう経済的内容に対して相対的に独立した法の上部構造性、さらには法の無階級的な形式性の問題にも、一定の客観的根拠を提供できることになるのではなかろうか。

このような問題意識により、本章では、『資本論』の「交換過程」において析出される法の規定を資本主義的商品経済の総体との関連において再検討し、あわせて経済的内容に対応する法的形式のもつ意味について考えてみたいと思う。

二　予備的考察

1　社会科学の出発点

法の理論的検討にさきだって、まず、社会科学の方法論について考察しておきたい。

かつて川島武宜は、社会科学理論の出発点は「生きている肉体をもった人間という自然史的生物学的な事実[5]」であると主張した。これに対して、唯物史観の観点にたつ藤田勇や江守五夫は、川島を批判し、「肉体の再生産という条件に規定され物質的生活の生産という歴史的行為を行なう……労働の主体としての人間[6]」を対置した。この両者の主張は、たんに法学だけではなくマルクス主義的社会科学の全領域において、かつて熱心に議論されたテーマでもあった。

たしかに前者は、エンゲルスが『家族・私有財産・国家の起源』において、「生活手段の生産」とともに「生殖による人間の生産」をならべて理論の端緒とした有名な見解であり、一八四五年の『ドイツ・イデオロギー』にもすでに見られる見解である。これに対して後者は、五七～五八年の『経済学批判要綱』に多くみられ、マルクスが『要綱』の「序説」において、「諸々の個人の社会的に規定された生産」を出発点にして体系の全体へと上向する方法論として集大成した主張であった。

しかしながらマルクスは、五九年の『経済学批判』序言において、こうした「序説」の方法論を最終的に除去することを宣言して、次のようにいう。「前にざっと書いておいた一般的序説はこれをさしひかえることにする。よく考えなおしてみると、これから証明されるべき諸結果を事前に示すことは、妨げになるように思われるからであり、およそ私についてこようとする読者は、個別的なものから一般的なものへ登ってゆく覚悟をもたなければならない」[7]。こうした社会科学の方法論をいっそう徹底して完成された『資本論』は、一般的な「生物学的人間」を、ましてや「物質的生産を行なう人間」を出発点に据えたために唯物論的社会科学なのでは決してない。

まったく逆に、諸個人は資本主義社会では主観的・政治的に解放され自由意思にのみ依拠して行動していながら、いな、そうであるからこそ、一定の意思から独立した諸関係に、あらゆる個人的な精神的営為を吸収し無化して、あたかも物質そのもののように自己の運動を貫徹する自立的な運動態に支配されるということ。そしてこうした自立的運動態は生産・分配・消費という社会的物質代謝の総過程を、人間の人間に対する強制としてではなく、諸個人には自発的な意思の集合として感知される商品経済の形式で実現するということ。すなわち、政治的、宗教的その他のイデオロギーの支配と介入を許すことなく、経済過程それ自体によって諸個人の紐帯と再生産を必然的なものにすること。このような資本主義社会の解明によって、『資本論』は、資本主義的市場メカニズムの自立性を論証し、こうした経済関係を基礎に、それ以外の意思関係をむしろこれに一方的に規定される規範関係、すなわち法的関係として見いだそうとしたものである。

このようにして『資本論』は、『ドイツ・イデオロギー』などで断定的に述べられた「人間の労働が法的・政治的関係を規定する」という唯物史観のイデオロギー的仮説を、特殊近代社会における人間関係の物象化過程によって論証することになる。これこそをマルクスは、「個別的なものから一般的なものへと登ってゆく覚悟」と表現したのであろう。

さて『資本論』の帰納的抽象は、資本主義社会の富の基本形態である「商品」に到達し、その後のいっさいの展開は、この「商品」を端緒にした上向法と呼ばれる演繹的展開として行なわれることになる。この冒頭の商品については、櫛田民蔵と河上肇の論争いらい、歴史的な単純商品か資本主義的商品かをめぐって膨大な論争があるが、ここでは本書のテーマにとって必要なかぎりで簡単に概括しておきたい。すなわちマルクスは、『要綱』の「経済学の方法」では、「あらゆる社会に共通する一般的規定」としての「労働・分業・欲望……」[8]なるものを出発点とするプランを、「明らかに科学的に正しい方法」と考えていた。これに対し、『要綱』第二章の末尾で「貨幣」から「世界貨幣」への発展を論じるころになると、これまでの方法論を清算することになる。すなわち、「資本の概念を展開するためには、労働からではなくて、価値から、しかもすでに流通の運動によって発展した交換価値から出発することが必要である。労働から資本に直接に移行することは……不可能である[9]」という認識に到達したのである。こうして、『経済学批判』から『資本論』にまでつうじる「資本主義の基本形態としてあらわれる商品」を、あらためて出発点に措定して体系を構築し直すことになった。

マルクスによれば、およそ商品という現われは、歴史的にも「共同体の果てるところ、共同体が他の共同体またはその成員と接触する時点で始まる[10]」のであり、それがどのような労働や生産方法でつくられたかということに無縁な「生まれながらの平等派」である。生産過程までもが商品形態によって編成される資本主義という社会から抽象してのみ、いかなる生産方法で生産されたかを問わない、しかも資本主義の総体的な分析にまで上向できる動力を備えた、流通形態としての商品カテゴリーは獲得できる。単純商品なるものは、奴隷制や農奴制という生産過程による特殊な労働の生産物がたまたま転化したものであり、そこには固有の生産様式が分かち難く付着している。こうして『資本論』の出発点は、一般的な「労働の主体としての人間」ではなく、資本主義社会という「一個の豊富な総体」を具体的に表現しうるカテゴリーとしての「商品」であること、このことが、マルクスの社会科学の方法論的特徴としてまず銘記されねばならないであろう。

この点で、わが国の多くの法学者のなかで、『資本論』の端緒範疇を正当に認識し、自己の法学の方法論に生かそうとしたのは、ゆいいつ山中康雄のみであった。山中は、「生産様式が基礎であり商品流通はその結果である」という川島『所有権法の理論』やマルクス主義者の常識に対して鋭い批判をくわえて、次のようにいう、

「社会の構造を決定するものが生産だからといって、なにがなんでも生産の説明からはじめねばならぬというものではない。マルクスの『資本論』さえ、商品交換の分析から叙述をはじめている。」「商品交換社会としての市民社会は、全体社会の経済的基礎を全面的独占的に掌握できなかったし、……生産は市民社会の外におかれていたのであり、自由人の労働力を商品とする段階にまで市民社会が発展するに至って、はじめて全体社会の生産を

掌握することができる。[11]」

もちろん、山中が、いまだ生産過程をもたない流通形態を「市民社会」という一社会として表現していることには、なお疑問が残る。それは法社会学に特有の、あらゆる人間関係に「社会」とその「法」を見いだそうとする方法論の限界を示すものであろう。だが山中は、こうした限界を残しながらも、有名な「法の端緒（人・物・行為）」を生産過程から独立した商品交換（流通）にもとづく範疇と規定し、そこから「資本の生産過程の法範疇（営業）」まで展開する『市民社会と民法』を完成させた。この方法自体は、いまだ論理＝歴史主義にもとづく法範疇自己発展論の枠内にあるのは事実であろう。だがそれにしても、法の経済的基礎を直接に労働＝生産過程に求める川島法学やマルクス主義法学を克服して、山中は、正当な社会科学の出発点の理解を追求していたといえる。それゆえ山中法学は、マルクス主義陣営から誹謗中傷にひとしい激しい攻撃をうけたのであろう。

2　『資本論』の体系と法の構成

こうして、『資本論』の第一巻は「資本の生産過程」と名づけられているが、第一篇「商品と貨幣」および第二篇「貨幣の資本への転化」は、資本主義的生産過程に先行する流通形態論として理解するのが、マルクスの方法的意図に即した理解であろう。すなわち、商品の価値表現形態に始まり貨幣形態と資本形式の展開によって「資本の一般的定式G—W—G′」まで上向する。マルクス自身は第二篇「貨幣の資本への転化」のうちに、直接に産業資本G—W…P…W′—G′の運動の必然性を説いているが、これではG—W—G′をもって「資本の一般的定式」と呼んだ意味がなくなる。およそ特殊歴史的な生産過程をもたない商品が、どのような価値の表現過程をへてその使用価値性を払拭し、価値として自立していくか。したがって、これを法的に翻訳すれば、商品の所持者が、その個別的で能動的な意思行為を喪失して、どのようにして抽象的かつ普遍的で同型の法的人格を獲得していくか。――こうしたテーマが、商品の価値形態から貨幣と資本の流通形態（一、二篇）をつうじて解明されなければならない。

これにたいして、こうした流通形態の発展がどのようにして社会の労働＝生産過程を包摂するのか。すなわち資本が、諸個人の意思から独立したG—W…P…W′—G′という価値の運動態をつくりだし、これを編成する価値どおりの流通が、はじめて「交換過程」として抽象されることになる。なぜなら諸個人の意識においては、流通が生産を包み込むと、逆に人間の労働そのものが商品の価値を生みだすかのように逆立ちして観念されるからである。こうした価値どおりの売買が、はじめて諸個人を抽象的で同型の法的人格として構成し、その意思関係が社会的に「法的関係」として承認されることになる。――これが法的な観点から見た、流通論から区別される語の厳密な意味での「資本の生産過程」（三篇以下第一巻）のテーマとなろう。

さて『資本論』において、使用価値を生産する「労働過程」は、人間がその労働を労働手段を介して労働対象に働きかける、人間と自然との物質代謝の過程として「どんな特定の社会的形態にもかかわりなく」いわば超歴史的に考察されている。しかし方法論上、こうした労働過程は、第三篇「絶対的剰余価値の生産」のうちに組みこまれ、価値増殖過程と相即的に叙述されている。これは、いかなる歴史社会においてもおよそ人間が労働すれば、つねに自己の再生産分の必要労働を超える剰余労働が行なわれることを意味していよう。しかしながらこうした透明な社会関係も、資本主義に先立つ身分社会では見えてこない。これに対して「資本の生産過程（価値形成・増殖過程）」は、労働の実現に何の経済外的強制も必要とせず、同時に、直接生産者から職人的技術性を不要にして単純労働化することを要件として成り立つ。ここにおいて、はじめて、人間の「労働過程」およびその生産物的表現である「生産過程」が抽象される。こうして『資本論』は、労働一般を、流通形態の展開ののちに「資本の生産過程」において説いているのであり、けっしてこれを「人間の本質」あるいは歴史の発展を画する前提としてア・プリオリに設定しているのではない点に注意しなければならない。

周知のように、初期マルクスの『経済学・哲学草稿』は、人間主義の立場から、疎外された労働の結果が「私的所有権」であるとみなし、これを批判して、疎外されない類的本質としての人間を理想視した。また『ドイツ・イデオロギー』は、こうした普遍的な「労働」を、「あらゆる社会的・法的な関係」を規定する歴史の〝かまど〟として設定し、このような「共同体」の内部にある分業としての労働＝生産力の量的発展から直接に「交通形態」としての「私的所有権」の段階的発展を画そうと試みた。その結果、アダム・スミスにならい採取―狩猟牧畜―農業―小工業―大工業といった生産方法の発展を、そのまま所有権および法的形態の発展に等置することになった[12]。けれども、分業が労働過程内部の技術的な編成方法にすぎない以上、こうした方法では、労働過程の外部にある商品としての財が法的正当性をもって所有される根拠はまったく説明することができなかった。

これらにたいして『資本論』は、もはや、労働や生産一般を出発点とする唯物史観イデオロギーを前提としない。このことによって、ようやく、資本主義的生産関係に対応した法的関係を固有に解明することが可能になったのである。

① 第一巻第一、二篇

ここではまず、商品の事実上の担い手である商品所持者の個別的意思行為が分析される。そして、その意図せざる関係の結果として貨幣の所持者による購買関係が実現される。さらに、その特殊的意思にもとづく流通の展開によって法の形式性が導き出される。

② 第一巻第三篇〜第二巻

こうした諸個人の個別的意思および特殊的意思による経済的諸関係は、労働・生産を背後にもつことによって物象化され、市場メカニズムを内容とする普遍的意思関係がその形式として編成される。すなわち、ここにはじめて、資本主義的生産に対応する外皮としての法的関係、すなわち労働によって正当化された所有関係が説かれることになる。

③ 第三巻

この資本主義的な関係の枠内において、ふたたび個別意思の担い手が自由に演じる競争関係が展開される。こうして、個別資本家の法的行為をつうじて、労働の賃金とともに利潤、地代、利子が合法的に分配され正当に所有される法秩序の完成が明らかにされる。

すなわち『資本論』は、始点をなす商品形態から出発し、終点をなす「諸階級」の商品形態的編成によって閉じる円環的体系であり、これによって経済的土台としての資本主義的生産が、直接的な権力的装置に依存しなくても自己調整的に実現されるシステムであることが論証される。こうした経済的土台のオートノミーを内容として、その外皮である法形式が、独立・自由・平等な個人の権利義務の関係として表現される。それゆえ、権力的な強制を待たずに、諸個人の意識の表象に、「法は守られるべし」という物神的観念が形成される理由もまた明確になる。宇野の言葉を借りれば、「経済学の場合は階級関係の解明が中心となり、それを商品形態で包摂するという点が、法律学では逆に非階級的な平等関係の解明が中心となって、その内に階級関係も商品経済的なるかぎり包摂されることが明らかにされる。」[13]

こうして社会科学としての法学は、階級社会を貫徹する権力関係としての法律論（いわゆる客観的法理論）としてではなく、特殊資本主義的な法形態論（主観的法理論）として、まず追求されなければならないのである。

三 『資本論』と法的主体

1 商品論と商品所持者

さて、意思関係としての「法的関係」を解明するために、まず問題にすべきことは、『資本論』第一巻とりわけその第一章「商品」における人間の意思についての分析である。これまで大方の法にかんする関心は、マルクス自身が明文をもって法について論じた第二章のみに集中してきた。そうしたなかで、その基礎をなす「商品論」と人間との関係に言及した数少ない古典的著作として、ここでは、大塚久雄の『社会科学の方法』と宇野弘蔵の『価値論』をとりあげることにしたい。この両者を比較し検討することで、資本主義にとって人間とは何か、が明確になるはずである。

まず大塚は、『資本論』の全体系をつらぬく方法論は、「物の関係から人の関係への全体表象下における分析という方法」であるという。その典型的な例として、第一章「商品」に対する第二章「交換過程」の関係を、物的に疎外された限りにおける商品生産者相互の関係から、商品の秘密としての「人間」を表現する「商品所有者」の人格的相対峙への移行として理解すべきである、と主張する。大塚は、その他にも、一章四節「商品の物神性論」や四章三節「労働力の売買」などの方法論的位置をも、「物の関係」を展開した後で、「人間」が想起される例証として示し、最終的に『資本論』体系の全体を、「物化されたかたちの物である商品から始まって、階級的諸個人、そうした人間に終わる[14]」過程であると総括することになる。

　すなわち『資本論』を、物から人間への規定関係として、いいかえれば、普遍理論としての「唯物史観」を特殊理論としての資本主義の分析に適用したものとして理解する通説に、ひとつの先鞭をつけたものといってよいだろう。

　しかし、第一章「商品」論、とりわけその中心をなす商品から貨幣への展開は、それが一見すると物的に自立した形式で記述されているにしても、これをもって「人間」から区別された「物の関係」といえるであろうか。たとえば、宇野弘蔵は、一章三節の「価値形態論」の叙述を例に、それが商品すなわち物の自己運動のように見えるにしても、これは、一章一節で前もって説かれたような「価値を形成する実体」としての「労働」を、人間による商品の価値表現という行為連関のうちに、これから具体的に抽象してゆく過程として存在する、という。すなわち宇野によれば、第一章の「商品」論は、漸次的かつ無限に「物の関係」へと接近していく過渡としての「人間の行為の物としての現われ」、別の言い方では「商品の持ち手の欲望の表現形式」ということになる[15]。

　むろん価値形態論の対象は、共同体の内部における使用価値の互酬的充足ではなく、マルクスが、歴史的にも共同体と共同体の間に始まったという、商品の使用価値を取得するための価値表現の形式そのものの叙述である。そうである以上、商品論に現われる人間の行為ないし欲望表現も、「現実の個体的人間が、個体的人間としての彼の生活のなかでそのまま類的存在となる[16]」ような、他人と直接に人的依存関係にある共同体内部の人間の行為ではありえない。むしろ逆に、それは、他人のための使用価値を排他的に支配する相互他人的な人間――形態的には遭遇する共同体、農奴、領主、商人なども共通する近代的個人――の対他的行為であらざるをえない。こうした前提にたって考察するならば、「交換過程」に先行して論理上想定される「商品」論では、こうした商品を事実として占有し所持する人間の行為によってしか商品関係を設定しえない。

じっさい「商品」は単体では商品ではありえない。商品論とは、人間相互の非対称的な関係概念であるといってもよいだろう。したがって、その価値表現においては、価値を表現する側にたつ商品の担い手としての人間が、他の有用物を意識的に選択し、自らにとって非使用価値である自己の商品の価値を、後者の使用価値によって表示する。すなわち「商品論」は、その特殊な使用価値性ゆえにそれを所持する、それぞれ異質な個別的意思をもった人間の存在が不可欠となる。商品は、その担い手が価値を表現しなければ、商品ではありえない。それゆえその価値表現も、「人間」が他の有用物の使用価値を欲するがゆえに、その個別的な意思を、宇野のいう「一方的に」「独りよがりに宣言する」[17]過程としてのみ現われる。それゆえ、商品の価値形態から貨幣の機能を介した資本形式への展開も、マルクスが第二章「交換過程」で想定したような、商品がその価値どおりに相互に直接交換される過程ではありえない。

すなわち「商品論」は、けっして大塚のいうような「物の関係」ではなく、個別的諸個人の欲望による意思表現を内包する「人と人の関係」であることを強調しておきたい。そしてそれはまた、こうした個性をもった主観的で個別的な人間の意思行為が、近代法の予想する均質化され同型化された法的人格の普遍的な意思関係、すなわち「法的関係」とは、いまだ異なるカテゴリーであることを、当然にも再確認することになろう。

2 交換過程論と私的所有権者

これにたいして第一篇二章の「交換過程」においては、一章の「商品論」のような「商品所持者（Warenbesitzer）」の価値表現すなわち主観的意思の表現行為ではなく、「共通な一つの意思行為を媒介として……互いに相手を私的所有権者（Privateigentümer）として認め合う」「契約（Vertrag）としての意思関係すなわち法的関係（Rechtsverhältnis）」が解明されることになる。パシュカーニスに始まる、このような「交換過程」にもとづく法の把握は、どのようなロジックを背景としているのであろうか。

マルクスは、第一章「商品論」の一節において、「商品」は価値と使用価値を有していると規定し、二節では、商品から、いわゆる蒸留法によって使用価値それゆえそれを産み出す具体的有用労働を取り除くと、あとには商品の「価値」だけが残るという。それゆえこの価値なるものの「実体」は、相互に区別されることのない均質な人間の労働量、すなわち「抽象的人間労働」の結晶し体化したものだというのである。それゆえ、つづく第二章ではこれをうけて、商品はその使用価値の差異にかかわらず、体化した人間労働量である価値どおりに交換されるものであることになる。すなわち「交換過程」では、商品が人間労働に基礎づけられていわゆる等価交換されるため、その担い手である商品所持者は、使用価値的な個別意識性を拭い去られた商品価値の人格化としてそのまま「法的主体」として登場することになる。

『資本論』の「交換過程」とは、社会的に等質な価値対象性を獲得した商品の自立的な運動であり、ここでは使用価値の差異による質的に個別の人間が、完全に量的な人間関係へと転化されている。いいかえれば、この過程における人間は、商品を諸個人の能動的意思によって持っているのではなく、持たされている。彼が商品の所持者(Warenbesitzer)として、何らかの使用価値との交換を欲するがゆえに、商品を事実として持っているのではなく、商品がいわば価値の結晶として諸個人の意思から独立に運動し、商品の質的な個別の使用価値は、価値という量的な規定性に吸収される。個々人の主観には、人間と人間によって無限に自由意思で行なわれるかにみえる交換は、じっさいには商品自体の物象的な「自然的」法則的属性として現われることが明らかにされ、「人間」自身は、この商品の法則的メカニズムに規定される対象、つまり抽象的で普遍的な法的人格としての私的所有権者(Privateigentümer)として表現されることになる。

こうして、先の大塚の説とは異なり、「交換過程」では「人と人の関係」を想起するには及ばない。ここでは、人間の具体的意思を完全に無化する抽象的労働の体化によって物象化された商品と、こうした商品を人格的に表現するアトム的で同型の法的人格のみを想起すればよい、ということとなる。

このようにして、マルクスの「交換過程」における叙述は、冒頭の商品論において蒸留法によって直接に商品価値の実体なるものを抽象したこととあいまって、法的な私的所有権を「労働生産物の商品という形態そのものへの転化」からただちに導きだすことになってしまった。こうした商品交換による所有権の取得権原を人間の労働の結晶に求めるのは、まさに、初期・中期マルクスにみられる「労働」から「商品」への上向という唯物史観イデオロギーの残滓でしかないであろう。それは社会思想史の系譜として見るならば、ジョン・ロックの人間労働の混入によって自然を獲得する所有論から、アダム・スミスによる労働を本源的購買貨幣として人間が自然を所有する論理へと受け継がれたものであった。[18]すなわちそれは、個々人の労働こそを私的所有権の最終的根拠とみなす自然状態の想定であり、しかるのちに、自由な私的所有権者が平等な契約によって社会をつくるという、自然法的小ブルジョア法イデオロギーにつらなるものであるといわねばならない。

ちなみに加古祐二郎は、「パシュカーニスによる法の分析では、近代的な法形態があたかも古代中世社会内部の商品流通からも成立しうるような推論を可能ならしめる」[19]という正当な批判を行ない、単純流通ではなく特殊資本主義的な法形態の解明をめざして、法概念の原型を、二章の「交換過程」ではなく、一章四節の「商品の物神性」に求めるべきことを提唱した。マルクスは一章四節において次のように述べている、

「いろいろな人間労働の同質性はいろいろな労働生産物の同等な価値対象性という物的形態をうけとり、その労働時間による人間労働の支出は労働生産物の価値量という形態をうけとり、最後に生産者たちの……諸関係は、いろいろな労働生産物の社会的関係という形態をうけとる。だから商品形態の秘密はつぎの点にある。すなわち、商品形態は人間に対して人間自身の労働の社会的性格を労働生産物そのものの対象的性格として反映させ、これらの物の社会的な自然属性として反映させ、したがってまた、総労働に対する生産者たちの社会的関係をも、諸対象の彼らの外に存在する社会的関係として反映させる。このような『置き換え（Quidproquo）』によって、労働生産物は商品になり、感覚的であると同時に超感覚的なもの、または社会的なものになる。[20]」

たしかに、商品経済は、個別的な人間の関係を物象化させ定型化するにとどまらず、この物象的関係を超感覚的または社会的な関係に「置き換え」て表現するといってよいだろう。加古祐二郎は、G・ルカーチやK・コルシュに依拠して、前者を「人間関係の物化」と呼び、後者を、これにともなう「物の人格化」ないし「仮象的対象性」と名づ

けた。すなわち、法とは、パシュカーニスのように商品の交換関係から直接に導きだされるものではなく、経済関係の物象的な自立を背景として、人間の意思関係を、この物象化された「諸対象の外に存在する社会関係」として「反映させる」ものだというのである。(21)なるほどこの理論は、「人間関係の物化」としての経済的土台と、その「仮象的対象性」すなわちイデオロギー的表現としての法的関係をひとまず峻別することによって、パシュカーニス流の「商品形態」と「法形態」とを短絡的に直結させる誤りを回避することができることになるかもしれない。

しかしながら加古は、経済的関係の物象化の根拠を、資本の生産過程に求めるのではなく、マルクスの商品論にならい「商品の生産過程」なるものを想定することによって、商品の所持者をそのまま商品の生産者に解消することになる。したがって、せっかくの「人間関係の物化」に照応する「物の人格化」というアイデアも、理論的フィクションである単純商品生産社会の枠内で完結的に論じられることになってしまった。加古理論は、たしかにパシュカーニスのような法を商品の流通過程一般に解消する限界を克服しているかもしれない。だが逆に、商品の流通を、労働生産過程としての価値形成過程に解消してしまい、その結果、価値増殖過程の存在しない単純商品生産者の相互承認関係として「法イデオロギー」の成立根拠を導きだすことになったのである。パシュカーニスの誤りが法を単純流通から説く点にあったとすれば、加古祐二郎の間違いは、法の物神性の根拠を商品生産一般に求めた点にあったといえよう。

けれども、先に見た『資本論』の方法論的見地を徹底するならば、法の物神性は、抽象的人間労働の体化としての冒頭商品論を受けついだ一章四節「商品の物神性」や二章「交換過程」に依拠して理解すべきではない。むしろ、マルクス主義法学者が注目することがなかった一章三節の「商品の価値形態」を出発点にして、その延長上に三章の「貨幣または商品の流通」および四章の「貨幣の資本への転化」を位置づけ、こうした流通過程論の全体から、商品所持者の個別的意思が物象化され、価値の自立的運動に照応する「物象の人格化」として抽象的・普遍的で同型なる法的人格が形成されるプロセスを読み取るべきであろう。すなわち流通論の展開をたどることによって、意思関係（権利義務関係）としての法的関係が構成される必然性が解析できることになる。

また、このように『資本論』第一篇一章〜四章を読み直すとき、「価値形態論」に代表される一章「商品論」と二章「交換過程論」の関係も、大塚のように「物から人へ」の展開ではなく、まったく反対に「人から物へ」として理解されることになろう。すなわち、人間の能動的諸関係が物象化をあゆむプロセスから、完全に人間関係が固定した物象的な関係つまり法的関係として映現するにいたるものとして読み解かねばならないことになる。

3 価値形態論と意思関係の形成

さて、「価値」とは、ほんらい消費を目的とする相互に比較計量の不可能な使用価値物が、他人のもつ使用価値物を取得する手段に転倒した、私的所有社会の生産物による表現である。『資本論』の第一巻一篇一章三節の「価値形態論」についても、価値論論争の精髄をきわめた久留間鮫造に対する宇野の批判いらい無数の論争があるが、一般的には、商品の展開から貨幣の必然性を論証するプロセスとみなされてきた。しかしここでは法的関係の解明のために、やや異なった解釈を試みてみたい。すなわち、商品の価値形態から貨幣の流通および資本形式をつうじて、人間が、どのような商品経済のメカニズムをとおして、労働の配分により使用価値の充足を実現する法秩序を形成するにいたるのかという「回り道」を解明するものとして考えることにしたい。

それは、法理解の観点からみれば[22]、マルクスの「価値形態論」には登場しないが二章「交換過程」の冒頭に現われた「商品所持者（Warenbesitzer）の意思行為」を、むしろ価値形態の展開の動力として積極的に組み入れて、これが、諸個人の意思の個別性を払拭し、いかにして抽象的で普遍的な意思関係としての「私的所有権者（Privateigentümer）の法的関係」に結実していくのかというプロセスをたどることになろう。

① 簡単な価値形態における個別的意思（20エレのリンネル＝1着の上衣）

この形態では、リンネルは、上衣の使用価値に対して、自己のもつリンネルの価値を積極的、能動的に表示する。マルクスはこうした等式の左辺を「相対的価値形態」と名づける。これに対して上衣は、リンネルの側から価値を表示されるだけの消極的、受動的な位置にたつ。こうした右辺は「等価形態」と呼ばれる。もちろん、リンネル自身が自力で価値を表示することはありえず、一着の上衣がその使用価値を価値物とみなされるのは、あくまでもリンネル商品に事実上の所持者がおり、個別的に上衣を欲求するかぎりにおいてである。上衣で表現されるリンネルの価値とは、そこに投入された労働とは無縁の、たまたまリンネルを持つことになった人間の主観でしかなく、またそれがおそらく他人にとって有用な使用価値であることを予想するかぎりで所持されている。つまり「商品所持者」とは、それぞれ質的に異なる使用価値に対する個別的欲望をもった人間、すなわち能動的に意思表現をおこなう人間（Mensch）である。それゆえ、こうした非対称的な関係において両者が交換されることはない。つまり人間（Mensch）が法的人格（Person）になることはない。

② 展開された価値形態における意思表現　（20 エレのリンネル＝1着の上衣、10 ポンドの茶、40 ポンドのコーヒー、1クオーターの小麦、½ t の鉄 etc.）

この形態においては、リンネルの価値表現は拡大するが、それは、リンネルを所持する人間の欲望の対象となる等価形態の増加を意味するにすぎない。なるほどこの形態では、リンネルと同様に茶や上衣、鉄などの各々の所持者も銘々勝手に無数の価値表現行為をおこなうかもしれない。たしかにここでは、「簡単な価値形態」に比べて、左辺の商品所持者の欲望が多様化するために、人間の意思の主観性は相対化されることになる。けれども、相対的価値形態をになう人間が積極的、能動的であり、等価形態の方は消極的、受動的であるという非対称的関係性に、なんら変わりはない。それゆえここでも、左辺のリンネルの所持者は、いまだ私的な個性をもって個別的に右辺の諸々の使用価値を欲求し、それらの諸物によって自己の主観的意思を表現する人間である。ここでも両辺の交換は不可能であり、相互に意思関係ないし法的関係が構成されることはありえない。

③ 貨幣形態による意思関係　（1着の上衣、10 ポンドの茶、40 ポンドのコーヒー、1クオーターの小麦 etc. ＝ 20 エレのリンネルつまり2オンスの金）

さて、こうした商品所持者の個別的な価値表現は、マルクスによれば、「あらゆる商品の展開された価値形態において、つねにその等価形態の側におかれる商品」の出現によって、固定されてくる。すなわち、みずからは価値を表現せず、相手から一方的に価値を表現される右辺の等価形態は、一般的等価形態を介して「貨幣形態」としての正体を露わにするのである。ともあれ、商品所持者の欲望から遠いもの（金）があらゆる商品の価値形態に共通する一般的等価物として固着すると、商品所持者の意思行為における主観性はいちおう克服され、すべての商品の所持者は等しく金によって自己のもつ商品の価値を表示することになる。もはや、いかなる商品の所持者も、個別的な具体的使用価値への欲求にもとづいて、その意思表現をおこなうのではない。誰もが、あらゆる使用価値との交換が可能な一般的等価物つまり金を求めて、価値表現をおこなうのである。すなわち、すべての商品所持者は、貨幣を共通の「価値鏡」とすることによって、それぞれの個別的な主観的意思から独立に、共通の意思行為の担い手として同型の人格（Person）になるようにみえる。

よく知られているように、かつて、高島善哉は、こうして導き出された「一般的等価としての貨幣」と「一般意思としての国家（市民国家）」の論理的な同一性を提起した。また、清水正徳は、「貨幣の社会的定在を……流通世界の一神の確立であり、自己疎外の現実的確証としての市民社会国家」であるとした[23]。たしかに、市場における貨幣形態の確立は、すべての商品所持者を同型で平等な、私的・観念性をもつ所有権者につくりかえる。しかしながら、このことは商品どうしが直接相互に交換されることを意味するわけではない。その意味で、商品所持者の相互的な意思関係をそのまま「法的関係」とみなしたマルクスの「交換過程」の設定は誤りであろう。「交換過程」は、物々交換ではなく、はじめから貨幣の側が商品を購買する過程としてのみ存在しうる。それゆえ商品交換は平等な「法的関係」ではない。それどころか、商品に対する貨幣の圧倒的な優位をもって構成される、どこまでも非対称的で不平等な関係でしかありえないのである。

もっとも、マルクスは、「商品世界のこの完成形態である貨幣形態こそは、私的諸労働の社会的性格、したがって私的労働者たちの社会的関係をあらわに示さないで、かえってそれを物象的におおい隠す[24]」として、商品と貨幣の関係の背後に共通の労働の物象化過程が潜んでいるものとみなした。つまり、マルクスの投下労働価値説は、商品をア・プリオリに抽象的人間労働の体化物とみなすことで、商品相互の非対称的関係を見失わせてしまった。いいかえれば、商品に対する貨幣の特殊な地位を不明確にしてしまったといえよう。こうして高島や清水は、平等な商品の私的所有権者だけで成り立つ市民社会なるものを想定し、そこから弾き出された貨幣のアナロジーとして「国家」を説く錯誤に陥ってしまったといえるのではなかろうか。

だが、マルクスやこれらの諸論者のように、貨幣による商品の購買をもって、「交換過程」にみられる、抽象的人間労働の同等性に基礎づけられた人間の同型化、つまり「法的主体」の成立を説くのは、資本主義の物神性を商品生産の物神性に矮小化するものにほかならない。商品の価値形態の展開によって導きだされた貨幣形態とは、いまだ特定の生産過程にかかわるものではなく、流通の表面において使用価値の対極にあらわれた価値物としての物神性でしかない。じじつ、商品所持者は自らの意思では絶対に貨幣になれないが、貨幣の側は、その購買という能動性を発揮し、いつでもどこでも任意の商品になりうるのである。商品世界は「自由な市民社会」ではなく、諸個人が貨幣という権力にひたすらひれ伏す抑圧的関係でしかない。

この市場のもつ非対称性ゆえにこそ、『資本論』の第三章は、貨幣自身のもつ諸権能、いいかえれば貨幣所持者の特殊的な意思を説きうることになる。第三章一節で貨幣は「商品の価値尺度機能」をはたすことで、はじめて商品の購入が可能となる。それゆえ商品所持者は、もっぱら貨幣所持者の特殊的意思に依存し、これを媒介にして、自己の欲する商品の使用価値の取得を実現する。もっとも、商品が貨幣に転化することは「命がけの飛躍」であり、商品と貨幣の担い手はけっして所有権者として同型でないことはいうまでもない。いっさいの社会関係は貨幣所持者の側のイニシアティヴで営まれるのである。

こうして貨幣はつづく三章二節において「流通手段としての機能」をはたす。このW—G—W′では価値はいまだWがW′に転化するための基準にすぎない。最初の商品Wの所持者が、どのような過程をへてその地位に立ったのかは不明であり、またWがW′に転化されると消費過程に落ちて、商品の所持そのものが消滅してしまう。いいかえれば、最後のW′から最初のWへは価値として断絶しており、この流通は、川島のいう「契約を媒介して運動する価値支配権としての所有権」とはいえない。商品Wの所持者にとっては、最終的な自己にとっての使用価値W′への個別的欲望があるかぎりでのみ、W—Gという過程に自己のもつ商品を投じる。こうして貨幣は価値物として使用価値から独立したにもかかわらず、商品そのものは、担い手である商品所持者の個別的意思になお制約される。人間は、自己の欲望それゆえ個別的意思を動力として市場に参入するが、その欲望の充足とともに意思の終焉を遂げるしかない。彼はなお、能動的・主観的に意思行為をおこなう存在にとどまるのである。

4　資本形式と意思関係の限界

こうした貨幣における独自の権能の成立は、貨幣を、商品の流通内部で個々の商品に購買手段として対立するものから、商品流通総体に対立する、全商品の使用価値を総括する権力へと転化させる。ここに、貨幣所持者は、個別的な質的欲望を離れ、貨幣を流通からひきあげ無限に蓄積しようという特殊的な量的欲望をもった人間として登場する。こうして、三章三節では、貨幣蓄蔵から支払い手段を介して世界貨幣（資金）にいたる「一般的富としての貨幣」が説かれる。これらの形態をつうじて人間は貨幣所持者としてあらわれ、商品流通そのものを目的から手段へと転じ、価値増殖としての到富欲を特殊的意思とする「資本としての貨幣」へと転化していく。

①　商人資本における特殊的意思

それはまず、商人資本形式G—W—G′としての意思関係を構成する。

このG—W—G′形式における貨幣所持者は、先のW—G—W′における商品所持者と明確に様相を異にしている。彼は、個別的意思をもって質的な使用価値を求める人間ではなく、特殊的意思により富の量的な増殖それ自体を目的とする人間となる。つまり、GとG′とを媒介する使用価値Wが目的ではなく手段へと転倒し、最後のG′は最初のGへと循環する。このかぎりで価値の自律的な運動態が成立し、「人間」はその反照として、抽象的で無個性の「法的主体」すなわち私的・観念的な所有権者として現われるかのようにみえる。しかしながら、この貨幣所持者は、彼自身の直接的な欲求を充足する使用価値ではないが、他人の欲求の対象となる使用価値を予想して選択し、こうした特殊な商品の購入と販売をめざさなければならない。つまり、この形式における価値の増殖は、ゆいいつ貨幣所持者の能動的で質的な商品を選択する特殊な手腕に依存している。

それゆえ商人資本形式G—W—G′は、こうした人間の手腕にもとづく特殊的意思行為を前提としなければ成立しえないことになる。

② 金貸資本における普遍的意思

さて、流通過程における貨幣所持者は、次に流通の外部において価値を増やす「資本としての資本」、すなわち金貸し資本形式G……G′を要請する。

ここでは、商品の使用価値が媒介していないために、もはや質的に特殊な欲望をもった人間の「意思行為」は不要である。貨幣は、「価値はそれが価値であるがゆえに価値を生む」という利子の神秘的な性質[25]を純粋に表現し、この資本形式の実現に、なんらの個別的および特殊的な意思行為を必要としない。それゆえ人間関係は物象化され、それによって私的・観念的な所有権による普遍的意思関係を完成するかにみえる。しかし、それは同時に、価値増殖の根拠そのものをまったく非合理的なものとせざるをえない。およそ人類はいつの時代も、人間相互の社会連関をつうじて使用価値の充足をはたさなければならず、貨幣というカテゴリーも、こうした社会関係を実現するひとつの歴史的形態として存在したのである。だが、資本形式としてのG……G′は、まったく人間の使用価値の充足にかかわるものではない。この形式による人間の特殊的「意思行為」の払拭は、まさに人間の肉体的・社会的な生存条件そのものの否定であろう。

こうして「商品所持者の意思行為」にもとづく流通形態の展開は、いまいちど、資本の一般的定式G—W—G′に立ち戻らなければならなくなる。そして価値増殖の根拠を商品の使用価値に求めながらも、しかも具体的人間の欲望すなわち個別的および特殊的な「意思行為」にもとづくことのない、人間の物象的依存関係を実現しなければならない。これこそが、価値の自立的な自己増殖運動としての市場メカニズムであり、この内容に対応する形式として、人間の抽象的で普遍的な意思関係（権利義務関係）としての「法的関係」がようやく確立することになる。

5　労働力の商品化と法的人格の確立

さて、こうして形成された資本の最終的形式が、産業資本形式G—W…P…W′—G′である。この形式は、流通形態としての資本がその内部に生産過程を取り込んだものであり、ここでは人間の意識に奇妙な転倒がおきる。すなわち、流通が生産を包摂すると、人間の意識には、逆に、生産が流通をつくりだし、人間の労働そのものが商品の価値を生むかのような逆立ちした観念が生じることになるのである。マルクスは『資本論』冒頭の商品論において、古典派経済学（リカードウ）からうけついだ投下労働価値説を採用した。また、商品の物神性論では、材木としての机が商品として現われるや超感覚的なものとなり、自分の足で床に立つのではなく頭で立って勝手に踊りだすという譬えによって、人間労働に対する商品の転倒意識を軽妙に揶揄した。しかしながら、人間の労働そのものが価値を生むかのような幻想やそうした物神性の秘密は、冒頭の商品論ではなく、資本の生産過程を背景にして初めて明らかになるはずのものである。

すなわち、資本の生産過程において、生産が流通をつくるものとして、それゆえ労働が商品価値を生みだすものとして顛倒して観念されると、商品の所持者もまた、人間の労働を最終的な取得権原とする私的・観念的・絶対的な「所有権者」つまり「法的人格（Persönlichkeit）」として顕現することになる。それゆえ産業資本形式は、商品の価値どおりの売買としてあらわれ、そこにおける人間と人間の関係は、文字どおり「自由な契約を媒介とする平等な所有権者の法的関係」という普遍的な形式において完成をみるのである。

ただし、こうした普遍的な意思関係つまり法的関係の成立のためには、どうしても越えねばならない大きな断絶が待っていた。「法的人格」は、たんなる流通過程の発展から自動的に導きだされるものではない。産業資本形式は、実際には$G—W<^{A}_{Pm}\cdots P\cdots W'—G'$であり、その成立に不可欠の条件として、労働力Aという商品の存在が絶対的条件になる。この労働力商品は資本主義の内部で生産することができない。それゆえその本源的な形成過程として、土地の暴力的な囲い込み（enclosure）によって、農民を、共同体からも生産手段からも切り離された自由な無産者とし

て「一個の人格」に鋳型することが必要となるのである。このことは、近代の自由・平等なる法的関係が、歴史的必然性をもたない、労働力の商品化というひとつの大きな「無理」[26]に支えられた規範イデオロギーであることを意味していよう。

しかしながら、歴史のアイロニーはこうした「無理」を侵し、資本主義という生産様式をつくりだした。人間の自由と平等はこの「無理」のうえにのみ聳立する。労働力Aが商品として資本に購入され、生産過程で生産手段Pmと結合されると、労働の生産物が商品となり、それゆえ普遍的に「私的所有権」の対象となる。資本家は、新たな剰余価値をもつ商品W′を自立的反復的に生産し「所有」する。労働力という何でもつくれる商品によって、「商品生産は、資本主義生産の基礎上で、はじめて生産の正常で支配的な性格として現出する」[27]。このことは、自由で平等の近代市民法なるものが、ゆいいつ資本主義の法イデオロギーとしてのみ存立することを意味していよう。

ここにおいて労働者は、労働力を商品として売って獲得した賃金で資本から自らの生活手段を買い戻す関係にもとづいて、自己を「法的人格」として表現する。のみならず、労働力の再生産費が労働力の価値として現われることをつうじて、一般の商品流通も生産過程に基礎をもつものとなり、あらゆる人間の「労働」が商品の「所有権」を生む根拠であるかのように錯認される。商品交換は、資本の生産過程による規制のもとに市場メカニズムとして発現し、それを担うすべての人間の諸関係もまた、物象化された平等な「法的人格」相互の関係として観念される。もちろん、個々の商品所持者は、なお主観的に使用価値を求めて行為するのであるが、こうした個別的「意思行為」は、トータルな資本主義社会ではもはやそのままでは積極的役割を演じえない。むしろ、こうした個々の人間の意思行為を吸収し無化して同型化する市場メカニズムが、普遍的法則として現われ、これこそが諸個人の意識においては、内的で自発的な「意思関係（権利義務関係）」として、不断に守られるべき法イデオロギーを構成していくことになる。

こうして、商品の価値形態から貨幣形態をへて資本形式をつらぬいた商品所持者の個別的さらに特殊的な意思の物象化過程は、四章三節の「労働力の商品化」にもとづいて、ようやく普遍的意思関係として完成する。一章四節で説かれた「人間関係の物象化」は、じつは、ここにはじめて論じるに足るものとなるのである。それゆえ、価値の自立的運動の反照である「物象の人格化（仮象的対象性）」としての、平等で同型の私的所有権者（Privateigentümer）の「法的関係」は、けっして自己労働の生産物を交換して所有する直接生産者の関係なるものではない。それは、資本の生産過程を背後にもつ法イデオロギー的関係として、はじめて存立が可能になるといわねばならない。

次の章で詳しく検討するが、労働力の商品化は、社会関係の総体（流通・生産・分配）をも物象化し、覆い隠して見えなくする。労働力の価格である賃金は、労働に対する報酬という観念を形成し、資本の流通過程のなかに溶け込み、剰余価値の実現形態である「資本―利潤」、「土地―地代」とともに社会的な分配関係に解消される。それは最終的に、信用関係による一般利子率の確定にともなって、利潤や地代を利子に還元し、その元本である資本も土地も理念的に「商品」と化してしまう。それゆえ、労働力の所持者とともに資本や土地の担い手も、三位一体の観念的・絶対的な商品の「私的所有権者」として現われ、すべての人間に自由で平等な「法的人格」が付与されることになる。いまや、いっさいの人間関係が等しく「法の支配 rule of law」のもとに置かれる。それゆえマルクスはいう、

「労働力の売買がその限界のなかで行なわれる商品交換の部面は、じっさい天賦の人権の真のユートピアだった。ここで支配しているのはただ自由、平等、所有、そしてベンサムである！自由！なぜなら、ある一つの商品たとえば労働力の買い手も売り手も、ただ彼らの自由な意思によって規定されているだけだから。彼らは、自由な、法的に対等な人格として契約する。契約は、彼らの意思がそれにおいて一つの共通な法的表現を与えられる最終結果である。平等！なぜなら、彼らは、ただ商品所持者として互いに関係し合い、等価物と等価物とを交換するのだから。所有！なぜなら、どちらもただ自分のものを処分するだけだから。ベンサム！なぜなら、両者のどちらにとっても、関わるところはただ自分のことだけだから。彼らを一緒にして一つの関係のなかに置くただ一つの力は、彼らの自利の、個別的利益の、私的利害の力だけである。(28)」

こうして、第一篇二章「交換過程」にいう、「商品所持者が……互いに相手を私的所有権者として認め合う」「法的関係」は、マルクス自身の文脈とは異なり、じつは、資本主義的生産関係の集中的表現である四章三節の「労働力の商品化」を基礎的な経済関係として、はじめて現実化することになる。マルクス自身の言葉を借りれば、「各人がた

だ自分のことだけを考え、誰も他人のことを考えないからこそ、皆が予定調和の結果として、まったく抜け目のない節理のおかげで、彼らの相互の利益の、公益の、全体利益の事業を成し遂げる[29]」。すなわち、商品所持者の個別意思は、相互的な対抗の結果としてすべて私的所有権者の普遍的な法的関係へと帰着するのである。

そしてこれによってこそ、『経済学批判』の序言にいう、「生産関係」を土台とし、「所有関係」をその法的表現とするイデオロギー的仮説としての唯物史観[30]にも、ようやく、一定の客観的根拠を提示することができたといえよう。

それゆえ宇野弘蔵はいう、

「労働力の商品化は、資本主義社会の経済過程を自立的過程たらしめるものである。それは政治的、宗教的等々の上部構造から完全に分離した『土台』を形成し、法律的上部構造を唯一の、人間的行動に特有なるイデオロギーとして、しかし単なる消極的なる形式的規制たらしめるのである[31]。」

四　まとめ——法と国家制定法の関係

この章では、唯物史観なるものに依拠することなく、純粋資本主義の市場メカニズムを追求する原理論としての『資本論』によって、流通論を法の形成過程として読み説いてきた。それによって、いわゆる「交換過程論」にみられる近代法の規定が、たんなる商品交換法としてではなく、資本主義社会で生活するあらゆる人間を「自由・平等・所有・ベンサム」なる意思関係に服属させる、いわゆる物神性をそなえた規範としてのみ現われる根拠を探ってきた。そしてその一応の解答を、労働力の商品化による諸個人と諸階級の意思の物象化およびその普遍化による同型の「法的人格」の形成に求めてきた。

それゆえまた、こうした資本主義社会の「法的関係」による総括は、『資本論』が、一八五七年のいわゆる「経済学批判プラン」に示された「世界市場・外国貿易」とともに「国家」の解明を放棄し、その経済学批判体系からこれを捨象した必然的理由をも示している。まさに、「労働者にも資本家にも共通する法的観念（Rechtsvorstellung）」こそは、資本主義的生産関係の総体を「目に見えなくしてその正反対を示す現象形態[32]」であり、資本主義的な商品の物神性の秘密そのものなのである。このような法的規範観念を諸個人に肯定的に受容させる社会においては、プランにいう「国家によるブルジョア社会の総括」はまさに不必要である。それゆえマルクスの『資本論』体系は、経済的関係という内容を包む形式、すなわち生産関係に一方的に規定される意思関係を、「法律的に発展していてもいなくても」そのまま「法的関係（Rechtsverhältnis）」という概念で総括したのである。

したがって『資本論』における「法」は、現実に存在する国家権力によって制定された法律（Gesetz）のような、経済過程や階級関係への介入または反作用という能動的機能を有した概念ではありえない。むしろ、生産関係に一方的に規定される意思関係（権利義務関係）であるからこそ、法の上部構造性を典型的に論証しえたともいえるのである。

しかしながら、現実に公刊された『資本論』の内部には、①資本の蓄積過程における人口法則を無視した労働諸立法論や家族法の制定論（第一巻三篇八章）、②土地の国有化を原理とした土地法や借地法の制定論（第三巻六篇）、③所有資本家と機能資本家の対抗による債権法理論（第三巻五篇）、そして、④領有法則の転回を根拠にした所有権法総体の立法化論（第一巻七篇二二章）といった、総じて『共産党宣言』などに多くみられる、階級闘争における力関係を背景とした国家による法律の制定という問題が混在している点も見落とせないだろう。

本書ではこれ以降は、マルクスにならい、原理的な意思関係（権利義務関係）を現わすRechtを「法」と表現し、これに対して、国家権力により制定されたGesetzを「法律」というカテゴリーで現わすことにしたい[33]。それゆえ、以下の試みは次のようになろう。

① 『資本論』に散見されるさまざまな「法律」概念の問題点を具体的に検討し批判することをつうじて、まず、宇野のいう「経済原論に対応する原理としての法体系」の構成をはからなければならない（法の原理論）。

② そして、資本の蓄積様式の差異にもとづいて「国家権力」が顕在化する過程をたどり、この国家を介して「法」

が具体的な「法律」として制定されていくプロセスをさぐることになる（法の段階論）。

③　さらには、この両者を基準にして、はじめて、支配的資本の利害から相対的に独立した国家が、資本の運動過程に積極的に関与し修正を加える現代法政策の解明も可能になるはずである（法の現状分析）。

（1）K. Marx ; *Das Kapital I*, MEW. Bd. 23, SS. 99-100.（二三巻 一一三頁。）
（2）E.B.Paschukanis ; *Allgemeine Rechtlehre und Marxismus*, 1927. 稲子恒夫訳『法の一般理論とマルクス主義』前掲、一一七頁。なお、渋谷謙次郎「パシュカーニス法理論の再検討」『神戸法学雑誌』六二巻三・四号、二〇一三年を参照。
（3）加古祐二郎「社会定型としての法的主体に就いて」『近代法の基礎構造』日本評論社、一九六四年。
（4）山中康雄『市民社会と民法』前掲、八七頁。川島武宜『所有権法の理論』前掲、一四頁。
（5）川島武宜「社会科学における人間の地位」『近代社会と法』岩波書店、一九五九年、一九頁。
（6）江守五夫「経験法学の方法と史的唯物論」『法律時報』一九六六年四月号。藤田勇『法と経済の一般理論』日本評論社、一九七四年、一七頁。
（7）K.Marx ; *Vorwort zur Kritik Politischen Ökonomie*, MEW. Bd. 13, S.7.（一三巻 五頁。）
（8）K.Marx ; *Grundrisse der Kritik der Politischen Ökonomie, 1857-1858*, Dietz Verlag Berlin, S. 21. 高木幸二郎監訳『経済学批判要綱一八五七～五八年』、大月書店、二二頁。（以下、*Grundrisse* と略記し、原著と邦訳の頁のみを記す。）
（9）*Grundrisse*, S. 169.（訳一七〇頁。）なお、佐藤金三郎「『経済学批判』体系と『生産一般』」によれば、マルクスは、『要綱』の執筆過程において、「生産一般」から「商品」カテゴリーへと少なくとも五度にわたる端緒の変更を行なう動揺をしめし、最終的な端緒「商品」を確定したといわれる。『「資本論」研究序説』岩波書店、一九九二年 収録。
（10）K.Marx ; *Das Kapital I*, MEW. Bd. 23. S. 102.（二三巻 一一八頁。）
（11）山中康雄「川島教授の『所有権法の理論』を読みて」『法政大学法学志林』四七巻一号、一九四九年。なお、宇野学派の柴垣和夫も「所有権」を、「権利概念の構成に産業資本、つまり資本の生産過程を必要としない」「流通形態と直接かかわる権利」として規定する（東京大学社会科学研究所編『基本的人権Ⅰ』、一九六八年、三二三頁。
（12）大内秀明「私的所有と商品経済―スミスとマルクス」『東北大学教養部紀要』二号。

(13) 宇野弘蔵『演習講座 経済原論』宇野著作集二巻、四五八頁。なお、「経済学と唯物史観」宇野著作集九巻 も参照。

(14) 大塚久雄『社会科学の方法』岩波書店、一九六六年、二二一〜二二五頁。

(15) 宇野弘蔵「価値形態論の課題」宇野著作集三巻、四六九頁。宇野がここでいう「人間」「商品所有者」とは、『資本論』「交換過程」のカテゴリーでいえば、Warenbesitzer である。宇野は、交換に先行する商品の番人である交換自体が設定していく人格である「所有(権)者 Eigentümer」とを区別していないようにみえるが、これは、宇野が主として向坂逸郎訳『資本論』(岩波書店版)に依拠したために生じた訳語上の誤解にほかならない。なお、当該箇所を邦訳でみると、Warenbesitzer および Privateigentümer が、大月書店版(M＝E全集刊行委員会訳)では、前者が「商品所持者」、後者が「私的所有者」と訳されており、青木書店版(長谷部訳)では、前者が「商品所有者」、後者が「私有権者」となっている。また岩波書店版(向坂訳)では、前者が「商品所有者」、後者が「私有財産所有者」と訳されている。たしかに、Privateigentümer は、マルクス自身「法的関係」であると明言しており、その意味で法的カテゴリーであることを明確にしておけば、「私有権者」をはじめ、いずれの訳でも問題はないであろう。しかし、Warenbesitzer を長谷部や向坂の訳のように「商品所有者」と訳したのでは、このカテゴリーまで法的概念であるかのような誤解を与えかねない。それゆえ本書では、大月書店版にならい Besitzer を事実的概念としての占有の担い手を意味する「所持者」と訳し、Eigentümer はその法的意味を明確にするために「所有権者」と訳することにする。なお、土地については、Eigentümer は同様であるが、Grundbesitzer は、所持では不自然なので、「土地占有者」という訳語を充てることにしたい。なお訳語の選択については、広西元信『資本論の誤訳』青友社、一九六六年(新版 こぶし書房、二〇〇二年)、が参考になる。

(16) K.Marx ; *Zur Judenfrage*, MEW. Bd. 1, S. 370.(一巻 四〇七頁。)

(17) 宇野弘蔵「価値形態論の課題」前掲、四六八頁。なお、久留間鮫造との論争『価値形態論と交換過程論』岩波書店、一九五七年 も参照されたい。

(18) J.Locke; *Two Treatise of Governmennt*. Cap.5, §27-51. A. Smith; *An Inquiry into Nature and Causes of the Wealth of Nations*. 大内・松川訳『諸国民の富(一)』、岩波文庫、一二三頁。

(19) 加古祐二郎 前掲書 一五一頁。

(20) K.Marx ; *Das Kapital I*, MEW. Bd. 23, S. 86.(二三巻 九八頁。)

(21) 加古祐二郎 前掲書、八七頁以下 を参照。

(22) 本章における価値形態論は、文献学的に忠実な『資本論』解釈ではなく、あくまでも法的人格の必然性を説くために必要なかぎりで援用したものである。宇野による商品の担い手の欲望を導入する価値形態論理解は、著しく交換過程に接近したものであり、おそらくマルクス自身の意図とは異なるであろう。宇野もまた、商品経済と人間の関係を鮮明にするために、このような構成を採ったものと思われる。

(23) 高島善哉『民族と階級』現代評論社、一九七〇年、二一七～二一八頁。清水正徳『人間疎外論』紀伊国屋書店、一九七一年（新版一九九四年）、一二五頁。

(24) K.Marx ; *Das Kapital I*, MEW. Bd. 23, S. 90.（二三巻 一〇二頁。）

(25) K.Marx ; *a.a.O.*, S. 169.（二三巻 二〇一頁。）

(26) こうして資本の原始的蓄積——それ自体で生産過程を形成しえないG—W—G′が、土地の共同体的所有の解体を媒介にして、資本の生産過程をになう労働力商品を暴力的に創出する——こそが土地の私的所有権 Privateigentum の基礎である土地占有 Grundbesitz をつくりだす。それゆえ、資本主義における労働力の商品化と土地の私的所有との表裏一体的な性格は重要である。この点は、本書の第四章において詳細に論じる。

(27) K.Marx ; *a.a.O.*, S. 613.（二三巻 七六四頁。）

(28) K.Marx ; *a.a.O.*, SS. 190-191.（二三巻 二三〇～二三一頁。）

(29) *Ebenda*, S. 191.（二三巻 二三一頁。）

(30) かつて存在したマルクス主義法学では、スターリンの「弁証法的唯物論と史的唯物論」の影響下に、「生産手段の所有関係」を「生産関係の基礎」とする通説が跋扈していた。藤田勇の「法範疇としての所有」（ソビエト法一巻四号）、および甲斐道太郎の「所有権と所有」（甲南論集六巻二五号）などによる「経済的所有」と「法的所有権」の区別なる主張は、この影響であろう。これに対して、しだいに、資本主義的生産の物象的自立の論証にもとづいて「所有」をあくまでも法的関係として解釈する主張が有力になった。たとえば、V・P・シュクレドフ『社会主義的所有の基本問題—経済と法』御茶の水書房、一九七三年。黒滝正昭「基本概念の動態的把握」『講座史的唯物論と現代 二巻』青木書店、一九七七年。渡辺寛『レーニンとスターリン』東京大学出版会、一九七六年、四章 などを参照されたい。

(31) 宇野弘蔵『経済学方法論』宇野著作集九巻、一〇四頁。

(32) K.Marx ; *a.a.O.*, SS. 603-604.（二三巻 七五二～七五三頁。）

(33)このように、『資本論』にもとづいて、Rechtを意思関係ないし権利義務関係としての法と理解し、これと区別して、Gesetzを法律ないし制定法として理解した先駆として、大藪龍介「資本論における国家と法」『マルクス、エンゲルスの国家論』現代思潮社、一九七八年がある。なお、こうした区別は、いわゆる戦後法社会学論争における「行為規範」と「裁判規範」ないしは「生ける法」と「国家法」の関係をめぐる諸論争にも最終的に決着をつけるものであろう。本書も、原則的にこの区別を踏襲することにしたい。

第二章　資本の生産過程と労働法

一　はじめに

先にみたように、マルクスは『資本論』の第一巻一篇二章「交換過程」において、意思関係としての「法的関係」を説いていた。これは、『資本論』の冒頭商品からいきなり価値の実体としての抽象的人間労働を抽出し、この労働を商品の物神性の根拠としたことに起因する。すなわちいっさいの商品があらかじめ投下労働量にもとづいて等価交換され、その担い手は、互いに同型で平等な「法的人格」となるというものであった。

こうした方法は、近代法が、労働を根拠とする所有権者から成る自由・平等の市民的外観をもつからといって、これを資本主義の生みだすイデオロギーとして明らかにするのではなく、むしろそのまま経済的（小生産者的）現実として容認してしまうものであった。このかぎりでは、マルクスもなお、小ブルジョア的イデオロギーから自由でなかったといってもよいだろう。また、こうした「交換過程」の読解は、パシュカーニスの商品交換による法の把握や、加古祐二郎による商品の物神性のアナロジーによる法的主体論、また、川島武宜による所有権の「私的モメントと社会的モメントの矛盾」論や、山中康雄の法範疇自己発展論などに大きな影響を与えた。このことはすでに述べたところである。

こうした理論の問題点を克服するために、前章では、『資本論』の体系から「交換過程」を消去し、むしろ、商品の価値形態を出発点とする流通形態論の展開を、商品の担い手の個別的意思がしだいに払拭され、同型で普遍的な法的主体（私的所有権者）の関係を形成していくものとして解読してきた。すなわち、流通形態が労働力の商品化を介して生産過程を包摂するところ、いいかえれば「資本の生産過程」を背後にもつ流通過程こそが、最終的に人間関係の物象化を実現し、普遍的意思行為にもとづく単一かつ共通の「意思関係」をつくりだす。――これこそが、マルクスが「交換過程」で述べた、「契約を媒介として……商品所持者が相互に相手を私的所有権者として認め合う意思関係」すなわち権利義務関係の根拠であり、しかも銘記すべきは、マルクスは、こうした意思関係を「法律的に発展していてもいなくても、そのまま、経済的関係がそこに反映している」「法的関係（Rechtsverhältnis）」であると規定したのである。

ところが、ここにおいて『資本論』の叙述に、新たに重要な問題点が浮上してくる。

このように法を資本主義的関係に照応する上部構造として、もっとも完璧に論証する根拠であるべきはずの、「資本の生産過程」の、まさにその真っ只中に、突如として、階級闘争とそれを介した国家による「法律（Gesetz）」の制定という問題が登場してくる点である。しかもかつてのマルクス主義法学は、こうした「資本の生産過程」を、意思関係としての法を生みだす土台としてでなく、まったく逆に、市民的な法的関係の限界が露呈する場所として、ここに、国家が具体的立法を制定する根拠を求めたのである。

それゆえ本章では、『資本論』における法の原理的規定である意思関係としての「法的関係」と、「労働日」を中心とする「労働諸立法」との関係を議論の俎上に載せることにしたい。これによって、「資本論（経済原論）」に対応する原理としての法体系」の構築を、さらに一歩踏みだすことになるであろう。

二 『資本論』における労働法

1 第一巻三篇八章「労働日」の法律論

『資本論』の第三篇五章以下では、一〜四章の流通過程が生産過程を包摂することによって成立した資本主義的生産関係が、完成した形態において登場する。すなわち、それが、個々人の意思から独立して運動する態様、および、人間の意識過程がこれに一方的に規定され法イデオロギーとして現出する根拠が示される。マルクスによれば、世界商業と世界市場の発展に規定され、人間の労働力が、封建的その他の身分的拘束ならびに生産手段から二重の意味での自由を獲得すると、資本主義は、国家の権力的な意思にもとづく経済外的強制や支配を排除して、市場のメカニズムのみによって自己増殖する自立的な運動態となるというのである。

「資本主義の生産過程はそれ自身の進行によって、労働力と労働条件の分離を再生産する。……資本の生産過程は、(自立的に)ただ商品だけでなく、ただ剰余価値だけでなく、資本関係そのものを、一方には資本家を、他方には賃労働者を、生産し再生産する。……こうして資本家と労働者の関係は彼の自己販売の周期的更新や彼の個々の雇い主の入れ替わりや労働の市場価格の変動によって、媒介されていると同時に覆い隠されてしまう……このような現実の関係を目に見えなくしてその正反対を示す現象形態にこそ、労働者にも資本家にも共通な法的観念(Rechtsvorstellung)はもとづいているのである。[1]」

この『資本論』の叙述に示されるように、資本主義は、労働力商品の販売と賃金による必要労働の生産物の買い戻しの反復を基礎に、市場価格の変動を介して作用する市場メカニズム(いわゆる価値法則)にすっぽり包まれる。このような社会関係のイデオロギー的表現として「労働者にも資本家にも共通な」法の支配(rule of law)あるいは法治国家(Rechtsstaat)は誕生する。このことはまた、マルクスが「自由・平等・所有そしてベンサムの支配する天賦の人権の真のユートピア」を、二章の「交換過程」ではなく、四章三節の「労働力の売買」で、はじめて展開している点によく表現されているといってよいだろう。すなわち近代市民社会では、所有権の絶対・契約の自由・人格の尊重といった法イデオロギーが、たんなる商品交換の場における個別的な意思の合致としてではなく、根底的な「商品による商品の生産」にもとづいて、資本家であろうと労働者であろうと、全人格的かつ普遍的で絶対的な規範として内面化され当為化されるのであり、それゆえこうした物神的な法規範の侵害が諸個人の意識表象それ自体において「悪」として、つまり不法行為ないし犯罪として観念されることになるのである。

このような方法的視点のもとに、『資本論』は「階級支配の機関としての国家」を論理体系から積極的に捨象しつつも、なお三篇五章以下の「資本の生産過程」では、ひんぱんに意思関係としての「法的関係」ないし「法（Recht）」を登場させることになる。こうした法は、したがって、現実の国家制定法である「法律（Gesetz）」のような、経済過程への反作用や具体的介入はおろか、軍事・警察力や裁判所を頂点とする国家の制裁（sanction）に裏づけられた外的な強制力を有する概念ではありえない。むしろ「法律的に発展していてもいなくても」労働力の商品化にもとづく市場経済メカニズムを反映して、そのまま権利義務関係としての主観的法であり、資本主義的生産関係が直接に生じさせる行為規範としてのイデオロギー的上部構造である。

これが古典的には、G・ラードブルフや橋本文雄いらいの定説である、類型化され平均化された抽象的人間の自由を価値原理とする「個人法としての市民法という法理[2]」に合致するものであることは、さしあたり言をまたないであろう。

ところが、『資本論』第三篇八章「労働日」を中心に、こうした「法（Recht）」とは少し様相を異にしたカテゴリーとしての「法律（Gesetz）」が登場してくる。

「市場では彼（労働者）は『労働力』という商品の所持者として、他の商品所持者たちに相対していた。つまり商品所持者に対する商品所持者としてである。……取引が済んだあとで発見されるのは、彼が少しも『自由な当事者』ではなかったということであり、自分の労働力を売ることが彼の自由である時間は彼がそれを売ることを強制された時間だということであり、じっさい彼の吸血鬼は『まだ搾取される一片の肉、一筋の腱、一滴の血でもあるあいだは』手放さないということである。彼らを悩ました蚊に対する防衛のために、労働者は団結しなければならない。そして彼らは階級として、彼ら自身が資本との自由意思による契約によって自分たちと同族とを死と奴隷状態に売り渡すことを妨げる一つの国家制定法（Staatsgesetz）を、超強力な社会的障害物を、強要しなければならない。『売り渡すことのできない人権』のはでな目録に代わって、法律によって（gesetzlich）制限された労働日という地味な大憲章が現われて、それは『ついに、労働者が売り渡す時間はいつ終わるのか、また彼自身のものである時間はいつ始まるのか、を明らかにする』のである。なんと変わりはてたことだろう！」[3]

ここでは、商品所持者としての労働者による労働力の販売から不断に生みだされる「自由な当事者」の「自由意思による契約」、「売り渡すことのできない人権」、「私的所有権」という市民法的イデオロギーに対して、この労働力の使用価値である「労働」の限界をめぐって、労働者の「団結」による階級闘争が始まるとされる。しかも、この闘争をつうじて労働日を制限する「国家制定法」が成立するものとされている。したがって、こうした法律（Gesetz）は、法（Recht）の「はでな目録に代わって」制定されるものであり、市民法の実現を「妨げる」「超強力な社会的障害物」として、抽象的で普遍的な意思関係としての「法的関係」と対立するものと規定される。ラードブルフの表現を借りれば、それは、部分社会に生きる人間の集団的で能動的な行為の所産というべき位置におかれることになる。

これらの法律はまさに、抽象的人間の自由を価値理念とする「市民法」に対して、特殊集団的人間の把握、一般的な経済的自由権の制限、そして国家による社会的結合関係の意識的規制等々という、いわゆる「社会法」の成立する原理的根拠の『資本論』における唯一の提起であるといってもよいだろう。

なお、『資本論』の三篇八章「労働日」には、その他にも、「搾取の法律的（gesetzlich）制限のないイギリス産業部門」（三節）、「一四世紀半ばから一七世紀までの労働日の延長のための強制法（Zwangsgesetz）」（五節）、「強制法による労働日の制限と標準労働日のための闘争」、「一八三三〜一八六四年のイギリス工場立法（Fabrikgesetzgebung）」（六節）などさまざまの「法律」がひんぱんに登場する。これらは、歴史的には、厳密な意味での「社会法」としての労働法に含まれない、その前史というべき「社会立法（Sozialgesetzgebung）」としての労働者法ないし工場法と規定すべきものであろう。だがそれにしても、G・ラードブルフのいう「具体的に社会化された人間」あるいはH・ジンツハイマーのいう「階級的存在としての人間」の現実的利害に附合した国家制定法が、こうした絶対的剰余価値の生産の基礎となる労働条件や労働日にかんして集中的に登場することは非常に興味深いことである。[4]

2　労働日の法律論への疑問

しかしながら、資本主義的商品経済を根底から市場メカニズムの支配にゆだねて、市民的な法的関係を普遍化させる基礎である労働力の価値規定と不可分の、労働条件や労働日の決定が、階級闘争による「国家制定法」に委ねられるというのであれば、マルクス自身が、労働力の商品化を基礎にした資本主義的関係の自立に対応して、いっさいの商品所持者が法的所有権者となるのを論証したことに背馳するのではなかろうか。なぜなら、もし「法律（Gesetz）」が労働日の大きさを決定するなら、この「法律」なくして価値形成増殖の必然性はなく、したがって資本家による剰余価値の取得はおろか、労働者の生活手段の買い戻しによる労働力の価値規定もありえない。けっきょく、こうした国家の労働立法に依拠しなければ、労働時間（労働日）に表現される抽象的人間労働量にもとづく市場メカニズムは作動せず、諸個人の関係の物象化による意思関係としての「法（Recht）」そのものもありえないことになるのではなかろうか。

もちろん、労働力の価値は、その再生産に必要とされる必要労働部分の資本からの買い戻しによって決定されるのであり、それゆえ剰余労働部分をふくめた労働日全体の大きさは、直接的には、市場メカニズムに規定されないようにみえる。しかしながら、一般に、労働力の価格が下落するとき、労働条件は悪化し労働日は延長されるし、逆に、労働力の価格上昇は、労働条件の改善と労働日の短縮に作用する。労働力の価値規定は、全社会的な市場メカニズムの根幹をなすものであり、標準労働日の大きさや労働条件の決定など労働者の商品経済的な生活全般に密接にかかわる基礎をなすものであろう。

この点は、四章三節の「労働力の売買」において、マルクスが、労働力の価値を正当にも「労働者の生活において消費される生活資料の量」に求めながら、この必要量を、「一国の文化段階」および「自然的特色」によって決まるもの、あるいは「自由な労働者階級が……どのような習慣や生活要求をもって形成するかによって定まる」ものとして、「歴史的、精神的な要素」に還元[5]してしまっていることとも関連があろう。まさに国家制定法を上部構造としてではなく、たんに民族国家の文化や自然さらには習慣に還元してしまい、最終的に、こうした一民族の歴史的、精神的な要素が労働力商品の価値を決定するというのであれば、同様のことが、労働生産物としての商品価値にもあてはまることになろう。それは結果的に、価値論を根幹とする『資本論』の原理的な抽象性を放棄してしまうことにつながるのではなかろうか。

またこうした主張は、かつて、わが国の岸本英太郎と大河内一男を中心に展開された「社会政策の本質論争」を想起させるものでもあろう。岸本は、マルクス主義の通説にしたがい、社会政策（労働立法）を、労働者の階級闘争がその成果を国家に強制し実行させるものとみなした。これに対して大河内は、社会政策の本質を、個別資本による労働力の濫用を防ぐために総資本としての国家が採る「労働力の保全」政策であると規定した。しかも、その立法化は、社会の生産力の発展のために必要不可欠なものであると主張したのである[6]。いずれも、社会政策としての労働法の内容を、市場メカニズムを越えて、直接に特定の階級の意思による所産とみなしたところに限界があったといえよう。

このような傾向は、最終的に、資本主義社会の存立根拠を、社会の宗教的倫理や民族・階級のエートスに求めるM・ヴェーバー流の社会学、さらには、資本主義の変革を法制度的改革に求めるアントン・メンガーらの法曹社会主義の主張に道を開くことにもなりかねないであろう。『資本論』のような原理論から、直接に、国家制定法としての労働立法ないし社会立法の根拠を説くことに疑問を禁じえないゆえんである。

3　いわゆる「市民法から社会法へ」について

さて、こうしたマルクスによる労働立法論の限界を検討する前に、『資本論』に依拠しつつ、本格的にマルクス主義労働法論すなわち社会法論の構築を行なった日本の古典として、ここでは、沼田稲次郎の見解を検討しておくことにしたい。

沼田は、戦前いらいのラードブルフ＝橋本文雄にはじまる個人法と社会法という法理に現われる人間像の対比を超えて、また、菊池勇夫らによる経済法を社会法に含める理論を批判するという実践的課題に規定されて、「社会法」

を、「市民法原理のもとで事実上資本主義社会の圧迫をうけざるをえない特殊的部分社会に所属する社会的人間を予想し、その生存権を顧慮するところの社会的正義を法的原理として……市民的自由の原理を保護の原理によって修正せんとする法」として捉える。そして、「労働運動すなわち労働者階級の組織と闘争こそが、資本制社会の悪を、したがって市民法の虚偽を意識的に暴露し、ブルジョアジーとその政府に対し社会問題をたえず押しつけることによって、社会法の発展を促進する決定的な運動に他ならない」(7)という。

ここに、第一に、部分社会としての体制的被害者集団を主体とし、第二に、それらに属する者の生存権を価値原理として、しかも第三に、労働運動によってそれを国家の意思へと強制することを目的とする、古典的な「社会法」理論の体系化が行なわれることになった。それはまた同時に、加古祐二郎の業績をふまえ、社会法としての労働法を、「市民社会＝資本主義社会にもとづく内在的矛盾の諸形態の法的反映」として捉え、「市民法の反省形態（Für sich Sein）を超えない法」(8)として、その限界をも明確にするものであった。ここに、「社会法を形成する根本的な力を経済法則そのものに求める」マルクス主義法学なるもののひとつの到達点があったといえるであろう。

だが、一見して明らかなように、ここには、「経済法則」をあたかも永遠に繰り返すように展開して、市民的法イデオロギーがすべての階級関係を覆い隠す唯一の上部構造として現われる根拠を示すという『資本論』の方法はまったく欠落している。それどころか『資本論』の説く経済法則が、そのまま唯物史観にいう「歴史の発展法則」に解消されてしまっている。そのため、「自由意思による契約」や「売り渡すことのない人権」、「私的所有権」は、労働者階級その他の無産者にとっては、外部的で疎遠なイデオロギーであり、しかも「労働者階級の組織と闘争」は、こうした「資本制社会の悪を、したがって市民法の虚偽を意識的に暴露」して「社会法」の形成に向かう。すなわち、マルクスのいう労働者その他大衆の「死と奴隷状態」ないしは「生活と自由・平等の喪失」そのものが、資本主義の経済法則に規定された上部構造であり、それゆえ、労働者の団結による階級闘争こそが、必然的に「法」を市民法から社会法へと発展させる。ということになるのである。

たしかに、マルクスは、一九世紀中頃におけるイギリス産業資本の「まだ搾取しうる一片の肉、一筋の腱、一滴の血のあるあいだは手放さない」過酷な労働者の状況と、それに抵抗する労働者団体のラダイト的運動による法秩序の破壊を、目のあたりにした。それゆえ「標準労働日を定める法律」が成立したとき、彼の眼には、それが、資本家の譲歩により市民法的「自由・平等・所有」を部分的に修正するものとして映じたとしても驚くにはあたらない。だが問題は、後代の経済学者や法律家が、これを、純粋資本主義の構造分析である『資本論』体系に不協和なまま組み込んで理解していることである。

マルクスは、一八五八年の「経済学批判体系プラン」において、その経済学の出発点を「生産一般」にもとめ、この影響のもとに、六七年刊行の『資本論』第一巻のタイトルを「資本の生産過程」とした。そして、一章一節でいきなり商品の価値実体を労働とみなし、二節でこの労働を抽象的人間労働と規定して、四節でそこに商品の物神性を見いだした。これをふまえて二章では、労働生産物をそのまま商品とする価値どおりの交換を想定し、その人格的な担い手を「法的主体」とみなすことになった。こうして、抽象的人間労働がそのまま商品の価値形成過程の根拠とみなされ、これと不可分一体の価値増殖過程から機械的に分離されて設定されることになった。このことが、エンゲルスが『資本論』第三巻への「補遺」において、価値法則を単純商品生産社会の法則とし、剰余価値の法則なるものを資本主義社会の法則として説くことになった原因であろう。その後、こうした理解がレーニンによる公認のもとに、世界的に広まることになったのである。

その結果、法概念の理解についても、マルクス主義法学の世界では、市民法を単純商品交換の法とみなし、これに対して資本主義法は剰余価値を搾取するための法として解釈するのが通説となっていった。そのため、資本家による剰余価値の合法的取得が、商品交換法の世界とは異質の、基本的に奴隷制や封建制と同質の、あたかも暴力的・強制的な収奪過程(9)であるかのようにみなされることにもなる。こうして、『資本論』の一般的な解釈では、剰余労働の大きさや強度は市場のメカニズムにもとづく市民法的関係によっては決定できず、もっぱら労働者が階級闘争をつうじて、ブルジョア国家に標準労働日や労働条件にかんする法律の制定を押し付けることで決まるということになったのである。

さらに留意すべきは、通説では、このような「剰余価値の法則」なるものの延長上に、『資本論』七篇二三章「資本主義的蓄積の一般法則」を位置づけて、資本蓄積の増進にともなって資本構成の高度化がすすみ、それゆえ失業する相対的過剰人口が累進的に増加することで労働者の賃金が絶えず下落し続けるという、いわゆる「絶対的窮乏化論」が導き出されることになる点である。しかしながらマルクスは、他方において、動植物の繁殖の法則とまったく異なった、「資本主義社会に特有の人口法則」を提起した。すなわち、資本の蓄積は、景気の循環にともなって、雇用労働力の増減とともに、失業者すなわち相対的過剰人口の資本への吸収と排出を繰りかえすというものであった。しかしながら、七篇二三章の蓄積論では、こうした景気循環過程の分析が欠落し、したがって過剰人口が現役軍に吸収される過程の解明がまったく見られない。それゆえ結果的に、労働者の賃金のたえざる価値以下への下落と被救恤貧民の増加だけが強調されることになってしまった。このことが、自由と平等の一般的喪失という絶対的窮乏化[10]に帰着することになったのである。

こうして、ここに、先の生産過程における労働諸立法とともに、消費過程における生存権理念にもとづく生活保護立法がくわえられ、「体制的被害者集団」としての広義の無産者に対して生存権を保障するトータルな「社会法」理論が形成されることになる。このようにして、かつてのいわゆるマルクス主義法学においては、「市民法」は資本主義においては虚偽の法とみなされ、完成した資本主義社会における賃労働者を中心とする無産者大衆は、生産—分配—消費の総過程における市民的自由・平等の実質的喪失者として、国家制定法としての「社会法」を資本家階級に強要する主体とみなされることになった。

なお、体系としての社会法の登場が、一九世紀末の帝国主義期以降であるという歴史的事実にもとづいて、スターリンは「独占資本による最大限利潤の追求」こそが、当時の労働者の困窮の原因であると説いた。わが国でも、かつて宮川澄や片岡昇がこの説に依拠して、反独占の階級闘争による社会法の形成を訴えたのは周知のことであろう[11]。

しかしながら、こうした主張は、唯物史観の「生産力と生産関係の矛盾」による歴史社会の発展というドグマをそのまま資本主義に当てはめ、資本の自由競争を起点にしてストレートに資本の集積・集中から独占の形成を導き出すものである。それは、論理＝歴史主義的な単純上向法によって資本主義の全史を説こうというものであろう。けっきょく、これらは、『資本論』の剰余価値の法則や窮乏化法則の延長上に「最大限利潤の法則」なるものを認め、これにもとづく社会諸立法の量的な発展から「社会法」としての質的変化を〝弁証法〟的に導きだしているにすぎない。そもそも資本家は、つねに個々に最大限の利潤を追求するからこそ、資本の競争と価格変動を介して、利潤率は均等化され価値法則と呼ばれる市場の自己調整メカニズムは作動するのであり、けっして資本の「最大限利潤の追求」が市民法的自由・平等を破壊し、労働者大衆を貧窮に貶める根拠であるなどとはいえないのである。

三　純粋資本主義と労働法の削除

1　人口法則と市民法・労働諸規範

しかしそれにしても、マルクスや労働法学者がいうように、「近代市民法」とは、圧倒的多数者としての労働者の意識に虚偽として映るほど根の浅いものであろうか。それは、資本の生産過程の中枢である「絶対的剰余価値の生産」において限界を露呈するほど、資本主義にとって矛盾をはらんだイデオロギーなのであろうか。

そうではないだろう。むしろ『資本論』体系に、互いに対立する諸階級や諸階層という「部分社会」の意思を直接もちこんで、これにもとづく法律の制定を導入することは、『資本論』の流通形態論をつうじて、商品所持者の個別的・特殊的な意思行為が、しだいに物象化され同型の抽象的で普遍的な「私的所有権者の法的関係」に収斂していったプロセスを無視することになる。すなわち資本主義的社会関係の解明においては、原理的に「個々人の意思行為」が不可欠の前提になるが、完成した市民的法的関係の総体としては、これを捨象する必然性が貫かれるものとしなければならない。

こうした商品の価値形態に始まる人間の意思行為の物象化プロセスは、一般の商品の所持者と同様に労働力の所持者にも該当するはずのものである。資本主義社会の流通過程において、労働者の要求行為はひとつの商品経済的な意思行為である。資本家が個別的に、費用価格を切り下げ販売価格を引き上げようとするのと同様に、労働者もまた、労働力をできるだけ高く売り生活資料を安く買おうと要求し行為する。だがそれは、両者ともに市場メカニズムに吸収されて無化され、法イデオロギー的には等価関係としての普遍的意思関係（権利義務関係）へと収斂するはずのものである。こうした法の成立メカニズムの解明を放棄し、なにがなんでも階級闘争の成果として空論するのは、「これまでのすべての社会の歴史は階級闘争の歴史である」[12]という〝革命家マルクス〟に残る唯物史観イデオロギーの宿痾というべきではなかろうか。

ここでは、〝社会科学者としてのマルクス〟の方法論にしたがい、「運動態としての資本」自体をして、法が階級闘争の所産とされるそのイデオロギーの根拠そのものを語らしめなければならない。

すなわち、労働過程に関する法規範とは、一般の商品売買とは異なり、基本的には、労働力という特殊な商品の売買を決定する特有の市場メカニズム、いわゆる「人口法則」のもとに展開される、資本の蓄積過程によって決定されるものというべきであろう。いいかえれば、市場メカニズムが原理的な意思関係としての「法的関係」を生みだすのに対して、労働にかんする諸規範は、その特殊領域をなすものといえよう。具体的にいえば、所有権を中心とする法的関係は、資本主義的商品経済総体のイデオロギー的表現であるのに対し、「労賃」「労働条件」「労働日」などに関する規範は、資本家的に生産しえない特殊な商品であり唯一の単純商品である労働力の消費と再生産に対応することになる。くりかえすまでもなく、こうした労働力の価値規定こそがいっさいの人間関係を物象化して、それを抽象的普遍的な法的関係にしてしまう要石である。だがしかしながら、この商品は、「その生産を資本の移動によって調整せられるというものではなく、産業循環の過程において、生産方法の改善による相対的過剰人口の形成と資本の蓄積によるその吸収を基礎にして、はじめてその価値規定を与えられる」[13]しかない。

これが、マルクスによって「資本主義に特有の人口法則」と名づけられたものであった。

すなわち、資本は好況期においては、現存する固定資本のままで既定の有機的構成を維持しその規模の量的な拡大をおこなう。この過程は、資本が労働力を吸収して相対的過剰人口を減少させることになる。それは当然にも労働力の価格を上昇させることにつながる。他方、資本は不況期には、その固定資本を改変し有機的構成の高度化をはかる。この過程は、過剰労働力を排出して相対的過剰人口を増大させる。それゆえ、労働力の価格の下落をもたらすことになる。この両過程は、のちほど検討する信用関係に規制された利子率による調整に補完されて、周期的な恐慌を媒介とする景気循環過程として現出するのである。こうした契機循環の反復による賃金の価格変動をつうじて、結果的にいわゆる人口法則は作動する。それは、労働力の価格変動を価値に収斂し、労働者の「法的人格」化を実現するにとどまらず、この賃金による必要生活資料の買い戻しに基礎づけられて、最終的に、生活資料と生産手段の両部門の生産割合を適合化する。こうして、すべての社会関係を価値の自己調整的運動態として完成させ、それにともなって、あらゆる人間に所有権の主体としての法イデオロギーを普遍化していくことになるのである。

しかも、こうした労働力価格の決定システムと同様に注意されるべきは、資本主義社会で「労働日」として現われる資本の「価値形成・増殖過程」（五章二節）は、それ自身あらゆる社会に共通する「労働＝生産過程」（五章一節）の特殊歴史的な実現形態だという点であろう。たしかにマルクスのいうように、「労働日」は、労働力の再生産によって限界を画されているとはいえ、「非常に弾力性のあるものであり、きわめて大きな変動の余地を許す」[14]ものである。それにしても、およそ人間の労働は、どんな時代であれ、その肉体的生理的な条件に規定されて無限に延長できるという性格のものではない。このようなものとして、「絶対的剰余価値の生産」（第三篇）、すなわち超歴史的に実現される必要労働プラス剰余労働の一般的な大きさは、最終的に、一定の振幅のなかに収斂していくものとしなければならない。

すなわち景気循環を介した資本の蓄積過程は、好況期には、労賃の上昇とともに労働日が短縮され労働条件の改善がなされる。逆に不況期には、労賃の下落につれて労働日が延長され労働条件が改悪される。こうしたプロセスをたえず反復しながら、全体として労働者の肉体的再生産にかなう労働過程を「標準労働日」および「基本的労働条件」として、労働者と資本家の双方の市民的規範観念のうちに馴化し実現していくものといえよう。[15]

このことは、「相対的剰余価値の生産」（第四篇）の過程についてもいえることである。資本家は、他の資本家を出し抜き、これに先立って特別剰余価値を獲得しようと競争する。このため資本構成の高度化を試みるが、他の資本家が追随して資本の技術的改善をはたすとともに、この剰余価値は消滅してしまう。しかしこれによって全社会的に労働の生産力が上昇して、「標準労働日」は一定のままで、労働力の再生産に要する必要労働時間が短縮される。それゆえ結果的に資本家は、合法的に剰余価値の生産の拡大を実現できることになる。このようにして流通過程の「賃金」

のみならず、資本の生産過程においても、労働者と資本家に共通する「労働日」や「労働条件」にかんする標準的な法的観念が形成されていくことになるのである。

2　小ブルジョア・イデオロギーとしての労働諸規範

したがって、ドイツ系労働法学者が好んで用いる、法の本質なるものを「直接的生産過程の内部における階級支配[16]」あるいは雇用労働者の資本家への階級的服従を基礎とする「労働の従属性（Abhängigkeit der Arbeit）[17]」に求める見解もまた否定されよう。相対的剰余価値の生産は、協業から分業とマニュファクチャーをへて機械制大工業を完成させるという労働方法の発展をつうじて、労働者のもつ職人的技術性を不要にし、単純労働化を推進する。その結果、資本家を生産過程に外在化してしまい、資本の労働に対する支配を、機械の自動的体系へのルーティーン化された労働の非人格的な服属に代えてしまう。それゆえ労働者は、好むと好まざるとにかかわらず労働＝生産過程を自ら当然のこととして担うようになるのである。このようにみてくると、法の本質を「生産過程における階級支配・従属関係」に求める唯物史観イデオロギーは、むしろ、抽象的人間労働によって衡量された価値形成・増殖過程としての「資本の生産過程」の未確立を意味するにすぎないともいえるのではなかろうか。

なお付言しておくと、労働の従属性理論には、その具体例として、「比較的大規模の直接的に社会的共同的な労働[18]」をモデルに、工場主あるいは生産・労務管理者としての使用者が労働条件や労働過程の編成を決定して労働者がこれに従うという関係（組織的・技術的従属説）、および、工場内でこうした管理者の指揮・命令・監督に個別労働者が直接に服従するという関係（人格的従属説）があげられる。しかしこうした従属は、いずれも、これらの管理者の機能が同時に資本の機能を担っているという点を度外視すれば、それ自体は、超歴史的な労働力の消費過程を編成する技術的社会的条件としての一生産方法（Produktionsweise）[19]にすぎない。この意味で、こうした「指図―従属の関係」は、「どんな特定の社会形態であるかにかかわりなく」労働過程の作業場内分業・協働の関係の一分肢を構成するものであり、特殊階級的な意思を表現する法律関係の根拠となしえないことはいうまでもなかろう。この点についてマルク

スもまた、次のようにいう、

「すべての比較的大規模な直接に社会的または共同的な労働は、多かれ少なかれ一つの指図を必要とするのであって、これによって個別的諸活動の調和が媒介され、生産体の独立した諸器官の運動とは違った生産体全体の運動から生じる一般的な諸機能が果たされるのである。単独のバイオリン演奏者は自分自身を指揮するが、一つのオーケストラは指揮官を必要とする。この指揮や監督や媒介の機能は、資本に従属する労働が協業的になれば、資本の機能となる。[20]」

さらに、こうした労働力の価格、労働日、労働条件にかんする労働者の階級的意識が市民的な法観念へと収斂するメカニズムは、「時間賃金」「出来高賃金」というういわゆる「労働賃金形態」（第六篇）によっていっそう補強されることになる。すなわち資本家と労働者の関係が「雇用契約」となり、賃金が労働力の価格ではなく労働の対価として「後払い」されるようになると、労賃による必要労働部分の買い戻しが、ほかの諸階級と同じく、労働日全体の「労働」の提供に対する分配として観念される。こうして労働の報酬としての賃金というイデオロギーが成立することになる。[21]ここに、労働者の意識においても「自己の労働にもとづく所有権」という小ブルジョア的な法的意識が成立する。

このことは、資本家についても同様である。資本の競争は、その獲得する剰余価値を平均利潤として観念させる。これに対応して彼は、労働者への賃金を費用価格として算定するが、自らの獲得する利潤もまた、信用関係の生みだす利子とそれを超える自身の企業者活動による企業利得に分割されて算定されることになる。それゆえ労働者の「労働―賃金」と資本家の「企業者活動―企業者利得」とは、当事者としての意識においていかなる差異もなくなり、等しく「勤労に対する報酬」として観念されることになる。[22]こうして資本主義社会においては、資本家にも労働者にも共通する「自己の労働にもとづく所有権」という小ブルジョア法イデオロギーが全社会関係を覆い尽くすことになるのである。

こうした両者における意識の物神化のプロセスをつうじて、最終的に労働者は資本家と同一の法的人格つまり私的所有権者として観念される。それればかりか、マルクスのいう「搾取する労働」も「搾取される労働」も同一の労働[23]として現われ、たんに流通過程だけではなく、生産さらには分配の過程における階級関係も、完全に市民的法形態のうちに溶解してしまうことになるのである。じつに『資本論』第二章にもとづくパシュカーニスいらいの単純商品生産および交換に即した小ブルジョア的法理論の根拠も、ここに明白になるといえよう。この意味で、レーニンのいう、「労働者大衆が彼らの運動の過程それ自体のあいだに独自のイデオロギーをつくり出すことはできない[25]」というテーゼは、その外部注入論という実践論の適否はともかく、理論的には正鵠を得ているといえるだろう。

以上によって、労働者が生存権の要求にもとづく闘争によって、資本家に「超強力な障害物」として強要したかにみえた、労賃・労働日・労働条件を規定する法律とは、労働者と資本家の双方の商品所持者としての欲求と利害を前提とし、かつ絶えずそれらを吸収し無化して形成される市場メカニズムの「意思関係」としての表現を超えるものではない。むしろ、こうした法規範は、あらゆる労働過程に共通する社会秩序を特殊商品経済的に実現するものといえよう。すなわち経済的に価値法則と呼ばれる市場メカニズムは、その展開を支える絶対的な基礎として労働力の再生産（人口法則）をたえず維持していかなければならない。このことを法的に表現すれば、労働諸規範こそは、原理的に市民的「法的関係」のうちに表現される資本主義的諸関係の自立性を、その基礎において支える意思関係であるということができる。

したがって、これらの労働諸規範は、マルクスのいうような、「自由・平等・所有・ベンサム」な雇用関係を「妨げ」たりそれに「代わって」登場したりするものではありえない。もちろん労働法学者の説くような、市民法を「保護の原理によって修正する」ものでもありえない。「従属者の生存の保障」として法的構成をうける労働諸規範は、むしろ「私的所有権者」の権利の行使として存在する。さらにいえば、市場経済に一般的な権利義務関係それ自体が、労賃・労働日・労働条件などの労働力の販売・消費の諸規範を法として内包してのみ、はじめて現実化しうるものなのである。この意味においてはパラドクシカルにも、賃労働者の私的所有者としての小ブルジョア的規範意識こそが、資本主義的な所有権法を根底において支える屋台骨であることになろう。

このかぎりでは、いわゆる「労働法＝法社会学論争」の過程における渡辺洋三のつぎの発言も正鵠を得ている。

「労働者の生存要求は資本によって付与された労働力商品の私的所有者という資本主義的形態のもとに包摂され、かかる形態規定をうけたものとして、商品交換法としての労働法のなかに自己を実現してゆく。この意味で生存権原理は、即自的にも、労働法の原理たりえない。……やはり労働法は資本主義労働法であるかぎり、労働力商品交換の法であり、法学的には財産法の範疇に入るといわなければならない。[26]」

四　労働諸立法の解明

1　労働立法の成立の必然性

けれども問題はまだこの先にのこる。原理的に階級関係が、「私的所有権」を中心とする市民的イデオロギーとしての法（Recht）によって完全に包まれる以上、ここから労働諸規範が特殊「国家制定法（Staatsgesetz）」として具体化する余地はどこにあるのか、という問題である。

じっさい、「本来は商品化しえない労働力を商品化することによって、資本主義的生産は、ほぼ一〇年周期の恐慌をとおして、労働者の生活や意識までも、標準的な賃金と労働条件・労働日を維持する傾向へと陶治し馴化してゆく。[27]」すなわち、資本家と労働者の階級関係もまた、生産過程を内部に包摂した資本の流通形態のうちに、自立的に再生産されていく。いいかえれば、市民的自由権の形式によって、人間の相互的な使用価値の充足（肉体的再生産）に照応する広義の生存権的理念が自動的に達成されていくということであって、少なくともそれ以前の身分的階級社会と異なり、特定の支配階級の意思を表現する国家法は必要とされるはずがない。したがってまた、労働者という被抑圧階級が、特殊的な階級意思を、ことさら生存権として支配階級に法制化を強要する根拠も存在しない。このことは、「商品」に始まり、「利子生み資本の形成による資本関係の外化」つまり「資本の商品化」による「諸階級」（第三巻七篇五二章）の商品形態的総括によって閉じる、『資本論』の構造的で自立的円環的な体系性にもっともよく表現されているはずである。

ここで、すでに詳細な研究が進んでいる『資本論』の方法をめぐる「プラン」論争[28]に少し立ち入っておこう。たとえば、『資本論』の執筆に先行する一八五七年の『経済学批判要綱』の「序説・経済学の方法」あるいは一八五八年二月二日付の「ラサールへの手紙」、同年四月二日付の「エンゲルスへの手紙」では、マルクスは「１生産」からの上向によって、「２ブルジョア社会の内的編成をなしていて基本的な諸階級がそれの立脚している諸カテゴリー」として「資本」、「賃労働」、「土地所有」をそれぞれ別々に描くプランを計画していた。それゆえ、これらの諸階級は相互に対立的な関係としてのみ位置づけられ、その関係の総括は、直接に「３国家の形態でのブルジョア社会の総括[29]」にゆだねることを予定していた。そしてこの「国家」のなかに「『不生産的』諸階級、租税、国債、公信用、人口、植民地、移住」が入り、最後に「４国際関係」等々を展開するというプランであった。

このプランどおりであれば、おそらく法的カテゴリーも、諸階級に共通する単一的な「意思関係」として扱われるのではなく、むしろヴィシンスキーによる「法の定義」と同様に、「国家」を介して「権力のサンクションをうけもつ個々の法律（Gesetz）」としてのみ分析されることになったであろう。

しかしながら、すでに述べたように、一八六七年に公刊された『資本論』第一巻は、さまざまの欠陥を含みながらも、「資本」の展開のなかに「賃労働」と「土地所有」をも組み込み、資本それ自体の展開にもとづいて体系を完結させている。それはまさに、一八五九年から六三年にいたる、じつに五回以上のプランの変更と拡充をへて完成したものであった。すなわち『資本論』は、対象としての一九世紀におけるイギリス産業の発展を方法的に模写しつつ、「従前の経済状態の残滓による資本主義的生産様式の不純化と混合を除去[30]」して純粋なる資本主義の想定を確立するものとなったといわねばならない。

こうして、完成した社会科学の原理論としての『資本論』のロジックからは、特殊な非資本主義的要因や具体的な国際関係に規定されて進展する「一国における資本主義の発生・発展・没落の過程」は排除されることになる。したがって、「プラン」に不純なまま混淆し『資本論』のなかに部分的残滓がみられる、資本と賃労働の対立を「３国家の形態でのブルジョア社会の総括」で決着する企てや、その現実的内容である「国家制定法（Staatsgesetz）」は、不必要なものとして意図的に削除されなければならないのである。

もっとも、いうまでもないことではあるが、『資本論』体系から直接に導きだされる意思関係としての「法的関係」ないし「法規範」が、ただちに資本主義の各段階のあらゆる法現象を包括した規定であるというわけではない。およそ各段階の資本主義は、原始的蓄積のような商品経済では律しきれない階級形成過程、あるいは、帝国主義期のような異なった蓄積様式をもつ各国の対抗関係などを反映して、それぞれ異なった「国家の形態でのブルジョア社会の総括」のタイプが存在する。したがって、各々の「法（Recht）」を「法律（Gesetz）」に具体化するプロセスは、「支配的資本の形態に対応した直接的経済過程において展開される政策[31]」を介して顕在化することになる。

たとえば宇野弘蔵は、重商主義、自由主義、帝国主義という各段階のメルクマールを、「農業、工業、商業、金融、交通、植民等々の経済政策」の特徴に求めている。しかしながら、資本主義の根本的基礎として原理論に措定されてあるものが労働力の商品化であったことからすれば、段階論の基軸はあくまでも、労働力の商品市場政策を中心とする労働政策でなければならないのではなかろうか。このようなものとして、労働政策にもとづく労働諸立法は、原理的には市民的法規範のなかに溶解し解決された「労働力商品の特殊性」が、資本蓄積のタイプに応じて、あらためて露呈するものということができるであろう。こうして段階論において、国家と諸々の立法を媒介する位置に労働立法が置かれるべきことになる。

それゆえ、たとえば降旗節雄は、重商主義、自由主義、帝国主義の各段階の政策的メルクマールを「労働力商品の特殊性」に求めることを提唱する。すなわち、重商主義は「旧来の生産関係を破壊し、労働力を商品化する前提をつくりつつある段階」、自由主義は「労働力の商品化を周期的な景気循環過程を媒介としつつ、つねに適合的な関係のうちに維持しつつある段階」であり、そして帝国主義は「生産力の過度な発展によってたえず構造的過剰人口をかかえながら発展せざるをえない段階」として規定されることになる[32]。

またこれに示唆をうけて中西洋らは、原理論における抽象的個人的な私的所有権者としての労働者像を基準に、ここから捨象されていた労働者の集団性つまり「労働力商品の取引組織としての団結性」に即して「法律」論を展開すべき[33]ことを主張する。すなわち、労働力の消費と資本の蓄積を段階論的に解明する前提として、まず労働力の再生産の公的保障が必要であり、これを規定するものこそ、労働者の団結性をめぐる法律すなわち「団結法（Combination Acts）」の諸類型[34]だというのである。

2　労働立法の段階論

この点は、イギリスの労働立法を例にして次のように整理することができるであろう。

①　資本の原始的蓄積と労働立法

一五世紀から一八世紀にいたる長い時期は、イギリスの絶対王権が賃労働者を強権的につくりだす段階である。マルクスが『資本論』第一巻七篇二四章で詳細に展開しているように、それはまずなによりも、農民から暴力的に土地を収奪し、共同体から追い払われた大量の無産者が形成される時期であった。それゆえ、一五世紀末から一六世紀全体にわたって、浮浪民となった農民に賃労働者として必要な訓練をうけさせるために、「血の立法」と呼ばれる法律が乱発され、鞭打ち・耳切・焼き印といった拷問が科せられた。また、一三四九年のエドワード三世に始まり一八世紀にいたるまで、つぎつぎと「労働者法」が制定された。これらは労賃の最高限を定めるが最低限は規定しないものであり、労働者の生存ぎりぎりの水準まで賃金を下げて、資本の原始的蓄積に貢献するものであった。そしてこれらの総仕上げとして一七九九年および一八〇〇年にイギリス議会によって「団結禁止法」が制定される。これはいっさいの労働者組織の結成と活動を禁じるものであり、組合への加入や争議行為は恐喝や暴力とみなされ刑法による重罰の対象となった。

これらの労働者法が、労働力を商品化する前提条件をつくりだし、資本主義を育成するうえで大きな原動力となったことはいうまでもないであろう。

② 産業資本的蓄積と労働立法

一八世紀から一九世紀中頃は、イギリス産業が綿工業を中心に景気循環を介しながら順調な発展をとげる段階である。

この頃までは、成人男子の労働時間が一日一二時間におよび、児童や女性にまで労働の強要がなされた。じっさい一八〇二年から三三年までに五種の労働者法が制定されたが、いずれも死文にとどまった。このためイギリス政府は、労働者の肉体的再生産を保護し児童を次期労働力として確保する必要から、一八三三年にようやく「工場法」を制定するにいたる。それは九歳未満の児童の労働を禁止し、九歳～一八歳未満の子どもの労働時間を週六九時間以内に制限するものであった。工場法はその後なんども改正され、一八四四年には、女性の労働時間を一八歳未満の男子と同様にし、四七年の改正では、一八歳未満の者と女性の労働時間を一日一〇時間以内に制限することになる。そして最終的に七四年の改正法によって、すべての労働者について週五六時間労働制を実施することになったのである。

これらの工場法の背後には、一八二五年の「団結禁止法の廃止」があったことはいうまでもない。もっとも、これは労働者の団結の積極的保障を意味するものではなく、市民的自由権にもとづく結社の自由を放任する一環として消極的に認められたものであった。ともあれ、これによって労働者は労賃や労働時間にかんする団体交渉が可能となり、工場法の進展に寄与したのは確かであろう。

③ 金融資本的蓄積と労働立法

一九世紀末から二〇世紀初頭のイギリスは、重工業の発展においてドイツに遅れをとり、産業ではなく、むしろ資本の海外投資によって金融資本化を推し進めていくことになる。労働者の慢性的過剰は労働条件を劣悪な状況におとしめ、争議が頻発する状況にあった。このため政府は、「社会政策」の立法化および労働過程への介入による労働者の保護を余儀なくされる。それゆえ、失業のみならず疾病・老齢に対する所得援助、医療や住宅の提供などの社会保障がしだいに法制度化されるようになった。そして、なによりこれを支えたのが、一八七五年と一九〇六年の「団結法」による労働者の団結活動の積極的な容認と保護政策であろう。労働者の団結は、「最低賃金法」の制定を国家に強要するにとどまらず、資本家と労働者の争議行為に対する「仲裁・調停法」を承認させることになった。さらに、労働争議によるストライキ行為についても刑事責任とともに民事責任までも免責されることになったのである。

もっともこの段階になると、イギリスにおける労働時間・労働条件の規制による労働者保護の法制度化は、一九世紀中頃の自由主義的な工場法の発展から直接には導きだしえない側面をもっている。むしろ金融資本的な社会・労働政策をリードしたのは、後進資本主義国のドイツであった。

一九世紀まで農業国であったドイツは、イギリスの綿工業に対抗して、鉄鋼業を中心とする重工業を当初から国家政策として発展させていった。こうした初発から有機的構成の高度な資本は、労働力の吸収性が弱く、貧窮した農村や小経営が残り、そしてなにより厖大な過剰労働力を滞留させることになった。こうした労働力の供給過剰による労働者の劣悪な環境にくわえて慢性的不況による大量解雇、他方で、カルテルやシンジケートといった金融資本による独占価格の形成などといった悪条件が重なり、大衆の生活は劣悪な状況に陥っていった。労働者と資本の対立は先鋭化し、ここにドイツ帝国は、失業者・消費者・小生産者の生存を保護する社会政策を実施せざるをえなくなる。

そしてまた、このプロセスは、ドイツにおける労働組合運動の発展に規定されていたことはいうまでもない。ドイツでは、金属・鉄鋼業における株式会社制度の導入が、株式資本と機能資本の分離とともに、現実機能資本の管理・運営に携わる熟練技術労働者を生みだしていった。労働組合運動は、こうした比較的知的で先進的な上級労働者層に主導された職業別組合として始まり、しだいに多数の単純労働者層を巻き込んで産業組合へと成長していった。これらの諸条件に規定され、一八五〇年施行のプロイセン憲法第二九、三〇条は、限定つきながら集会・結社の自由を認めることになった。そのもとで労働運動が急速に進展し、一八六三年～六六年には団結の自由についての合意が成立するにいたる。そして一八六九年には、北ドイツ連邦営業法によって、「団結の自由」が法律的権利として確立(35)することになるのである。

イギリスの労働法制度は、こうしたドイツの発展に規定され、これに影響をうけて発展したともいえるだろう。もっとも、この段階の労働法制はいまだ十分には「社会法」の形成といえない限界を残していた。もともと中世以来のイギリスにおける雇用関係は、主従法（Master and Servant Acts）という公法的な身分関係として存在した。自由主義段階の国家は、これを、雇用法（Employer and Workman Acts）という私法的な民事契約に転化させたにすぎなかった。したがって一九世紀末～二〇世紀初頭の労働立法も、資本主義的な「契約の自由」を放任しながら、労働力の消費過程すなわち資本の生産過程だけに限って権力的な調整を加えるものにすぎなかった。したがって、こうした「労働法」は、資本主義の発展をいくぶん阻害するといういわゆる経済的土台への反作用の機能をもちつつも、いまだ原理的な市場メカニズムに照応する行為規範としての市民的法イデオロギーを超克しえないものといわなければならない。[36]

ここに、金融資本的蓄積期の労働立法が、すでに社会法的・生存権的な側面をもちながらも、基本的には、資本主義的な所有権法としての「市民法的関係」の枠内にとどまるものであり、その限界が明確になるであろう。むしろ語の厳密な意味での労働法の解明は、現代法論としての現状分析をまたなければならない。

四 まとめ――現代労働法の分析のために

この章では、「経済原論に対応する原理としての法体系」を構築する一環として、『資本論』における労働立法の展開を批判し、くわえて、その段階論的解明のための方法的視点を検討してきた。こうした課題はまた、とりわけ帝国主義段階の労働者保護法と論理的に区別された地平において、現代法としての労働法および労働基本権についての現状分析を可能にするはずである。

周知のように、現代における労働法のプロトタイプは、一九一九年制定のワイマール憲法にあり、第二次大戦後、全世界的に広まっていったということができる。それは、一九一七年のソ連邦の成立を契機とした社会主義に対抗するための、資本主義の変容を背景とするものであった。こうした労働法はまた、一九二九年の大恐慌にともなう金本位制の廃棄によって、社会法を基調とする現代法体系を全社会経済的に完成させる基礎をなすものであったともいえよう。[37]

すなわち管理通貨制度は、資本主義が内外の社会主義イデオロギーに対抗するための最後の切り札であり、金貨幣に代わり国家が価値尺度機能を握ることは、市場メカニズムの全体を国家が意図的に管理することにつながる。それゆえそれは、資本主義商品経済のイデオロギーである自由な個人からなる市民的法原理に根本的な修正を加えるものであった。すなわち、資本と労働力の交換関係そのものに国家が介入して、これまでの私法的な〝雇用契約〟を、社会法による〝労働契約〟へと転換させたのである。こうして現代の労働法では、私的所有権を中心とする経済的自由権が公共の福祉としての「社会権」によって制限されるとともに、労働基準や最低賃金など労働条件が法定され、また労働争議にかんする労働関係の調整が制度的に保障される。そしてなによりも、労働者の団結権、団体交渉権、団体行動権が憲法上の基本権として承認されることになる。しかも、団結権のうちにはクローズド・ショップによる労働者への団結強制権が、団体交渉権には雇用者への面会強要権が、団体行動権には争議の民事・刑事免責が、それぞれ保障されることとなった。まさに労働基本権こそ、現代社会国家の中枢を占める法制度といえよう。

それゆえ第一次大戦後の国家は、もはや支配的資本（金融資本）に従属する国家とはいえない。むしろ、金融資本の利害を超えて「国家」が自立し、社会主義に対抗する体制維持を目的した法政策を矢継ぎ早にうちだすことになる。それは、労働者の自主的・組織的批判を法制度に取り込み、労働者の中産階級化による国民的統合をもくろむ〝体制国家〟であったといわねばならない。こうして労働法は、もはや、市場経済メカニズムによる所有権法体系のなかにその位置をみいだせず、社会資本・公共事業・住宅建設・農業保護その他、いわゆる「社会国家（福祉国家）」体制の中軸を占めるものとして成立することになる。とりわけ戦後の高度成長期の日本においては、労働法をつうじて、階層としての勤労者大衆の生活の向上が一定程度実現された。しかしながらそれによって、労働者の団結権・団体交渉権は、インフレーションとフィスカル・ポリシーによる賃金の上昇のなかに溶解してしまい、労働運動そのものまでもが、企業経営者やサラリーマンを含む小ブルジョア的「国民運動」に再編されていく。こうして労働法は、マス・デモクラシー的法体系の一環としてみごとに体制内に組み込まれていったのである。

こうした戦後の現代法体制は、東西冷戦による緊張をはらみながらも、長期にわたって続くかのように思われた。しかしこうした労働法を中心とする社会法の編成も、ソ連邦崩壊後のグローバリゼーションの進行によって、一定の陰りを見せているようにみえる。個人主義イデオロギーが人々の生活のなかに蔓延し、個人の自己決定権と自己責任論が声高に吹聴されるなかで、労働組合は集団性と戦闘性を失うばかりか、その組織率は最底辺にまで下落していった。労働組合の衰退は、規制緩和政策にもとづいた社会保障の縮減とあいまって、契約社員や派遣社員、任期付き雇用・季節雇用、パートタイマーやアルバイトなどの不安定な非正規雇用者、および新貧困層の急激な増加へと帰着していく。さらに日本では、これが伝統的な終身雇用や年功賃金体系の崩壊へとつながり、人々は激烈な生存競争に身を投じるほかすべがなくなる。

しかしながらこのことは、現代の資本主義が新たな段階に入ったことを意味するものであろうか。いな、そうではないだろう。現代国家は、金融資本的組織化から独立した「社会法」的枠組みを維持しつつ、むしろ労働者を「個人」として体制に統合する方向にむかったとみるべきであろう。現代の労働組合がその集団性や階級性を放棄したのは、それこそが、大衆の〝市場的個人主義〟志向に適合した現代資本主義のマス・デモクラシー化に掉さすものだったからにほかならない。いっけんすると現代国家は、旧来の福祉国家から新自由主義へと大きく政策的転換をしたようにみえる。それにしても、そこには、管理できない管理通貨と公債の濫発によって、国家が市場経済に介入し組織化しようとする共通の法制度的枠組みがある。

なるほど、かつて家族の再生産費として支払われた賃金は、共稼ぎその他の増加により「労働力の価値分割」をひきおこし、文字どおり労働者「個人」の再生産費にまで削減されている。賃金の低下は同時に労働諸条件の劣悪化をも招くであろう。しかしながら、それはそのまま、現代における女性や高齢者の労働市場への動員促進政策の結果でもある。そこでは、家族ではなく「個人」そのものが「労働―賃金」の唯一の担い手として登場し、必然的に、男女の雇用均等化法や高齢者の雇用延長法、そしてそれとともに公的保育、教育や医療保障、看護や介護の法的整備といった福利厚生政策をともなわざるをえないのである。

いまや階級集団としての労働組合は解体された。だが現代労働法は、否応なく、個人としての労働者を社会権的基本権や社会保障の対象に据えざるをえない。そのかぎりにおいて、いわゆる「新自由主義」なるものもまた、国家が直接に「個人」を管理する現代法体制の一変容形態といえるのではなかろうか。こんにちにおいても労働者の体制内統合が維持されているのは、現代労働法が、依然として、ワイマール憲法に範をもつ現代資本主義法の延長にあることを指し示すものであろう。

（1）K. Marx ; *Das Kapital I*, MEW. Bd. 23, SS. 603-604.（二三巻 七五二〜七五三頁。）

（2）G. Radbruch ; *Der Mensch im Recht, Ausgewählte Vorträge und Aufsätze über Grundfragen des Rechts*, Götringen,1957. 山田晟訳『ラードブルフ著作集第五巻』東京大学出版会、一九六二年 に収録。橋本文雄『社会法と市民法』有斐閣、一九五七年 も参照。

（3）K. Marx ; *a.a.O.*,SS. 319-320.（二三巻三九七頁。）

（4）G. Radbruch ; Von Individualistischen Zum sozialen Recht, *Kulturlehre des Sozialimus* ,1922. H.Sinzheimer ; *Das Problem des Menschen im Recht*, S. 13ff. 清正寛訳「法における人間の問題」『九州工業大学研究報告 人文・社会科学』一五号、一九六七年、三六頁。なお、片岡昇「労働法における人間」季刊労働法四八号。藤本貴史「フーゴ・ジンツハイマーの従属労働論」一橋研究三七巻二号、二〇一二年 も参照。

（5）K. Marx ; *a.a.O.,S.* 185.（二三巻 二二四頁。）この批判として、宇野弘蔵「恐慌論の課題」宇野著作集四巻、四一一頁以下を参照。

（6）大河内一男と岸本英太郎を中心とする「社会政策の本質論争」の紹介と批判については、さしあたり、宇野弘蔵編『資本論研究Ⅱ』筑摩書房、一九六七年、一七五頁以下 を参照。

（7）沼田稲次郎「市民法と社会法」『社会法理論の総括』勁草書房、一九七五年、八一〜八五頁。なお、同『労働法論序説』同、一九八五年、第一章 も参照。

（8）加古祐二郎「法的主体より見たる社会法」『近代法の基礎構造』前掲、二九八頁。

（9）梅本克己「搾取の論理と収奪の論理」宇野との共著『社会科学と弁証法』岩波書店、一九七六年、（新訂版 こぶし書房、二〇〇六年）。

（10）E・ベルンシュタインとK・カウツキーの論争を発端とするいわゆる窮乏化論争は、すでに過去のものとなったが、さしあたり岸本英太郎編『資本主義と貧困―窮乏化論集』日本評論社、一九五七年 が、もっとも詳しい解説であろう。なお、この批判として、宇野弘蔵「いわゆる窮乏化の法則について」宇野著作集四巻、一一一頁 も参照されたい。

（11）I・V・スターリン「ソ同盟における社会主義の諸問題」『スターリン戦後著作集』大月書店、二四八頁。宮川澄『市民法と社会法』青木書店、一九六四年、一二六、一四八、一七〇頁など を参照。これらに対して、宇野弘蔵『資本論の経済学』岩波新書、七七頁 の批判も参照されたい。

(12) K. Marx-F. Engels ; *Manifest der Kommunismus*, MEW. Bd. 4, S. 462.（四巻 四七五頁。）

(13) 宇野弘蔵『経済学方法論』宇野著作集九巻、二四六頁。なお、同『(全書版) 経済原論』宇野著作集二巻、五三頁。同『恐慌論』宇野著作集五巻 もぜひ参照。

(14) K. Marx ; *Das Kapital I*, MEW. Bd. 23, S. 247.（二三巻 三〇二頁）

(15) この点にかんしては、鈴木鴻一郎編『経済学原理論（上）』東京大学出版会、一九六七年（新版一九九六年）、一一八頁、岩田弘『マルクス経済学（上）』風媒社、一九六七年、一四四頁 などが、「生産過程における労働者の主体的抵抗を基礎にした階級闘争による標準労働日の決定」という反対説を説いている。この論点については、資本論と法・国家の関係をめぐり、『国家論研究』（論創社）の誌上で一九七二年から八三年まで論争が行なわれた。降旗節雄「宇野理論と政治学」同誌三号 による鈴木 = 岩田理論批判にはじまり、鎌倉孝夫、川上忠雄、山本哲三、内山節、坂内仁などが参加して論戦をくりひろげた。

(16) 藤田勇『法と経済の一般理論』日本評論社、一九七四年、三〇八頁。この批判として、馬場宏二「経済・法・国家」『社会科学の方法』七五年五月号、御茶の水書房。柴垣和夫ほか「法と経済の一般理論をめぐって」『法律時報』七六年六～九月号 も参照。

(17) 経済的従属、人格的従属、階級的従属という諸概念の整理については、さしあたり沼田稲次郎「労働の従属性」『社会法理論の総括』前掲 を参照のこと。

(18) K. Marx ; *Das Kapita I*, MEW. Bd. 23, S. 350.（二三巻 四三四頁。）

(19) マルクスの「生産様式 = 生産方法」概念にかんする混乱と整理については、宇野弘蔵『社会主義と経済学』宇野著作集一〇巻。その他、大内秀明『宇野経済学の根本問題』現代評論社、一九七一年、二一九頁。渡辺寛『レーニンとスターリン』東京大学出版会、一九七六年、一〇九頁以下 を参照。

(20) K. Marx ; *Das Kapital I*, MEW. Bd. 23, S. 350.（二三巻 四三四頁。）

(21) K. Marx ; *a.a.O.*, S. 561.（二三巻六九八頁。）宇野弘蔵『経済原論』宇野著作集一巻、一三二頁。

(22) 宇野弘蔵『経済原論』前掲書、五一八～五二〇頁。

(23) K. Marx ; *Das Kapital III*, MEW. Bd. 25, S. 396.（二五巻 四八〇頁。）
(24) 宇野弘蔵『経済原論』前掲書、五二一～五二二頁。
(25) V・I・レーニン『何をなすべきか』国民文庫、四八頁。同様に、宇野弘蔵も、「もちろん僕達は日常生活や職業活動で一定の社会関係の下にブルジョア的乃至プチ・ブルジョア的イデオロギーを当然持つ」と言う。宇野著作集一〇巻、二〇頁。
(26) 渡辺洋三「法社会学と労働法学」『法社会学研究』七巻、東京大学出版会、一九七四年、一六七頁。なお、労働法＝法社会学論争については、その他に中山和久「労働法学と法社会学」『現代法と労働法学の課題』総合労研、佐藤昭夫『政治スト論』一粒社、一九七一年、甲斐祥郎『労働法学の基本問題』法律文化社、一九七五年、一章 などを参照。
(27) 降旗節雄「宇野理論と政治学」『国家論研究』第三号、五四頁。
(28) プラン論争は、古くから久留間鮫造、高木幸二郎、宮本義男、佐藤金三郎などの詳細な文献研究として、主に、資本一般説と三部門説をめぐって争われてきた。さしあたり、青才高志「『資本論』とプラン問題」『経済学批判』第五号、社会評論社、一九七八年。また、国家論との関連については、原田三郎編『資本主義と国家』ミネルヴァ書房、一九七五年、第一編 も参照。
(29) K.Marx ; *Grundrisse*, S. 29.（三〇頁。）
(30) K. Marx ; *Das Kapital I*, MEW. Bd. 23, S. 14.（二三巻 八頁。）
(31) 宇野弘蔵『経済学方法論』宇野著作集九巻、五〇頁。
(32) 降旗節雄「宇野理論—その方法的核心をめぐって」『経済学批判 宇野追悼号』社会評論社、一九七七年。
(33) 中西洋「経済学と社会科学の全体像」『思想』一九七七年八月号、一二二頁。また、同「日本における『社会政策』＝『労働問題』研究の現地点」『東京大学経済学論集』三七巻二号。
(34) 中西洋「経済学と社会科学の全体像」前掲。その「労働政策としての国家」論の体系的展開は学ぶべきものが多い。もっとも、帝国主義段階の労働立法の解明はイギリスだけでは不十分であり、後進国ドイツの立法を考慮にいれるべきであろう。
(35) ドイツにおける労働法の制定過程とその思想について、西谷敏『ドイツ労働法思想史論—集団的労働法における個人・団体・国家』日本評論社、一九八七年、とくに第五章 を参照されたい。

(36) 渡辺洋三『現代法の構造』岩波書店、一九七五年、八二頁は、「労働力商品の特殊性一般から直ちに労働基本権の成立を論理的に説明することはできない」という原理的把握を前提としたうえで、「労働力商品の特殊性が資本主義発展の各歴史段階において、どのようにあらわれたかという歴史的分析をつうじて労働基本権をみる」という団結権の段階論的解明というべき方法を提起している。

(37) さしあたり、宇野弘蔵『経済政策論』補記、宇野著作集七巻。同「資本主義の組織化と民主主義」同著作集八巻 を参照。

第三章　信用制度と債権法

一　はじめに

信用とは、一方が将来の貨幣の支払いを期待して他方に商品をゆだねる関係のことである。それは、商品の使用・収益・処分を包括する私的所有権法の枠内において、所有者でない者にその利用を可能にする商品経済にもとづく貸借関係のアンサンブルである。資本主義は、流通の迅速化と蓄積の増大をはかるため、売買関係とともにこうした貸借関係をその不可欠のシステムとして市場の連鎖のなかに組みこんでいる。それゆえ、これを法的関係としてみれば、借り手の将来の支払いへの信頼が、貸し手にはそれ自体実現可能な権利として観念され、法イデオロギー的には、購買による商品の直接的な「所有権」と区別された、契約にもとづく支払い請求権すなわち「債権」が必然化することになる。

こうした信用のメカニズムを明らかにしたものとして、マルクスの『資本論』第三巻五篇が存在する。だがそれは、編者であるエンゲルス自身が認めるように、未整理のまま公刊された不完全なテキストであり、二一章から二四章の「利子生み資本」において債権が利息を生む根拠を説き、二五章から三〇章の「信用論」では利息を生まない単なる債権契約を展開するという論理的な不整合を含んだものであった。それゆえ、マルクスの信用論は、のちにR・ヒルファディングの『金融資本論』第一篇によって、あらためて独自かつ整合的に再編されることになった。[1]また、その信用論は、『金融資本論』第二篇の株式会社論や第三篇の金融資本分析にとっても不可欠の前提をなすものであり、ローザ・ルクセンブルクやK・J・カウツキー、ジョン・ホブソン、そしてV・I・レーニンの『帝国主義論』にも大きな影響を与えることになる。[2]

さらに注目すべきは、これが日本の法学界にまで大きなインパクトを与えている点であろう。たとえば、マルクスの『資本論』およびヒルファディングの『金融資本論』における信用論を法学の視点から読み込んで、債権法理論を完成させた古典として、なによりも我妻栄の『近代法における債権の優越的地位』および川島武宜の『所有権法の理論』や『債権法総則講義』をあげることができる。じっさいこれらの著書では、商品所有権ないし商業信用論にもとづいて掛け売り債権―手形―銀行券法という価値タイトルの法系列が説かれ、また、資本としての所有権ないし資本信用論から利息付債権―株式会社法という剰余価値タイトルの法系列が、別々に論じられることにもなる。

本章ではまず、こうした債権の二元的系列論の限界をマルクスとヒルファディングの信用理論に遡って検討し、これをふまえて日本の法学における債権理論の批判的検討を行なう。これによって、資本主義の所有権法体系に占める意思関係としての債権の原理的構造を明らかにし、あわせて、財産法制度における所有権（物権）と債権との関連を分析することになろう。

二　信用をめぐる経済と法

1　ヒルファディングのテキスト

ヒルファディングの『金融資本論』第一篇は「信用制度」を扱っている。彼は、信用制度を大きく流通信用と資本信用に区分する。これがマルクスの商業信用と利子生み資本の区別に、ほぼそのまま照応するものであることはいうまでもないであろう。

商業信用（流通信用）は、商品の所有権が価値支配権でありながら、貨幣に換えるまでは、他の商品を購入するための「価値尺度」として機能しえないという難点を克服する、貨幣の節約システムとして存在する。商品の持ち手はその価値を貨幣に置き換える以前に、商品を売る必要があるため、商品をまえもって譲渡しておき、その後に貨幣の支払いを受けることで、両者のあいだに占有移転の時期の分離が生じる。こうした貨幣の「支払い手段」としての機能においては、販売は価値実現を目的とした商品の前貸しでありながら、返済は貨幣形態をとらざるをえない。それゆえ、商品交換は、売り手を「債権者」、買い手を「債務者」として登場させることになる。

こうした支払いの繰り延べによる掛売りは、二人の当事者間の信頼に立脚した支払い約束証である「手形」によってなされる。けれども、やがて手形そのものが信用貨幣として多数者のあいだを流通するようになると、複数の債権債務関係を相殺し一つの支払いによって決済する、より社会化された信用の形態（為替手形）を生みだす。そして諸生産者間において手形の還流の安全を保障するために、銀行が介入することになり、手形の購入とひきかえに銀行券を発行することになる。ここに資本主義の流通制度が完成する。

ヒルファディングにおける流通信用は、マルクスと同様に、売掛け債権から手形・銀行券という設権証券形態をつうじてもっぱら流通における貨幣の節約という機能において考察されることになった。つまり、債権制度は、資本のメタモルフォーゼの円滑で迅速な運動を維持する手段として位置づけられるにとどまったといえよう。[3]

これに対して、資本信用は、「貨幣資本家」が、自分のもつ資本を「機能資本家」に貸し付けて生産資本に転化するシステムとして位置づけられる。資本主義において貨幣は、資本として機能すれば平均利潤をもたらすという追加的使用価値をもつため、その所有権者は、資本として用いない貨幣を独立した商品として、生産的に利用する者に譲渡する資本機能の直接貸付が生じるとされる。こうして資本の所有から利用が分離して借り手のもとに貨幣が現実機能資本として集中される。しかも貨幣の占有移転には所有権がともなうものと観念されるため、法的には、借り手である機能資本家が「所有権者」として現われ、逆に、貸し手である貨幣資本家が「債権者」として観念されることになる。

この資本信用においては、価値の自己増殖態を形成する資本そのものが調達され、生産資本が拡張されるために、機能資本は追加利潤を生むことになる。それは利子として貨幣資本家に支払われざるをえない。それゆえ、流通信用がたんに商品を確実に貨幣に換えるだけの「債権契約」であったのに対して、資本信用は、より多くの貨幣を生みだすための貸付け、つまり法的には「利息付債権契約」として現われることになる。(4)

さて、こうした資本信用というカテゴリーの設定は、社会的に存在する遊休貨幣を銀行が集積し、産業企業に貸し付ける段階になると、これまでの産業資本的蓄積の枠組みを越えて、一挙に歴史具体的な金融資本の規定へとオーヴァーステップされることになる。銀行が、貨幣資本を固定資本投資に充用し、長期に企業に供与するようになると、あらかじめ手形割引や当座預金取引などによって、企業の経営内容に精通することが必要になる。このため銀行は、企業監査からさらには交互計算勘定をも実施するようになる。また、銀行自身が厖大な自己資金と証券発行業務を独占することによって、貸付金の回収を安全なものにせざるをえない。こうして資本信用から金融資本が形成され、産業に対して全面支配をするにいたることになる。ヒルファディングはまた、ここから金融資本が全産業を総カルテルとして統制し支配する「組織資本主義」を導き出す。これこそが、つぎの社会すなわち社会主義的計画経済の萌芽であるとまでいうのである。

このようにヒルファディングにおいては、貨幣資本家と機能資本家の間の貸付け関係と、これをつうじた前者による後者の支配という「資本信用論」が、そのまま同書の第二篇「株式会社論」における、株主としての貨幣資本家と経営者としての機能資本家との対立のシェーマへと、ストレートに結びつけられる。そしてそれは、さらには、第三篇の「金融資本論」において、貨幣資本家が銀行に、機能資本家が総産業企業にそれぞれ置き換えられることになるといってよいだろう。いいかえれば、流通信用から債権のタイトルとして手形・銀行券が導き出されたことの裏面として、資本信用からいきなり利息付き債権のタイトルとして株式証券の法構造が展開されることにもなるのである。

このヒルファディングの信用論は、そのまま、日本の所有権法（財産法）研究に受け継がれることとなった。一つは、我妻栄や実方正雄の債権法理論であり、もう一つは、川島武宜や富山康吉のそれである。

2　我妻栄・実方正雄の債権理論

我妻栄の『近代法における債権の優越的地位』は、所有権を、人が自己に外的な財貨の利用を確保するために、その排他的な利用を保証する権利と規定し、これとの関連においてまず債権を二種類に分類する。第一は、所有権の支配的作用を実現する従としての債権であり、第二は、所有権の支配から独立してそれ自身が優越的な支配力を有する債権である。(5)この分類が、ほぼそのままヒルファディングの流通信用と資本信用の区別に対応するものであることは容易に見てとれよう。

我妻はまず、産業資本の流通過程においては所有権が売買契約によって第一の債権と結合し、他人を支配する資本の作用を営むとして、ローマ法いらいの古典的債権法、すなわち当事者の意思表示と合意にもとづく法律行為論を展開する。そしてこの債権が証券にタイトル化されると、無因の債務負担行為や意思表示における絶対的表示主義、譲渡行為の無因性、無権利者からの善意の権利承継など、流通過程の安全が保護法益として現われるという。(6)

これに対して、こうした流通過程から銀行の特殊な機能をつうじて、第二の利息付きの金銭債権が成立すると、担保や有価証券の法制度、銀行と証券取引所の法制度によって、しだいに金銭債権が全財産組織に統制力をおよぼすようになる。こうしてヒルファディングの資本信用論に即して、金融資本による産業支配のプロセスが、担保物権の抽象化と証券化、譲渡担保や財団抵当の制度、さらには企業自体の担保化などとして説かれることとなる。それゆえ資本信用の最高形態である株式会社においては、金銭債権者である株主（金融資本）が財産の所有権を完全に支配することになる。ここに債権の所有権に対する優越的地位が確立するとされるのである。(7)

同様に、商法学の古典である実方正雄の理論も、二つの信用の区別から出発するといえよう。実方は、資本法としての商法学に占める有価証券法と会社法の体系的な位置の違いを、ヒルファディングにならい流通信用と資本信用の区別から説き起こす。

いわく、流通信用法としての手形・小切手制度は、資本の再生産における商品価値の実現と循環運動の迅速化を促進する流通過程の法的保障である。これに対し、合名・合資・株式などの会社制度は、資本信用によって資本の分配替えを実現するものであり、資本集中体である企業の組成を可能にして、資本自身の生産的需要をみたす法体系である。(8)それゆえ株式会社法は、多数の出資者である無機能資本家から貨幣を集中し機能資本としての利潤増殖運動に利用することを目的とする信用企業の法的完成形態である。こうして実方においても、株式会社の法的構造は、ヒルファディングにならい、資本信用（利息付金銭債権）から直接に導きだされるといってよいだろう。すなわち、株式会社の設立は出資者の団結ではなく債権の集積であり、新株発行は出資者の加入ではなく債権の増加である。それゆえ株式の取得と保有は、社団の設立行為ではなく、証券投資にもとづく財産法的法律行為にほかならない。こうして資本信用によって、貨幣資本の所有と機能資本の利用との分離が法的に完成し、株主総会と業務執行機関の全面的な分化が説かれる(9)。それは、徹底した株式債権説であるといってよいであろう。

我妻における株式債権が、そのままで企業所有に対する支配権であったのに対し、実方のそれは、逆に企業の経営権に従属する株式債権説なのである。

3　川島武宜・富山康吉の債権理論

これらに対立するもうひとつのヒルファディング信用論の法学への受容の系譜として、川島武宜と富山康吉の潮流をあげておかねばならない。

先にもみたように、川島は『所有権法の理論』において、商品所有権と資本としての所有権という二つの所有権概念を基礎的カテゴリーとして提起した。そして、商品所有権に内在する私的モメントと社会的モメントの対立、つまり価値と使用価値の対立によって、商品概念から法的な「所有権」と「契約」の分離を導きだした。また、資本所有権においても、私的モメントと社会的モメントの対立、すなわちエンゲルスのいう私的所有と社会的生産の矛盾が生じるとして、この対立の法的表現が、貨幣資本の所有と機能資本の利用との分裂であるという。そしてこの所有と利用の分裂から、直線的に株式会社法を導きだし、さらにはトラストやコンツェルンにいたる資本の集中と独占の法制度を展開しようとしたのである(10)。

そして、川島のこうした二層の所有権の概念に、ヒルファディングの流通信用と資本信用の区別を読み込んで、債権理論としての展開を試みたのが富山康吉であった。

富山はいう、商業信用（流通信用）における債権とは、我妻のように所有権と形式的に対立させるべきではなく、むしろ、川島のいうように商品所有権が商品の有体性から離れて、価値のタイトルとして観念化したものである。同様にして資本信用における利息付債権は、はじめから剰余価値の支配権である資本所有権が、その社会的モメントである資本機能（所有権）を外化することで、利息の分配をうける権利である債権が剰余価値のタイトルとして純粋化し自立したものにほかならない(11)。

こうして富山は、商業信用のより社会化された形態である手形・小切手の法制度を、債権のタイトル化による物権化の進行過程であるとして、そこに商品所有権の矛盾である所有権と契約、すなわち物権と債権の区別の実質的な喪失をみいだしていくことになる。債権の契約証である手形は、裏書という証券行為をつうじて流通し、信用関係としての債権がふたたび紙片に体化してそれ自体が取引の対象として商品視される。さらに、それが銀行券へと発展することで、もはや所有権と債権との区別はみえなくなり、商品所有権としての物権性を完成するという。同様に、資本所有権も、資本信用によって貨幣資本家の債権と機能資本家の所有権とに分裂したが、競争のいっそうの発展による生産力と資本集中は、株式会社制度をして再びこの分裂を解決させることになる。すなわち経営体内の競争によって無機能化された多数の株主の存在が、債権関係を会社に浸透させ、また経営体外の中小資本家が競争に敗れて独立の機能資本家たることを否定され、ともに資本信用によって強力な大資本に合体される。このようにして経営体の内外における資本の集積が大株主による支配の集中に帰結する。それゆえ、利息付債権（貨幣資本）と企業支配権（機能資本）が自己資本として再融合された形態が、株式の所有権であるというのである(12)。

こうして川島や富山においては、我妻や実方とはまったく逆に、企業支配権としての株式所有権説に帰着するということになる。それは、生産関係の基礎を生産手段の所有に求めるマルクス主義のドグマを追認するものであるともいえよう。

4　債権法諸理論の批判的分析

我妻・実方説と川島・富山説では、資本主義の最終的支配権について、いっけんまったく正反対の結論を示しているようにみえる。しかしながら、信用制度と債権の把握にかぎってみれば、両者ともヒルファディングに依拠した同一の論理構成をとっていることがわかるであろう。すなわち、流通信用と資本信用を完全に切り離して、前者の流通信用から、売掛けによる債権とその発展である手形・小切手などの有価証券法を導きだす。これに対して後者の資本信用から利息付債権の法的構造を説いて、その直接的な延長に株式証券法と会社法制度を位置づけるという図式である。

①「流通信用（商業信用）」の法的疑問点

たしかに流通信用は、掛け売りによって商品の売り手を「債権者」として、買い手を「債務者」として表示する。それは手形制度へと発展し、複雑な債権債務関係の連鎖を単一の支払いによって決済し、流通貨幣の死重を節約するといってよいだろう。だがここからただちに、この債権を、我妻・実方のように、物権変動の迅速化にのみ機能する利息を生まない商品譲渡の先履行、あるいは、川島・富山のように商品所有権から社会的モメントが分離した単なる価値支配のタイトルであると結論づけてよいだろうか。

これらの諸説においては、売掛けにおいて債権契約を締結する動機および条件が十分に考慮されていない。いうまでもなく商品の販売契約は、買い手の側が売り手のもつ商品の使用価値を気に入り表示価格に同意しなければ成立しない。販売とは、マルクスが商品から貨幣への「命がけの飛躍」であると喩えたように、売り手の申し込みに対して買い手の承諾がなければ、いつ成立するともわからない、見通しのきかないプロセスなのである。信用による掛け売り契約は、なによりもこうした販売の困難を解決することを目的とする。それはけっして、たんなる商品と貨幣の占有移転の時間的なズレ一般に解消できるものではない[13]のである。すなわち売り手の側は、対価の受領を一時猶予しても商品の販売契約を現在の時点で締結することで、現金ではいつ売れるか分からない販売の時期をあらかじめ確定するメリットがある。また、買い手の側も、これによって、当座の現金がなくても商品を購入できるというメリットを得ることになる。

しかしながら、こうした信用販売がなされる条件として、売り手の側に、貨幣の支払いをうけるまで、当座の生産過程を継続しうる余分の資金（遊休貨幣）の貯蓄がなければならない。そして買い手の側は、対価なしで購買した商品の生産的消費によって一定の期間自己の設備を遊休させる必要がなくなり、これを効率的に生産資本に投下し、約定期日までに貨幣を獲得して債務を返済できる見込みが必要である。債権債務契約における「合意」とは、客観的にはこうした諸々の動機と条件の一致であり、それゆえ商品の販売から貨幣の支払いまでの約定期間のあいだ、売り手における貯蓄貨幣の自己運用が、買い手の側の同額の貨幣の節約に帰結しているといえよう。それゆえ、信用による掛け売り契約は、事実上、売り手から買い手に貨幣が貸付けられた[14]とみることもできる。

じっさい、法的にも掛け売りは、商品のたんなる貸付け（使用貸借や賃貸借契約）とは異なり、いわゆる同時履行の抗弁権によって商品の引き渡しと同時に売買契約は双務的に完了し、未払いの代金支払い債務が同額の消費貸借契約に改められて再締結されたものと理解できよう。それゆえ流通信用においても、買い手の側は、借り入れた貨幣資本の生産的運用によって、追加的利潤が発生し、一定期間後に買い手から売り手へ、現金価格よりも高い信用価格による返済がなされることになる。すなわち、事実上、利息の支払いが実現されているといわねばならない。それゆえ「流通信用」は、けっしてたんなる流通過程における商品の前貸しではなく、利息を生む貨幣の貸借関係[15]であらざるをえないのである。

②「資本信用（利息付債権）」の法的疑問点

資本信用について、我妻や実方は、マルクスの「利子生み資本」とヒルファディングの「資本信用」にならい、貨幣資本家から機能資本家への資本の貸付けであり、法的には資本そのものが金銭債権化した形態であるという。同様に、川島や富山は、資本所有権の社会的モメントが分離し観念的タイトルと化したものであるという。

しかしながら、宇野弘蔵が的確に批判したように、資本を投下すれば利潤が得られるのに、たんに利子で満足する「貨幣資本家」、また、資本をまったく持たずに他人の資本を借りて産業活動をする「機能資本家」なるものは、資本主義商品経済の全面化した社会という『資本論』の想定とは原理的に相容れないであろう。

仮に「貨幣資本家」なる階級を想定したとしても、彼はいったい〝資本〟自体を所有し貸し付けていると言いうるのであろうか。彼が産業資本家であろうと高利貸しであろうと、法的な対象として所有するのは、つねに個々の商品や貨幣のみであり、ただ売買や貸借という契約による移転運動によって、借り手がその商品や貨幣の所有権を資本として追加的に機能させることができるというにすぎない。同様に、「機能資本家」なるものも、無一文のプロレタリアが〝資本〟そのものを借り入れて資本家に成り上がるわけではない。彼は、あらかじめ自己の所有する貨幣で生産手段と労働力を購入して産業活動をしており、これにさらに借入した追加的資金を加えて、生産の拡大によって獲得した商品を販売して剰余の貨幣額を追加所有しているにすぎない。そこではいずれも、〝資本〟なるものが単一の物として所有されているわけではないのである。

したがって、「資本信用」なるものも、けっして資本そのものが貸借される関係とはいえない[16]。では、いったい何が貸付けられているのであろうか。

答えはもはや明白であろう。貸し手は自己の手もとに、資本として機能しえない余分の貨幣が存在するがゆえに、はじめて貸付けに供するのである。すなわち、貸し手の側に遊休している貨幣を不足している側に融通し、借り手の手もとで機能資本に遊休貨幣を合体させて運用することで生じた追加的利潤を利子として支払う。それは、文字どおり貨幣の貸借関係にほかならない。つまり資本主義的メカニズムとしては、先の「流通信用」における債権とまったく異なるところはないといってよいだろう。マルクスやヒルファディングの「商業信用（流通信用）」と「資本信用（利子生み資本）」は、事実上、同一の貨幣の貸借関係の項を実体視する重複したレトリックになっており、法的にも、売掛債権と金銭消費貸借債権の機械的な切断は、まったく根拠のないものといえよう。両者は同じものなのである。

こうして原理的には、「所有権」が、貨幣による商品の購買によって初めて承認される商品市場の法規範であるのに対し、「債権」はすべて、売買における余分の貨幣を遊休させることなく利用に供するための、貨幣市場における法イデオロギーであることになる。近代債権法は、まさにそれが売掛け・交換・賃貸借・雇用などの双務的形式をとろうと、消費貸借や使用貸借という片務的形式をとろうと、商品流通における回転機関の加速をつうじて結果的に貨幣資本の融通機能をはたし、遊休資本を生産資本に転用することで追加的利潤を生む。そうした機能をになうものとして資本主義における債権は、利息の付いた返済を可能にするのである。それゆえ「債権」は、資本そのものを調達したり機能資本の所有権に優越したりするものではありえない。それは、商品の売買を介した所有権の価値増殖運動を補完し拡大する貨幣の貸借作用にとどまる。手形などの信用証券は、この遊休貨幣の利用の権利を紙片に仮託し、裏書という有価証券法上の行為によって権利を移譲し、貨幣を貸付けるのであり、この手形を割り引く銀行券の発行・貸借によって、利息付債権の法制度は十全かつ最終的に完成をみることになる。

　これに対して、株式所有権（資本証券）は、法形式上は金銭債権と同様の有価証券として現われる。しかしそれは、金銭債権の利息率に外部的に依存し、利益配当を資本に還元した擬制資本（fiktives Kapital）としてのみ譲渡される。すなわち株式は、資本の生みだす利潤そのものの分割請求権（配当請求権）であり、貨幣の使い道に権限のない追加的利潤の請求権である債権とは根本的に性格が異なるといわねばならない。それゆえ株式は、利潤の形成過程である現実機能資本の運用権を離れては存在しえないことになる。債権が「貨幣の商品化」であるのに対して、株式の売買はまさに「資本の商品化」である。株式の保有こそが、唯一の〝資本〟所有権そのものである。それは、信用制度による債権の発展から決して誕生するものではない。

　したがって株式の保有は、単一の資本機能を支配する複数の資本所有という相矛盾した関係の現実化としてのみ存在することになる。このため、株式会社法制は、法解釈上、容易に説きえない矛盾をはらむことにもなる。すなわち、一方に、川島武宜に代表される、大株主を基準とした「資本の商品化」としての自己資本（社団）説および株式による企業支配にもとづく「所有権」説がある。そしてもう一方に、我妻栄に代表される、中小株主を基準とした「資本の商品化」としての他人資本（財団）説および株式の配当収益性にもとづく「債権」説がある。この株式のもつ〝解決しえない矛盾〟は、株式による「資本の商品化」が、資本の自己調整メカニズムによる原理的な市民的法規範の枠内では成立しえないカテゴリーであることを露呈するものといえよう。このことは、株主総会による企業意思の最高決定権と、株主の企業に対する有限責任制との矛盾だけをみても明らかであろう。

ヒルファディングやその法学的継承者においては、ほんらいの信用である「流通信用（商業信用）」を利息をともなわない単純債権とみなしたために、それとは別に、「資本信用」という利息付債権カテゴリーを設定しなければならなかった。そしてこのカテゴリーのうちに、銀行による機能資本の支配・担保化や企業の統制といった一九世紀末のドイツに固有の事情がまぎれこみ、(17) そのためにかえって、株式証券により実現される現実機能資本に対する支配の具体的メカニズムがあいまいになってしまったといえよう。

それゆえつぎに、信用（商業信用）を基礎にした原理的な債権法体系を提示し、これと区別されるべき株式会社の法制度の意義と限界を、金融資本的蓄積に即して明らかにすることにしたい。

三　信用と財産法のメカニズム

1　資本主義における所有権と債権

資本主義とは、資本の流通過程が生産過程を内部に包み込んだ商品経済の厖大な集積である。それゆえそれは、法的には、労働者の雇用と生産手段の購買および生産された商品の販売という、さまざまな「契約を介した所有権の移転過程」(18) としてあらわれる。そしてそれが、結果的に、個人の手もとで継続的な価値の自己増殖をつくりだすのである。この価値の自己増殖運動の人格的表現が、一般に「資本家」と呼ばれる。彼は資本を所有するがゆえに資本家なのではなく、あくまでも所有するのは商品と貨幣のみであり、それを「契約」による移転をつうじて資本として機能させているに過ぎない。この点に注意を喚起しておきたい。

さて、この「契約」のうちで、労働力の購買である雇用契約については、支払いは日々の労働力の再生産の必要から即時決済され、貨幣との同時的交換として現われる。それゆえ信用による債権契約が登場する必然性はない。(19) そのため資本のメタモルフォーゼをつうじて、売買契約は、ひとまず私的な商品の支配とその担い手である自由・平等な「人格」の承認としてあらわれる。すなわち、いっさいの財産法的権利は、人（Person）による物（Ding）の直接的な支配権すなわち「所有権」としてのみ観念される。

では、「債権」の必然性はどこにあるのか。

まず、資本循環が生産資本と流通資本の複合により編成されている点に注意を要する。「資本家」は、資本の再生産運動を中断なくすすめるために、流通期間にも生産を継続するための追加的貨幣資金、流通費と市場価格を安定させるための価格変動準備金を、また生産資本についても価値の回収に長期性を有する固定資本の償却資金、固定資本を更新するための蓄積資金など[20]を、一定期間資本としての機能を遊休する貨幣として用意しておかなければならない。これらは購買手段として出動する貨幣と異なり、そのままでは価値支配権たりえない遊休資金であり、当然これを節約することが要請される。他方、商品の販売過程に注目しなければならない。「資本家」は、商品の売り手でもあり、生産した商品の観念的な価値をじっさいに実現するためには何よりも商品を貨幣形態に転化しなければならない。けれども販売は、買い手のイニシアチヴによってのみ実現されるため、いつ売れるか予測できない不確定で非生産的な期間を要する。売り手としての資本家は、この販売契約を締結する時期を確定し、流通資本を生産資本に転用して価値増殖の効率化を追求することになる。

こうして資本主義は、遊休資金を流通期間の短縮と効率化に流用するシステムとして、はじめて「信用による債権」を要請することになる。

信用システムはまず、個別産業資本家間の売買において、将来の貨幣還流を信頼して、現在の時点で商品の販売を実現する「商業信用」による契約、つまり掛け売りによる代金債権の形態[21]をとって登場する。

たとえば、売り手Aは、買い手Bに、一定期間後に代金を支払うことを約束させて製品を譲渡したとする。この場合、Aは約定期日まで生産をつなぐために自分の蓄えている遊休貨幣資本を消費しなければならない。他方、Bは、支払いを延期した期間、購買のための準備金の蓄えが不必要になり、これを追加的に生産資本として利用できることになる。すなわち、事実上、AからBへと遊休資金が融通されたのであり、それゆえこの売買契約においてAは「債権者」としてBは「債務者」として表現されることになる。しかもこの売買においては、買い手Bが信用によって追加的利潤を生産し、その商品価値の実現によって信用価格による債務の返済が保証される。このため、売り手Aは、債務者の財産に対する留置が不必要になり、人の物に対する直接的支配権（物権）と区別された、相互の自由な合意によってその内容が自発的に実現される人の人に対する請求権が形成される。ここに商品売買は、はじめて債権の発生原因である契約すなわち「債権契約」という法形式をとることになる。それゆえBからAへの債務の履行が完了すれば、Aの債権は消滅するしかない。

しかしながらこのAも、第三者であるCから生産の原料を購入するにさいし信用を利用すれば、今度は彼が債務者として現われる。だがAは、あらたな支払い約束の債務証を作成する代わりに、先のBからの入金を信頼した支払い約束証を担保にして、購入を行なうことができる。この重複した債権債務関係の簡略化が、手形の裏書譲渡という法制度である。すなわち手形の債務期限である満期日に、BがCに、単一の決済支払いをすることで、複数の債務は履行を完了する。

ここでは、直接にはCはAの、AはBの将来の資本の還流による弁財意思を信頼して、それぞれ現金ではいつ実現するかもわからない商品の販売を先履行したにすぎない。だが結果的には、Cにおける遊休貨幣資本の貯蓄を根拠にしてAとBの流通資本の節約が可能になった。AとBはその分だけ購買準備金の所有が不要になり、それを生産資本に転用することによって追加的利潤の形成が可能になったといえよう。いいかえれば、Cにおける代金受領猶予分の遊休資金が順次融通され、債権がタイトル化して有価証券の連鎖に具体化したとみることができる。それゆえ手形自身が支払い手段としての譲渡範囲を拡大して、D・E・F・G……と裏書によって譲渡され移転するにいたると、流通資本の節約と追加利潤の生産の効率化がいっそう促進される。ついには為替手形それ自体を流通手段として保障する法規範が形成されることになる。[22]

すなわち債権債務の複雑な連鎖において、手形の所有者は自己の直接的な売買関係を離れ、債権をすべての裏書者に跳躍遡及して追求できることが必要になり、古典的な当事者の意思に即した債権法が、署名者の合同責任型の法制度へと転換される。さらにまた、手形上の債権は、記載文言のみを権利の内容とし、取引の無効によって影響をうけない無因性を保証された設権証券として、現実の売買から独立をおし進めていく。こうして、手形の善意の取得者を手形債務者の対抗から保護する抗弁切断の法理や物権的な即時取得の権利が広く認められるようになる。[23]貸借関係における債権は完全に証券にタイトル化され、それ自身が売買の目的物として「所有権」の対象となるのである。しかしながら手形証券は、もともと資本家相互の人的な交流による信頼関係を基礎にしていた。それゆえ、こうした債権の流通は、あくまでも個別資本における遊休貨幣の保有量と、相手方の節約される流通資本量との一致という、いわば偶然的条件を離れてありえない。いかに訴求制度や法的保護がすすんでも、手形の額面や期限が一致しなければ、相殺による決済にあたり、各債務者に対して現金貨幣による支払いを請求することになる。

そこで、こうした私的な債権債務の限界を決定的に打破するものとして登場するのが、銀行券という法制度である。銀行は、個別資本の遊休貨幣の所有権を、全社会的な債権としての融通に転化するシステムとしてたち現れる。すなわち個々の産業資本は、資金を私的に貸し合うのではなく、遊休貨幣を銀行へ預金として集中し、ここから必要時に供給を受けることになる。具体的には、銀行は支払い債務手形を満期利息を控除して割り引いて買い取ることによって、事実上、資金の貸し出しをおこなう。すなわち「金銭消費貸借債権」が匿名的かつ全社会的に編成されることになるのである。この制度によって、手形の流通になお残っていた資本家相互の私的信頼は不要となり、資金の需要に応じて遊休貨幣が自由に移動し、必要とする資本に供給される。この追加資金の移動によって全社会的に再生産が拡大され、追加利潤の均等な増大の結果として一般利子率が成立する。すなわち「利息債権」が普遍的な法規範[24]となるのである。こうした金銭貸借契約における利息の一般化は、貸出利子と預金利子の差額を企業利潤とする銀行資本に客観的な存立根拠を与えるものといってよい。こうして商業信用に代わって「銀行信用」が形成される。すなわち銀行は、不特定の持参人に支払い約束をなす無記名・無期限・一覧払いの債務証としての「銀行券」を発行することになる。それは現金貨幣に代わって手形割引の中心をなすようになる。

それはまた、銀行券の発券機能の集中と強制的通用力の法制度化によって中央銀行を頂点にし、他の銀行は預金銀行としてピラミッド型に分化して、小切手の発行による当座預金を可能にする。[25]この小切手制度は、銀行券の引き渡し請求権である無因・文言の債権証として、手形法とともに有価証券法に一括されることになる。こうして、銀行券を中心とした債権の全社会的な流通は、もはや有価証券と貨幣所有権との差別をあいまいにし、財産権としての債権を完成することになる。じっさい、銀行券は銀行の現金貨幣準備量を越えて発行されることで、いわゆる信用創造をも可能にする。しかしながら銀行券は政府紙幣と異なり、たんなる流通貨幣のタイトルではなく、あくまでも資本の間の遊休貨幣の融通を根拠にした「利息付債権」のタイトルである。(26) それゆえ、その発券は、銀行における将来の資金の還流による兌換保障という一定の限度のなかでのみ可能となる。

この意味において、銀行券の法制度は、どこまでも産業資本における「売買契約を介した所有権の運動」を補完し促進するものとして、近代的債権法体系の完成形態であるといわねばならない。

2　財産法の私的自治機能

こうして手形・銀行券により、遊休貨幣資本の自由な移動と一時的流用のメカニズムが債権法システムとして整備されると、消費貸借契約上の金銭の返還請求権にとどまらず、雇用契約における労務請求権、不動産の賃貸借契約による賃金請求権、あるいは担保設定契約をつうじた返済請求権など、あらゆる所有権へ到達するまでの一定期間の猶予が、事実上の資金の融通を可能にし、それ自体が合意にもとづく権利として承認される。

資本主義は契約を介した所有権の移転により、競争をつうじて利潤の極大化をめざすシステムであるが、債権法の整備は、高利潤部門にはさらに資金の供与を可能にし、売買契約の促進によって所有権の配分の過少是正に機能する。また低利潤部門においては信用の供与を減らし、生産の抑制によって既投資部分を縮小にみちびく。のみならず、引きあげた資金を金銭債権化して他部門に配分することで、所有権配分の過多をスムーズに是正して資本移転の促進をはかることになる。こうして産業資本の競争によって、債権は、資本循環としての「契約を媒介した所有権の運動」を促進あるいは抑制する機能をはたし、その意図せざる結果として諸部門間の商品需給と労働配分をオートノミックに調整して、利潤率の均等化を達成していくことになる。

このような所有権法（財産法）の私的自治システムにおける所有権と債権の対抗と相補のダイナミズムは、経済的メカニズムとしては、恐慌を介した景気循環のプロセスに典型的にあらわれるということができよう。

つぎに、好況―恐慌―不況の各時期における物権（所有権）と債権の機能連関を分析することにする。

①　好況と財産権の機能

機械設備に代表される固定資本は、減価償却に長い年月を要し、物理的な移転が困難なため、法的には、土地とともに不動産所有権として観念される。資本は通常、不況末期にこうした不動産を更新し高度化を済ませており、それによって、労働市場には安価な労働力が豊富に失業化している。したがって好況期には、既存の資本構成を維持したまま、売買契約と雇用契約の締結を量的に増やし、貨幣や生産手段の所有権および労務請求債権が均衡的かつ比例的に拡大していく。

このプロセスは、商業信用による売掛け契約および銀行信用による金銭貸借契約の利用によって、いっそう促進される。売買の増加にともない金銭債務への需要は増えるが、資本の再生産も拡大され、債権化される遊休資金の供給や銀行券の発行も増大するので利息は低い水準で推移する。そのうえ、蓄積の増大にともなって生産手段の需要も増え、その価格の上昇が生活資料にも波及するために、買掛け債務の負担による投機的な商品売買も助長される。こうして債権契約を介した所有権の移転運動は加速度的に進行する。

②　恐慌と財産権の機能

既存の資本構成を変えないまま機械や原材料の購入によって所有権の運動をどんどん拡大していくと、やがてまず労働市場が逼迫してこざるをえない。がんらい労働力は資本によって生産できず、それゆえ所有権の目的物たりえない。それゆえ資本は、みずからの運動の外部にある過剰人口のプールから雇用契約によって労働力を債権として確保するしかない。すなわち労務債権は、機械や原材料の所有権に比例して無限に増加できるものではないのである。この労務需要に対する人口の絶対的限界のために供給は不足し、労賃は騰貴せざるをえない。つまり所有権の運動の過剰が労務債権の過少により利潤率を低落させ、その価値支配権としての性格を低下させるというパラドックスに陥ることになる。

しかし個別資本はなお、借入債務の利息負担を越える利潤があるかぎり、その量的拡大をめざし、競って買掛けや消費貸借の契約によって資金を調達し、所有権の運動の拡大をはかろうとする。けれども利潤率のさらなる低落は、債権化されうる遊休資金の形成力を減らし、またその結果、将来の資金還流を前提とした手形や銀行券の発行も、投機的買い付けによる商品在荷の滞留と代金債務の履行の遅れにともない減少していかざるをえない。

こうして、売買契約を介した所有権の運動における利潤の低落が、金銭貸借契約への需要増大と供給減少によって利息の高騰をひきおこす。個別資本家は、代金の支払いや元本返済の債務履行だけでなく、利息支払いの債務さえ履行不能におちいる。これが、いわゆる恐慌である。それは法的にいえば、雇用契約による債権の限度を超えた過剰な所有権の運動が、消費貸借上の金銭債務の負担に規制されて、販売や支払いの不能という売買契約運動の停止をひきおこしたものである。それゆえそれは、個々の商品や貨幣の所有権のもつ価値支配権そのものを崩壊させる危機的な状況といえよう。

③　不況と財産権の機能

こうした再生産過程の暴力的な破壊によって、資本は、売買や雇用の契約を量的に縮小することになり所有権の目的物の減少を強いられる。これにつづく不況期には、商品の滞貨が過剰で価格も低落しているので、機械設備に代表される不動産の所有権も遊休して価値を失っている。こうした条件が、既存の不動産つまり固定資本の廃棄による生産方法そのものの改善と合理化をも容易にする。すなわち資本の有機的構成を高度化して、相対的に過剰な労働力を排出して失業させることになる。

このため、過剰人口のプールは巨大になり、労働力の供給過多によって賃金は低落する。資本は、安価な労賃と有利な条件で雇用契約を締結し、労務債権を確保して請求することが可能になる。またこの時期は、既投資部門の縮小によって遊休資金がとどこおっているため、掛け売りの代金支払いや金銭貸借の債務負担が低利息で可能となる。こうして、契約を介した所有権のメタモルフォーゼが加速される。ふたたび資本は、価値の順調な自己増殖をおしすすめ、好況へと戻っていく。

このような好況―恐慌―不況という景気循環のプロセスをとおして、所有権の支配力を補完する債権の機能は十全に発揮される。すなわち、所有権の価値支配力は、好況過程には債権によって促進され、つづく恐慌期には債権によって抑制され、ついには破壊される。そして不況過程においては再び所有権の運動が回復し、債権によって再促進され好況に戻ることになる。資本主義の信用債権による自己調整メカニズムが所有権の運動をスムーズなものにすることで、諸個人の意識には、契約が当事者の合意にもとづく自由で任意の意思関係として観念されることになる。

ここにはじめて、大陸法のレヒト・ドグマティークにおける所有権の排他的な対物権としての優先性・絶対性と、それを媒介する債権の人的請求権としての従属性・相対性という、二項対立的な「物権―債権」の近代的な財産法の世界観が全面的に完成するのである。英米法における物的財産（real property）と人的財産（personal property）との区別も、ややこれと異なるニュアンスをもつが、やはり信用に裏づけられた法イデオロギーとして、資本主義的商品経済システムに共通する原理的な側面を持っているといわねばならない。

3　債権法の発展プロセスとその限度

これまでの債権法の検討から、近代法において債権は、我妻栄のいう「生産設備・不動産・商品・貨幣の各私的所有権の従としてその作用を実現する任務[28]」のみをはたすことが明らかになった。

債権はたしかに、証券にタイトル化し譲渡されることで、元本の返済とともに、按分比例的に利息を取得する権原となる。けれどもこの利息債権はいまなお、産業資本の再生産過程に付随する遊休資金の供給にもとづく追加的利潤の支配権であって、本体たる利潤そのものの分割請求権ではない。資本の生みだした剰余価値である利潤そのものは、依然として、生産過程を媒介とする商品の販売によって所有される以外にない。債権譲渡は、この所有権の移転を促進し流通費用を節約する機能をもつものとして、社会的利息を企業利潤とする銀行資本の債務証券（銀行券）において完成をみた。それはけっして資本自身の譲渡としての資本証券（株式）に発展するものではないのである。もちろん先にみた景気循環のうちに、資本はしだいにその有機的構成を高度化し、傾向としては利潤率を低落させていくようにもみえる。だがこれにともなう所有権の価値支配力の低下は、個別資本の運動の量的な拡大と加速によって、いいかえれば契約の増加によって、ある程度補填することができる。利潤率の低下は必ずしも利潤量の減少をまねくわけではないのである。したがって、資本構成の高度化という生産力の発展一般から、ただちに、機能資本家（functional capitalist）への固定資本貸付けをになう（利潤ではなく）利子目当ての貨幣資本家（moneyed capitalist）の形成が導きだせるわけではない。すなわち、我妻のいう「金銭債権が総べての財産上に資本として投下され、所有権の実体と交渉することなく……所有権をして自己の作用を実現する手段に過ぎざるものたらしめる」[29]必然性、ないしは、川島や富山のいう「資本所有権そのものを剰余価値のタイトル化」して資本を調達する株式会社法[30]という、新たな金融システムが、決して誕生するわけではないのである。

では、これに対して、法的に株式とは何か。

株式もたしかに金銭債権の利息に依存し、法形式上、為替手形や銀行券と同様に有価証券として自由に譲渡される。だが株式は、たんなる追加的利潤の請求権としての債権と異なり、現実資本の組成を実現している有機的部分であり、利潤本体を分割請求できる唯一の資本証券である。それゆえ、債権のように融通した貨幣のつかいみちに無関係ではなく、現実資本の運用権を離れた存在ではありえない。いいかえれば株式は、現実機能資本の再生産過程に継続的にとどまったまま、これを直接的に支配する貨幣資本として自己を二重化するという、矛盾した存在でしかありえない。それゆえ、このような「資本の商品化」は原理的な資本主義市場では成立しえないことになる。株式の保有が、法的に、つねに物権説と債権説のアンチノミーをかかえる矛盾した存在であらざるをえない[31]ゆえんである。

① イギリスにおける会社法の未定着

じっさい歴史的にも、一九世紀の中頃まで非組織的な自由競争によってもっとも高度な生産力を発展させたのは、イギリスの綿工業を中心とする産業企業であった。だが、その生産力自体は、私的所有権を絶対とする個人産業資本の企業形態のままであり、必ずしもそれを金銭債権または資本証券によって組織化する方向に導くものではなかった。

たしかにイギリスは法制度的には、一八四四年の会社登記法による準則主義（法人制度）の採用に始まり、五五年の有限会社法による出資者の有限責任化や五六年の株式会社法の制定、そして五七年〜六二年におけるその改正法によって企業の集中化政策を採用した。イギリス政府は政策的に株式会社の設立の促進を企てたといってよいだろう。それにもかかわらず法形式と経済的実態とは大きく乖離し、自由主義時代の綿工業の個人主義的伝統にもとづいて、多くは、個人企業ないしパートナーシップのままにとどまった。そこでは、高額面・一部払い込みの株式が限定された人間関係のなかで流通するだけであり、株主の無限責任にもとづく人的信頼という個人法的慣行が崩れることはなかった。(32) それゆえ、資金調達方法（金銭債権）も、企業の留保利益に限定された企業間の相互融資という「所有権に従属する」債権形態を超えるにいたらなかった。

またイギリスは、一六九四年のイングランド銀行の設立に始まり一八四四年の銀行条例（ピール条例）の制定にもとづいて、銀行券の発行に正貨ないし地金の裏付け義務を課していた。じっさいイギリスが、中央銀行―普通銀行というピラミッド型の金融組織体系をいちはやく確立することができたのも、産業企業における預金や手形割引、銀行券の貸し出しなどの金銭債権供与が、こうした正貨運営だったことに根拠があったといってよいだろう。じじつ、一八七〇年代不況いこう急激な銀行合同がすすみ、金銭債権契約が量的にも急増し、当座貸越しや白地信用による銀行券の長期供与および企業株式担保制度がひろく普及することになった。だがそれにもかかわらず、銀行資本は、企業の株式発行権や証券取引業務権を掌握することはなく、当座勘定を遂行することさえできなかった。けっきょく、銀行が企業の所有権を支配統制するにはいたらなかったのである。

そしてこの結果、一九世紀末以降、広範に貨幣資本家（rentner）階級が形成されるにいたるが、その独立した利子生み資本としての金銭債権をもってしても、産業株式会社の所有権に直接的な連繫をもつことはできなかった。むしろそこに滞留した資金は、大金融業者（merchant banker）が外国為替手形の割引や海外投資証券の購入に流用することによって、対外債権として資本輸出され、それゆえ帝国主義的な政治過程に直接にその活路を見いだす(33)ことになったのである。

② ドイツにおける会社法の発展

これに対して、後進国のドイツは、一八三〇年代から関税同盟によって防御され、イギリスの産業革命により造られた機械制大工業を輸入して近代化を開始した。それは、はじめから「産業資本による原始的蓄積」をもってパックス・ブリタニカに対抗するものであった。とりわけ、急速な重工業化の過程における貨幣資本の強力な投資と蓄積こそが、ヒルファディングや我妻のいう「資本信用」すなわち「金銭債権が所有権の支配から独立し、これに対する支配力を形成する」経済的基盤となったといえよう。

ドイツの信用制度すなわち債権法制の近代化は、こうした初めから高度な資本構成のために、東部ドイツの内国植民地制やユンカーによるプロイセン大土地所有制度を分解することなく、地域差と制度的な跛行を残しつつ進められた。一九世紀の中頃まで金銭債権の大規模な産業投下は、ルール・ラインウェストファレンなど西南ドイツに限られており、このことがかえって、社会的遊休貨幣の投下対象を国債や鉄道株式などの有価証券に集中させることになった。こうしてドイツでは、債権譲渡やその流通法制度が発展することになったのである。

ドイツでは、一七九四年からプロイセン普通法による商業証券制度が存在したが、その後一八四七年の普通手形条例をへて、五七年には普通ドイツ商法（Allgemeine deutsche Handelsgesetzbuch）が制定されることになる。この法律によって債権の証券化は、回期的利息支払い債権手形から指図式商人債権証券、白地式指図記名債権証券をへて、無因債務負担・無権利者譲渡保護の無記名債権の法制化へと高められた。それはさらに、一九〇八年の手形法の改正と小切手法の制定によって、投機的投資対象としての資本証券とともに巨大な流通証券市場をつくりだし、これをつかさどるベルリン証券取引所を中心とした金融制度の整備を推進することになる。

こうしてドイツの信用制度はいち早く長期固定資本貸付けを発展させて、これが証券市場の隆盛とともに、巨大産業株式会社への資金供給システムとして編成されていくことになった。プロイセンのユンカーその他の中間階級にたまった巨額の貨幣資本および海外から流入した資金を証券化して株式銀行に集積するとともに、それを金銭債権として重工業に固定資本貸付けをするルートが確立されていくことになるのである。

ドイツの産業資本は、鉄鋼業を中心に速やかな重工業化を推進するため、不断の固定資本の変革が要請される。そのため、個人の私的所有権からの解放が必要となり、一八六一年には普通ドイツ法に投資者の有限責任制を規定し、七〇年の株式改正法によって準則主義を取り入れ、株式会社形式を積極的に採用することになった。そしてまた、後発資本主義に特徴的な家族経営的な規範観念によって、株式を非公開にして特定の銀行にその発券を委託したり監査役を任せることが一般的に行なわれた。企業は、こうした銀行との人的精通関係を利用して、資金借り入れの便宜化をはかることにもなったのである。

このため、銀行資本は、産業企業に対し固定資本向けの長期金銭債権契約をむすび、まずその担保価値を支配する。そして、企業株式や社債の発行を引き受けそれを売却することによって、貸付け資本を事実上、短期に回収することになる。さらに、一八九九年の抵当銀行法によって、銀行による企業の抵当権支配や固定資本貸付けを流動化することが可能になる。こうして銀行資本は、株式証券の売却と額面価格の差額であるいわゆる「創業利得（Gründersgewinn）」をも獲得し、我妻のいう「金銭債権による産業＝所有権の実体に対する寄生・支配関係」を確立することになった。また銀行は、プロイセンの地域業種産業の利害関係をも利用して銀行関連会社間の競争を抑制排除し、銀行資本を中心とした放射型の企業支配（金融寡頭制）を形成することにもなる。これこそが、ドイツ型独占の典型である「所有権の集中なき企業集中」つまりカルテルやシンジケートの結成を普及させることになった(34)といえよう。

すなわち、後発資本主義が重工業化を推進する過程においては、巨額の固定資本が要請されるため恒常的に資本不足が生じる。他方で、その資本構成の高度性が階級分解を阻害し旧中間層が残存し、そこに資金の形成傾向が生じる。このことこそが、銀行を頂点とする貨幣資本家が寄生的に産業を垂直支配する条件となって、ドイツ型の金融資本（Finanzkapital）を確立することになったのである。こうした資本集中形式におけるドイツ的特殊性が、所有権法秩序においても、「所有権と債権の結合による所有権の支配作用」からしだいに「債権の優位」、さらには「金銭債権が頭角を現わし独立支配にいたる」というプロセスを可能にしたのである。それは、我妻のいうような近代法の必然的発展過程ではなく、むしろ近代法のドイツ的な変質と不純化のプロセスと考えるべきであろう。
それゆえ、債権法の発達史といわれる、①債権の流通保障としての無因の債務負担行為、証券による意思表示の絶対的表示主義、譲渡行為の無因性、無権利者からの権利の承継、有価証券制度。そして②取引の安全を保証する担保法制としての担保物権の抽象性、担保価値の証券化、譲渡担保制度、企業そのものの担保化。さらに③企業合同、会社投資制度、銀行運用の制度、資本証券の売買などの具体的な編成プロセス[35]は、まさに金融資本段階のドイツ法制度の変遷に即して解明されなければならないだろう。

我妻栄や川島武宜の先駆的研究いらい、すでに半世紀以上の年月が経過した。だが、信用制度や債権法にかんする緻密な法文解釈や法制史学的研究はすすんでも、その社会科学的分析はまったくといってよいほど行なわれていない。わずかに見られるのは、『資本論』の原理的な信用としての債権法（Recht）と論理次元の異なる段階論としての金融法（Gesetz）の変遷とを混同し、両者を直線的かつ歴史法則的に結びつけるものであろう。そうした理論は、個人資本―金融資本―国家資本という経済的「進歩」の過程を恣意的につくりあげ、これに対応して所有権法における債権の発生から、債権の所有権に対する優越をへて、所有権の消滅を説くという、無用の法イデオロギー的ドグマをふりまくことにもなりかねない。

それはかつて、ヒルファディングやカール・レンナーが、ドイツ修正主義論争（一八九〇～一九二〇年）の影響のもとに「法規範体系から独立に経済過程と法機能の発展」を待機し、金融資本による資本主義の組織化の延長に「国家による計画経済」としての社会主義を展望した論理[36]を、ふたたびニュー・バージョンのもとに説くものということになるであろう。現代債権法の冷静な分析が必要とされるゆえんである。

四　まとめ――現代債権法の分析視点

この章では、マルクスの『資本論』第三巻における「商業信用」と「利子生み資本」の分析、およびこれを整理し発展させたヒルファディングの『金融資本論』第一篇の「流通信用」と「資本信用」の検討を手掛かりに、原理的な資本主義に対応する市民法体系に占める信用と債権の法システム、および一九世紀末から二〇世紀初頭のドイツにおける金融資本としての金銭債権の位置を分析してきた。こうしたテーマはまた、第一次大戦後において資本主義国の債権法諸規範が変貌していくプロセスの解明にも、一定の方法論的基準を提供するはずである。

すなわち、二〇世紀初頭には、世界史的な社会主義イデオロギーの圧力を主因として、金融資本の支配による資本主義体制そのものが危機に瀕することになる。そのため一九三〇年代以降、資本主義各国は金貨幣による価値尺度に依拠した「契約の自由」と「私法の自治」を放棄し、管理通貨を基軸にした「国家による市場の組織化」に着手する。それは、所有権法秩序においても、「金銭債権による経済組織の全面統制」というレンナーや我妻の期待をさらにおし進めて、金融資本を超えて国家そのものが契約上の債権をも規制・管理する体制維持の法形式[37]であった。

たとえば、金融独占資本の附合契約債権による支配に対して、電気・ガス・鉄道などの営業法によって契約の任意法規性（申し込みや相手方選択の自由）を制限する。また、金利調整法や利息制限法によって金銭債権の対価規制を行なう。貸付け信託法や信用金庫法によって信用の認可や免許制を導入する。さらには、ナチスの経済統制法やニューディールの反トラスト法にみられるように、カルテル共同行為の禁止や企業結合協約の制限が実施されることになった。これらは、反独占的な所得再配分政策にもとづいて国民的体制統合をはかるものであったといえよう。

他方において、国家は、管理通貨としての不換紙幣を増発して国家公債の発行引受けを増大し、「財政の金融化」を企てることになる。すなわち、インフレーションを利用した資本蓄積の増大それゆえ金銭債権の組織力を追認するのである。たとえばこのために、各国は、債権担保法の発展形態である財団抵当法および担保付社債信託法を制定した。さらにまた、会社法を改正し、無議決権株式や転換株式社債など授権資本制の積極的な導入をはかることにもなったのである。

このように現代国家は、相互に矛盾した諸階級の利害を保護法益として「多元」的に調整するために、所有権法の具体的な組織化に取り組んだのである。

しかも、第二次大戦後の管理通貨によるインフレーションの進行は、物価とともに賃金の上昇を招くことになり、労働者の階級性それ自体を、農漁民や中小企業主、サラリーマンなどと同様の小資産者、つまり小ブルジョア的「市民」意識に解消していくことになった。がんらい株式会社法は、所有と経営の分離とともに、「所有」自体を、大株主の意識である企業支配の「所有権」と中小株主の意識としての配当目当ての「債権」とに分裂させる性格をもっている。ところが戦後の高度成長のなかで、企業を支配する大株主は「法人」にとって代わられ、会社による会社の「所有」が一般化する。逆に、配当目的の「債権者」としての中小株主は、「市民」としての労働者が広範に担うことになる。こうして現代資本主義は「資本家のいない資本主義」として、〝大衆社会〟化を促進することになったのである。

そして、このような「市民」化した労働者大衆にたいして耐久消費財の購買力を拡大させるために、割賦販売法や消費者保護法による消費者信用制度が発達する。また、食品法や薬事法によって、債権契約の侵害に対する大衆の救済と損害賠償権の強化および国家の事前介入による保護が制度化される。さらには、無過失責任制度の導入による不法行為法や年金・保険制度を用いて事実上の小資産配分政策が実施されることになった。これらはまさに、労働者大衆の「人権」意識を称揚することによって、その体制内化を図っていくものであったといえよう。

しかしながら、こうした国家による資本主義の組織化政策は、ソ連邦をはじめとする社会主義国家やイデオロギーの瓦解によって、そしてまた経済の高度成長の終焉によって、二〇世紀末には、新自由主義的な規制緩和による「契約の自由」にふたたび道をゆずることになる。ここに、ヒルファディングやレンナーが展望した、金融資本による組織資本主義の延長上に所有権の眠り込みと計画経済の実現を企図する試みは、あえなく潰えたといわねばならない。けれども、これをもって現代資本主義そのものが古典的資本主義へと逆流したとはいえないであろう。管理通貨制度に支えられた現代所有権法とりわけ債権法は、労働力の商品化を維持したままでの「金融資本を超える資本主義の編成」の梃子をなすものとして、相変わらずマス・デモクラシーないしポピュリズム社会の中心的法イデオロギーでありつづけているのである。

（1）ヒルファディングによる流通信用と資本信用の区別は、マルクスの『資本論』第三巻五篇の商業信用と利子生み資本の分断に依拠したものであるが、同様に、*Grundrisse*, S.552.（邦訳六〇八〜六〇九頁）は、これを「流通時間の止揚」と「資本所有の量的制限の止揚」として区別している。こうした二重の信用論は、経済学では、飯田裕康『信用論と擬制資本』有斐閣、一九七一年。深町郁弥『所有と信用』日本評論社、一九七一年。河合一郎『管理通貨と金融資本』有斐閣、一九七四年、序と第一章など多数みられる。また、民法学では、鈴木禄弥「信用と担保法」河合一郎編『資本制生産と信用』有斐閣、一九七八年所収が、これに依拠している。

（2）K. J. Kautsky ; *Der Imperialismus*, Die Neue Zeit, 1914. Bd. 2. および R. Luxemburg ; *Die Akkumulation des Kapitals*, 1912. は、もっぱら世界市場連関から、J. Hobson ; *Imperialismus, A Study*, 1902. は、イギリス資本主義の特殊事情から、そして V. I. Lenin ; *Imperialismus*, 1917. は、産業独占の発展一般から、帝国主義の根拠を導きだそうとした。いずれも、信用機構と金融資本の関連の分析を欠落している限界があった。

（3）R.Hilferding ; *Das Finanzkapital*, 1910. Kap. 5. 岡崎次郎訳『金融資本論1』岩波文庫、一九八二年、一五六〜一六八頁。

（4）*Ebenda*, Kap.7. 同訳、二〇五〜二五四頁。なお、W. Gottschalch ; *Strukturveränderungen der Gesellschaft und politisches Handelns in der Lehre von R. Hilferding*. 1962.

（5）我妻栄「近代法における債権の優越的地位」『同名書』有斐閣、一九五三年、（復刊二〇〇三年）。なお、「資本主義的生産組織における所有権の作用」『同』も参照。

（6）我妻栄 同書、とくに第三章一、四節を参照。

（7）同 第四章四節。この評価として、福島正夫「我妻先生の終生研究『債権の優越的地位』その他と後進学徒の課題」『ジュリスト』一九七四年六月一一日号。批判として、渡辺洋三「財産制度—その理論史的検討」『マルクス主義法学講座』五巻、日本評論社、八五〜一一三頁。

（8）実方正雄「企業における資本所有の問題」『私法』八号、日本私法学会。

（9）同「株式会社の法理」『商法学の基本問題』有斐閣、一九五二年。

（10）川島武宜『所有権法の理論』前掲、四四〜四八頁、三三一〜三三九頁。同『債権法総則講義』岩波書店、一九四九年、一〜一八頁を参照。

（11）富山康吉「商品所有権と資本所有権」、「信用制度の法的側面」ともに『現代資本主義と法の理論』法律文化社、一九六四年に所収。

(12) 富山康吉「証券経済と法学」前掲書 四四頁以下。なお、「所有と経営の論理的矛盾とその発展」、「株式と資本所有の論理構造」前掲書 収録 も参照。なお、この説について、本間重紀「現代財産権論」『マルクス主義法学講座』五巻、日本評論社、一九八〇年。下山瑛二「独占の法的覚書」『法の科学 二』民科法律部会、一九七四年 に論及がある。

(13) この欠陥は、日本の法学者が、価値形態論を完全に無視し、もっぱら「交換過程論」に依拠して所有権や契約を理解したことにもとづく。その結果、支払手段や蓄蔵貨幣、世界貨幣にもとづく債権契約が分析できず、単純な等価交換論による「自由・平等の市民法」の称賛に終始することになってしまったのであろう。

(14) K. Marx ; *Das Kapital III*, Kap.30., MEW. Bd. 25, S. 499.（二五巻 六一六頁。）マルクスは、ここでは商業信用を商品の貸付けとみなしており、これに依拠する先駆として、飯田繁『利子つき資本』有斐閣、一九四九年、三五二〜三七頁 がある。他方、*Das Kapital III*, Kap. 32, MEW. Bd. 25, S. 522（二五巻 六四七頁）では、貨幣の貸付け説を採っている。これにならい、金銭消費貸借契約と理解するものとして、鈴木鴻一郎編『経済学原理論・下』東京大学出版会、一九六二年（新版一九九二年）、三五三頁。岩田弘『マルクス経済学・上』風媒社、一九六七年、一五八頁 がある。

(15) 商業信用における代金債権と利息の関係についても見解が分かれる。日高普『商業信用と銀行信用』青木書店、一九六八年 などは、利子の販売代金への埋没を理由に、商業信用では利子はなおカテゴリーとして顕在化しないとする。これに対し伊藤誠『信用と恐慌』伊藤著作集三巻、社会評論社、二〇〇三年 などは、貨幣貸付けの立場から、利子支払い説を展開する。この両義性は、商業信用では遊休資金の融通関係がなお売買契約から分離しておらず、その期間も量もあらかじめ確定しえない点、それゆえ銀行を介するまでは金銭貸借が商品の売買から分離せず、したがって利息が潜在化している点にあろう。

(16) こうした資本信用なるものに対する批判として、宇野弘蔵「資本論の利子論における貨幣資本家について」、「利子論はいかに転化されるべきか」、「資本論の利子論について」、すべて宇野著作集四巻収録 を参照。なお、資本所有権なる概念については、法学者からも疑問が提起されている。たとえば、甲斐道太郎「産業資本と法の理論」『岩波講座 現代法七巻』五八頁。稲本洋之助「資本主義法の歴史的分析に関する覚書」『法律時報』三八巻一二号、一二〇頁 などを参照。

(17) ヒルファディング信用論の批判として、宇野弘蔵「貨幣の必然性―ヒルファディングの貨幣理論再考察」宇野著作集三巻。同「ヒルファディング金融資本論における原理論と段階論の混同」同九巻 を参照されたい。

(18) 川島武宜『所有権法の理論』前掲、三二四頁。

(19) R.Hilferding ; *Das Finanzkapital*, Kap. 4. 前掲訳 一三五頁。

(20) K. Marx ; *Das Kapital II*, MEW. Bd. 24, SS. 124-138.（二四巻 一四九〜一六七頁。）なお、こうした遊休貨幣資本の存在が *Das Kapital III*, MEW. Bd.25, Kap. 21-24.（二五巻 二一〜二四章）の利子論では十分に生かされていない。

(21) 商業信用を単純な掛売り一般とみなす説として、下平尾勲『貨幣と信用』新評論、一九五六年 に始まり、花井益一『貨幣信用論研究』日本評論社、一九五六年。飯田繁『利子つき資本の理論』日本評論社、一九五八年 などが古典である。これに対して、資本家間の信用説として、三宅義夫『マルクス信用論体系』日本評論社、一九七〇年。麓建一『金融経済論』日本評論社 がある。法学においては、富山康吉『資本主義と法の理論』前掲 が前者であり、本間重紀「現代財産権論」前掲 が後者の立場から批判している。だが、両者とも、産業資本の再生産における遊休貨幣の形成とその融通関係の分析が欠如しており、根本的に疑問が残る。

(22) 宇野弘蔵「資金論」宇野著作集四巻。同『経済原論』同一巻、四六一〜四六七頁。

(23) 富山康吉「信用制度の法的側面」、「証券経済と法学」前掲書収録。なお、信用制度の限界として、小野英祐「資金と信用」『立正大学経済学季報』一五巻三、四号 を参照。

(24) 岡本眞也「商業信用から銀行信用への発展」『富山大学経済論集』一八巻三号。同「銀行信用と再生産」『金融経済』一五三号。なお、富山康吉は、川合一郎にならい、銀行信用を現金貸借ではなく手形の銀行券への代位から説いている。このため、利息債権の成立は、信用にまったく外的な両替商（銀行家）の介入から説明するしかなくなる。

(25) 資本法としての商法体系に占める手形・小切手法の位置については、実方正雄『商法学総論』有斐閣、一九五五年 が古典であろう。

(26) 富山康吉『現代資本主義と法の理論』前掲 三〇頁。その債権の観念化の強調は、川合一郎『管理通貨と金融資本』の信用創造論に依拠しており、現金貸借と支払い準備を軽視することにつながらざるをえない。

(27) 以下は、宇野弘蔵『恐慌論』著作集五巻 における産業循環論を、物権と債権の対抗と補完の法システムとして読み替えたものである。

(28) 我妻栄『近代法における債権の優越的地位』前掲 三〇八頁。

(29) 同 三一一頁。なお、利潤率の低落傾向については、P.Sweezy ; *The Theory of Capitalist Development*, 1946. 都留重人『資本主義発展の理論』新評論、六章 などを参照。

(30) 川島武宜『所有権法の理論』前掲 三三六頁。富山康吉『現代資本主義と法の理論』前掲 三一頁など。また、本間重紀「独占と株式所有」『法の科学』七号、一九七九年。

(31) この点、宇野学派においても、山口重克『金融機構の理論』東京大学出版会、一九八四年 以降、その門下を中心に、株式資本市場を原理論の内部で展開しようとする傾向が強くなってきている。これは、物権—債権の二元論的パラダイムによる法学原理論（財産法体系）の完結性を否定するものであり首肯しえない。

(32) 大隅健一郎『株式会社法変遷論』有斐閣、一九五三年（新版 二〇〇一年）。なお、鷹巣信孝「企業形態としての株式会社の形成過程」『佐賀大学経済論集』一一巻三号 も参照。

(33) 宇野弘蔵『経済政策論』宇野著作集七巻、一九五一〜二〇四頁。遠藤湘吉編『帝国主義論・下』東京大学出版会、一九六一年（新版一九九六年）、二八七〜三五二頁。

(34) 宇野弘蔵『経済政策論』前掲 一八三〜一九五頁。戸原四郎『ドイツ金融資本の成立過程』東京大学出版会、一九六〇年（新版一九八六年）。武田隆夫編『帝国主義論・上』東京大学出版会、一九六一年（新版一九九六年）。大野英二『ドイツ金融資本成立史論』有斐閣、一九五六年（新版二〇〇三年）などを参照。なお、降旗節雄『帝国主義論の史的展開』現代評論社、一九七二年、降旗著作集三巻、二〇〇三年 収録 は、エンゲルス、パルヴス、カウツキー、ルクセンブルク、ホブソン、レーニンそれぞれの検討の上に、帝国主義論を方法論的に再編するものであり貴重である。

(35) 我妻栄 前掲書、三一四〜三一九頁。

(36) **K. Renner ;** ***Die Rechtsinstitute des Privatrechts und ihre sozial Funktion*****, 1929.** 加藤正男訳『私法制度の社会的機能』法律文化社、一九六八年。これに対して古くは、F・コンスタンチーノフ『史的唯物論』大月書店、一九六八年 いらい、細野武男「レンナー法社会学の方法」『立命館法学』二七号や、森英樹「オーストリア・マルクス主義とその法理論」『マルクス主義法学講座』第二巻、一九七八年、一六七〜一九〇頁など、公式主義的な批判は多い。しかし、レンナーや我妻の最終的評価は、ドイツ修正主義論争や日本資本主義論争の方法論的再検討を離れてありえないであろう。

(37) この点について、宇野弘蔵「資本主義の組織化と民主主義」宇野著作集八巻、同「経済政策論・補記」同七巻、二四四〜二四八頁 を参照。

第四章　地代論と土地所有権

一　はじめに

土地の所有権は無根拠の上に築きあげられたイデオロギーである。人は物の「所有権」を、他者からの購買や相続、すなわち譲渡をつうじて取得する。そして「他者」もまた、別の他者から譲渡をつうじて所有権を取得する以外にない。それゆえ「所有権」は、商品経済的な流通の連鎖によってしかその正当性を主張しえない。なるほど、土地以外の動産や不動産の「所有権」については、こうした流通の出発点に人間による生産行為を想定して、自己の労働の結晶であることを「所有権」の最終的権原とすることが、少なくとも法イデオロギー的には可能かもしれない。だが土地所有はそれさえもできない。それは、けっきょくどこまで流通を遡っても、最終的な正当性の権原にはたどりつけない。しかし、土地所有という観念は、無根拠の循環上につねに自明で妥当なものとして峻立し、たえず人々の日常規範を拘束しつづけている。

それゆえ近代の社会思想家たちは、土地所有の弁護にあるいはその否定に厖大なエネルギーを費やしてきた。ジョン・ロックに始まる自然法的な社会契約論者やアダム・スミスら古典派の経済学者たちは、土地所有を、人間が自己の労働生産行為をいとなむ基盤として評価し、逆に、同じ流れに属するリカードウ左派やプルードン主義者たちは、これを、生活資料の不平等な配分の原因として告発してきた。両者の相克は、私有と公有あるいは所有と非所有というさまざまに彩られた理想をつくりあげ、土地所有権は、つねにこれらの危ういアンビヴァレンスの上に築かれたイデオロギー的対立の争点でありつづけてきた。

このことは、近代世界のもっとも透徹した観察者のひとりであるマルクスといえども例外ではなかった。マルクスは、『剰余価値学説史』や『資本論』第三巻において、土地所有権を、資本主義したがって近代的所有制度の中軸をなす「永続的基礎」として位置づけて評価するとともに、もう一方では、資本主義にとって「余計なもの」、「無用の癌」であるとして批判するという、矛盾し混乱した記述をおこなっている。それゆえ今日においても、経済学の世界では、土地所有と資本主義的生産すなわち地代論というプロブレマティクが容易に解きえない難問として立ちはだかり、また、法学の世界では、こうした土地所有権に利用権を対抗させるシェーマによって、近代的土地所有権とは何かをめぐる論争がくりかえされてきた。

そこでこの章では、まず、マルクスの経済学批判体系に占める土地所有の位置とその問題点を明らかにする。次にこれをふまえて、資本主義における土地所有の意義を地代論をつうじて解明することを試みる。そしてこれに照らして、近代の法イデオロギーに占める土地所有権と利用権（賃借権）の関係について考察してみたいと思う。

二　マルクスの土地所有論

1　自由な農民的土地所有

マルクスは、『経済学批判要綱』において、人間の本源的所有なるものを、「自分に属するものとしての、自分のものとしての人間固有の定在とともに前提されたものとしての自然的諸条件に対する人間の関係行為[1]」と規定している。すなわちマルクスは、ロックと同様に、諸個人は自己の身体について固有の権利をもつという自然法的な自己所有権観を前提にし、そこから自己の労働と、さらには労働による生産物に対する所有権を導きだした。しかもマルクスは、こうした所有権の正当性を、たんに自己の労働生産物にとどめず、労働の前提である自然的諸条件にまで拡大

してしまうことになる。マルクスはいう、

「（所有権の正当性が）繁栄し全勢力を発揮する十分な典型的形態を獲得するのは、ただ、労働者が自分の取り扱う労働条件の自由な所有者である場合、すなわち農民は自分が耕す畑の、手工業者は彼が老練な腕で使いこなす道具の自由な所有者である場合だけである。[2]」

このように、マルクスは『資本論』第一巻においても、「自由な農民的土地所有」なるものを、とりもなおさず直接生産者による労働条件の所有、すなわち小生産者的な小経営に基盤をもつものと考えていた。もっとも、小生産者の典型とされる農民の自分の耕す畑（土地）に対する所有は、「労働の媒介なくして行なわれ、しかも労働の前提としてそれに先行する[3]」ものであり、これらの条件は、「あらかじめ存在するところの彼の労働の前提であって労働の結果ではない」。それは労働生産物である手工業者の道具の所有とは異なり、労働にもとづく直接的な所有権の正当な対象に含めることはできない。土地所有はただ、労働生産物に対する所有権から抽象された物に対する一般的な所有権の観念が成立したとき、この観念を支える一般的基礎として同様の観念が認められるというにすぎない。

けれどもマルクスにとって、「個々独立の労働個体と彼の労働諸条件との癒合による私的所有」こそは、人間の個人的独立が発展する基礎である。土地という自然諸条件は、農民において「彼の皮膚や感覚器官と同様に……いわば延長された自分の身体をなすもの[4]」であり、この限りでは、手工業者の道具に対する関係となんら異なるところはない。こうして自由な土地所有は、労働者の身体と一体のものとして評価される。すなわち土地所有は、一定の制約のもとではあれ、「自己の労働にもとづく所有」の根幹に位置づけられ、これと不可分のものとして評価されることになったのである。

2 資本主義的土地所有

では、これに対して、資本主義のもとにおける土地所有はどのように評価されるか。マルクスは、資本主義の成立をなによりも「農民からの土地収奪」に見いだした。ただしそれは、いわゆる原始的蓄積による共同体的所有の解体ではなく、「個々独立の労働個体と彼の労働諸条件との癒合にもとづく私的所有の否定」[5]であるとされる。すなわち、資本主義的土地所有とは、とりもなおさず直接生産者と生産諸条件の分離であり、労働投下と土地所有の対立である。資本主義的生産において資本は、購入した労働力を可変資本として生産的に投下する。それゆえ資本は「蓄積された労働」としてその労働生産物を所有することができるが、土地所有はあらかじめ資本にとって外部的な存在であり、賃貸借をつうじて利用するしかない。したがっていかなる意味においても、土地所有は、資本主義的所有権のうちに正当な位置を得られないのである。マルクスはいう、

「資本の形式によれば、生きた労働は、原料に対しても道具に対しても消極的に非所有として関係するが、この形式にはまず第一に、土地の非所有が含まれている、すなわち、労働する個人が彼自身のものとして大地に関係する状態、つまり土地の所有者として労働し生産する状態が否定されている。」「土地の独占は、何らかの形態で大衆の搾取に基礎をおくすべての従前の生産様式と同様に、資本主義的生産様式の前提であり、またその永続的な基礎である。しかし当初の資本主義的生産様式が見いだす土地所有がとっている形態は、それに適合しない。それに適合する形態は、農業が資本のもとに従属せしめられることによって、はじめてこの生産様式のもとにつくりだされるのである。[6]」

こうしてマルクスにとって土地所有は、小生産者社会にとっては「永続的基礎」であるが、逆に、資本主義的発展にとっては「余計なもの」「無用の癌」として位置づけられたのである。すなわち、前者が、近代の典型として独立

自営農民モデルを前提にして、自己の延長された身体として土地所有権を位置づけて評価するのに対して、後者は、資本主義的生産モデルにしたがって、土地所有を、資本の労働投下を外部から規制する束縛として位置づけ、その制限または廃止の必然性を説くものであったといえよう。

三　法学における近代的土地所有権論争

こうしたマルクスにおける二層の土地所有論は、日本の法学における「近代的土地所有権論争」なるものへと受け継がれていった。

1　土地所有権の私的絶対説

日本における土地所有権理論の出発点は、なにより第二次大戦直後に公刊された川島武宜の『所有権法の理論』に求めることができる。

川島は、法解釈学が人の物に対する支配をもって所有権を説明する論理を批判し、その根拠を人と人の関係のあり方にも求める見解を提起した。そして『資本論』第一巻が資本主義社会の基礎形態である「商品」から論理を展開したのにならって、近代的所有権のメルクマールを商品所有権としての「私的性質」「観念性」「絶対性」に求めた。商品が交換されるためには、人間が独立した法的主体として商品に対する全面的支配権を確立していなければならない。このことは土地についても当てはまる。すなわち土地所有権の確立には、近代市民革命によって共同体的な土地の支配が解体し、現実的な支配や利用とともに私的主体による観念的な支配の根拠が土地の上に全面的に成立しなければならない(7)。それはまさに、近代市民革命およびそれを支えたとされる独立小生産者の「自己の労働にもとづく所有」を全面的に賛美するものであった。

そしてこれを歴史的に実証するために、甲斐道太郎は、中世イギリスにおいて成立した土地の保有権（freehold）の発展過程を研究した。すなわち土地保有権が、国王の上級領有権を否定して完全な私的・絶対的な所有権に接近していくプロセスを克明にたどったのである。また、望月礼二郎は、絶対主義の衰退期における謄本保有権（copyhold）の近代化過程から同じテーマにいどんだ。市民革命によりコモン・ロー優位の原則が確立し、それまでの謄本保有が慣習法上の権利として承認され、はじめて画一的で普遍的な土地所有権が形成されたことを明らかにしたのである。(8)

2　土地利用権の優位説

他方、このような川島武宜以来の理論に対して、水本浩らが全面的な批判を展開した。

水本は、同じようにイギリス不動産法を素材としながら、逆に、土地利用権すなわち定期保有権（leasehold）の発展プロセスを中心に考察をすすめた。定期保有権は、当初は債権に近い人的財産にすぎなかったが、一七世紀から一九世紀にかけてしだいに物的財産（real property）に転化していった。そして第二次農業革命を経過するころには、対抗力、期間の安定性、譲渡や転貸の効力をそなえ、大陸法の物権に相当するものになったという。

水本によれば、資本主義における近代的土地所有権は、川島らのいう商品としての所有の性質を備えるだけではいまだ不十分である。むしろ一九世紀の産業革命期に確立する資本家的農業経営をになう条件を獲得することがそのメルクマールとなる。土地所有権が利用権者である借地農資本を圧迫しないような形態、いいかえれば土地所有権が土地の用益権に従属するのが、近代的土地所有権の法規範的な構造である。このことは、農地法とまったく同様に借地借家法にもあてはまる。抵当権の設定と譲渡の自由によって、借地営業資本の不動産利用権が所有権に優越するのが近代不動産法の特色であるということになる。(9)

そして、この水本理論を発展させて、渡辺洋三や宮川澄はマルクスの地代論に依拠しつつ、川島の説いたローマ・大陸法における土地所有権の絶対性の観念そのものに対して、全面的な批判を展開した。渡辺はいう、資本主義社会において土地に所有が認められるのは、労働生産物の所有が所有権一般として保障されることの反映にすぎない。したがって、川島が近代的土地所有権のメルクマールにあげた私的・絶対的性質は、近代法としては転倒しており、資本主義のもとではほんらい保護するに値しない封建的なものである。それは近代化の不徹底をものがたる。土地については、投下資本の基盤となる用益権つまり不動産賃借権が物権化して優位にたち、土地所有権はたんなるその侍女として消極的な地代の取得権原となるのが近代法の完成形態である。(10)すなわち渡辺＝宮川説は、資本が労働を投下する近代資本主義に対する全面的な評価のもとに、「労働にもとづかない」土地所有者の権利の規範的根拠を否定するロジックであった。

3 プロセスとしての近代化説

このいわゆる近代的土地所有権論争は、その後、甲斐道太郎や稲本洋之助らによって、所有権の私的絶対性（小生産）と所有権の利用権への従属（資本主義的生産）という二つのシェーマを固定して捉えるのではなく、両者の過渡期を「きわめて弾力のある歴史プロセス」として把握すべきであるという折衷案が提起されることになる。(11)この「プロセスとしての近代化」論によれば、近代的土地所有権の構造は一つの首尾一貫した「原理論」として描くことはできず、あくまでも各国の特殊性を考慮した「段階論」的把握にゆだねられなければならないという。

こうした主張は、一見するとそのターミノロジーにおいていかにも宇野理論にもとづいた問題提起のようにみえる。しかし残念ながら、その基軸となる二つのシェーマそのものが、じつは単純商品生産社会と資本主義社会を理念的かつ理想主義的に描きあげて、前者から後者への発展を歴史必然的な道筋とみなすものにすぎない。それは、マルクスのいう「自由な農民的土地所有」と「資本主義主義的土地所有」にそのまま依拠し、そこに土地所有権と利用権との対抗関係を読み込んだものにほかならない。そうである以上、それらを仮に「段階論」と名づけていかに柔軟なプロセスを描こうとも、不均等発展する各国の軋轢に規定された世界史的な所有関係の違いを包括する理論にはなりえない。それが、西欧近代の理想化を根本的に克服できなかったのは、当然のなりゆきだったといえよう。

四　土地所有権の諸学説に対する批判

1　土地所有権の私的絶対説批判

いうまでもなく、封建社会においては、国王、領主の権力的領有と農民などによる身分的土地保有が共同体の上に重畳的に編成されており、語の厳密な意味での「所有権」は存在しない。これに対して一五～一七世紀の絶対王政期における商品経済の発展は、生産物地代から貨幣地代への転換をもたらした。それは共同体による規範を著しく弛緩させ、しだいに契約による土地の所有権への接近を可能にするものであった。そのさい、力をつけた下級の土地保有者が地代の軽減をうけ、さらには地代の支払い義務を買い戻すことによって自由な経営権を獲得する。あるいは上級の土地保有者が土地に対する独占的支配権を確立し、農民に賃貸する形態が生じてくる。前者が小生産者による自由な農民的小経営であり、後者は小農的借地経営といわれるものである。

なるほど農民的小経営においては経営を圧迫する地主はいない。それゆえ農民自身が「自由な土地所有権者」として現われる。これに対して小農的借地経営では、農民にわずかに生じる利潤のほとんどが地主に地代として奪われ、土地は農民に外部的に対立する「絶対的な所有権」として現われる。それゆえ「土地所有権の自由・絶対性」という法イデオロギーは、前者では農民自身の自由な自立の根拠として、後者では農民の経営を圧迫する強大な権力として現われるようにみえる。両者はいっけん対極的形態をとるようにみえる。

①　農民的小経営における土地所有権

まず、農民的小経営はどのような所有権の法イデオロギーを形成するであろうか。

マルクスは『資本論』第一巻では、それを「労働条件と労働個体の直接的な癒合」と表現し、農民を、何者にも拘束されず自己の労働にもとづいて生産物を所有する独立・自由の主体として描いていた。しかし『資本論』第三巻の地代論をふまえた第四七章五節では、マルクスの農民観もいくらか異なったものになってくる。

たしかに自営農民は、労働者と資本家と地主という現実の社会関係を一個の人格に凝縮した存在である。したがって、こうした三位一体的人格のもとでは、土地所有は労働と資本の投下に対する制限として機能しない。したがって土地所有が経営の外部から農産物の価格を制約することもない。もちろんここでも、不変資本cと労働力の価値部分にあたる生活費vの合計が最劣等地の農産物価格を形成するはずである。それゆえこれを超える優等地の農産物は市場価格を超過して「差額地代」として農民の所有に帰属するかもしれない。しかし農民自身が土地の自由な利用者なのだから、土地が資本投下に対する制約になることはありえず、マルクスのいうように「平均的には絶対地代は存在しないものと、つまり最劣等地は地代を支払わないものとみなしてよい[12]」。

しかしここでは、分割された土地における農民の再生産が、なにより生産の基盤である農耕地の取得にかかっている点に注意しなければならない。もともと農民は、封建地代の支払い義務を買い戻すことによって土地を獲得したのであり、多くの場合、農耕地を所有するために第三者である抵当権者から資金を借りている。そのため、利子zの支払いが絶対条件となり、一般的に農産物の価格はc＋v＋zの水準で決定される。しかしながら農民の貧困は、ときには利子部分が労働力価格にまで食い込み、小農の経営基盤をいっそう劣悪化することになる。この抵当権に対して支払う利子が、最劣等地の土地価格を形成する基準となる[13]。そのうえ、小経営が乱立する場合や農民が自作農地を求めて競争する場合は、土地そのものが生存の必要最低条件として現われる。このため、土地の需要の拡大につれて、利子率と無関係にあるいは利子率に反比例して土地の獲得価格が上昇する傾向が生じる。土地はますます細分化され、所有を求める農民の数が増すにつれて、それはいっそう高騰することになる。

このような労賃に食い込む、あるいは労賃よりも高い利子の支払いが、土地価格としての「私的・絶対的な所有権」を支えている。こうして資本主義初期の直接生産者による土地の所有権は、川島武宜らの法学者が思い描くような、独立した自由な人格を支える「自己の労働にもとづく」バラ色の法理念とはおよそ異なったものとなる。それは、資本主義のなかに局所的かつ一時的に存在する、たえず貧困と動揺、没落の可能性を秘めた不安的で部分的な所有形態にすぎないのである。

② 小農的借地経営における土地所有権

これに対して、小農的借地経営においてはどのような土地所有権の法イデオロギーが成立するのであろうか。借地経営では、当然にも農民は小作料としての地代を支払わなければ土地を利用し耕作することは許されない。こうした小作契約における賃貸借においては、一般に農民はその生産物の多くを自家消費にあてるため、農産物価格は必ずしも平均利潤pを実現することを必要としない。自らの経営のために要した費用cと自己の生活費にあたる労賃部分vの合計であるいわゆる費用価格v＋cの水準が、生産物の価格の限界を画するといわれる。それゆえこれを超える分は、たとえ生産価格に達しなくても、ひとまずある種の「差額地代」といえるかもしれない。

では、最劣等地についてはどうか。いうまでもなく地主は、いかなる劣等地についても無償の利用を許さず、そこでも「利潤に対して独立した範疇」ではないが「労賃に対して独立した範疇」としての地代を要求するはずである。一般にそれは、労賃にあたる自家消費分を越える価格を「絶対地代」として要求し、農産物の市場価格を高騰させて農民の経営を圧迫することになる。しかも、資本主義的生産は都市の工業を中心に発達するため、農村は産業予備軍の潜在的なプールとなり、農民は往々にして過度な競争にさらされる。この場合、市場価格の上昇をともなわないときでさえ、農民は「自分自身に支払う労賃」を肉体的な生存の最低限度まで引き下げて、「利潤だけでなく労賃の一部分からの控除分[14]」を地代として地主に支払わなければならない。こうした事情が、小作農民について地代負担の高率性をもたらし、農民の土地利用を制限する原因となる。

もちろんこうした「絶対地代」ないし最劣等地の地代は、新たな劣等地が耕作圏に入ることにともなって「差額地代」に包含されるといえるかもしれない。とはいえ、こうした一種の「絶対地代」こそが、土地所有権の正当性を成立させている。すなわち、いかなる劣等地であれ、地代を利子率で資本に還元した水準で土地価格が成立し、これが地主にとって「自由・絶対の土地所有権」を保障する根拠になっているのである。

③ 原始的蓄積期の土地所有権

以上のように、農民的小経営および借地経営において成立する土地所有権の自由・絶対的性格は、マルクスの言葉を借りれば、「生産者にとって費用価格の要素である土地価格、および生産物にとっての生産価格の非要素である土地価格」の法的表現として現われる。(15) したがってこれらの土地所有権は、地代の高率化と土地価格の高騰の原因をなし、多くの場合、農民の剰余労働はおろかその必要労働の一部をも奪い取り、農民の自立を困難にしていたといえよう。それは決して、マルクスが『資本論』第一巻で説いたような、自分のものとしての人間固有の身体とともに前提された労働による自然的生産条件に対する関係行為、すなわち「自己の労働にもとづく所有」の本源的条件とみなすことはできない。

じっさいこうした農民的経営がもっとも典型的に実現したとされるのは、一九世紀中頃のフランスであった。小農の分割地所有の孤立と分散そして零落こそが、ルイ・ボナパルトの独裁を生みだし、五〇万人の軍隊と官僚制組織をそなえた無制限の統治権力を成立させた。このことを明らかにしたのは、ほかならぬマルクス自身のフランス三部作(16)だったのである。

しかしながら、あらためて強調するまでもなく、こうした小農的経営および借地農的経営はそれ自体として存在しているのではなく、したがって直接にその所有の法規範的な根拠を確立するものではない。農民における「自由・絶対の所有権」が仮に近代的所有権としての意義をもつにしても、それは市民革命の理念や独立小生産者モデルなるものを基準にしてその意味を判定されるべきではないだろう。それはまさに法形式的な一物一権によって共同体を解体させ、都市の工業部門に商品としての労働力を提供するかぎりにおいて存在するにすぎない。むしろ、資本主義的蓄積における労働力の吸収の脆弱性が、どれほど貧困化しようとも小地片にしがみつくしかない小農や借地農を生みだしたといえよう。それゆえ、小経営農民や借地農民は、社会的な市場メカニズムに包まれることで、資本主義社会の局所的な一部分としてのみ存続する。マルクスのいうように、

「資本主義的生産によって支配される社会状態の内部では、非資本家である生産者も資本家的な観念によって支配されざるを得ない。(17)」

それゆえ、こうした小農ないし借地農の経営に『資本論』の地代カテゴリーを直接に適用することはできない。それはあくまでも、完成した資本主義地代からのアナロジーにとどまるというべきである。けっして「プロセスとしての近代化論」が主張したような農民的土地所有が資本主義的土地所有に発展するのではなく、まったく逆に、資本主義的土地所有の法形式的確立が、農民的土地所有の部分的存在を可能にしているのである。

2　土地所有権の利用権への従属説批判

つぎに、完成した資本主義社会においては土地所有権は法規範的な正当性をもたない。それゆえそこでは、土地の所有権は資本家的用益すなわち土地の利用権に従属するはずであるという見解を検討することにしたい。先にみたようにこうした主張は、経済的には一九世紀イギリスにおける農業の資本主義化に対応する借地形態の解明として行なわれた。また法的には、労働の蓄積である資本家の利潤の所有に対比して、労働生産物でない土地の所有権を、根拠のない「余計なもの」「無用の癌」とみなすべきことの論拠として提起されている。

①　歴史的前提としての「絶対地代」

仮に資本主義に対して「土地所有権の絶対性」をひとつの「歴史的前提」と考えるならば、なるほどマルクスのいうように「資本主義的生産様式がその開始にあたって当面する土地の所有形態は、この生産様式に適合していない」ことになる。じっさいマルクスも、『剰余価値学説史』では、こうした考え方にたって土地所有を次のように位置づける、

「近代的土地所有は封建的な土地所有である。ただそれに対する資本の作用によって変化させられ、したがって近代的土地所有としての形態をとって受け継がれただけのものであり、資本家的生産の結果である。[18]」

たしかに、いわゆる〝弁証法〟的な歴史発展論の立場にたてば、近代的所有権の確立は、封建的所有形態から資本家的な農業経営に適合した土地の所有形態への転換の歴史プロセスをたどることがテーマとならざるをえないかもしれない。その場合、資本主義における土地の豊度や位置の結果である差額地代に先行して、当然にも、利用者が賃借料を支払わなければ土地の耕作を許されないという、歴史的かつ法的な事実としての「絶対地代」がまず問題にならざるをえない。ここでは、「土地所有の独占」が資本の投下を阻害し、資本家である土地利用者に、農産物の市場価格が、費用価格c＋vに平均利潤pを加えた価格つまり生産価格を超えるまでは土地の利用を許さないという絶対的制約が立ちはだかる。それは利潤の超過分が均等化することを妨げ、土地所有者は、「土地所有そのものを創造的要因とする地代」を利用者に要求することになる。

これはある種の「独占地代」といってもよいかもしれない。すなわち、ほんらい平均利潤として資本家のものになるはずの社会的剰余価値に対して、土地所有者が外部から一方的に分与を強制する関係である。もちろんマルクスは、農業資本の有機的構成が全社会の平均以下の低い状態にあると想定することによって、農産物の市場価格が生産価格よりも一定程度高くなることを前提としている。したがってその「絶対地代」は、なお「価値どおりの販売」にもとづく地代の限度の範囲内で存在を肯定されているといえる。しかしながら、いうまでもなく『資本論』の第三巻では、「生産価格にもとづく販売」そのものが市場メカニズムの具体的な実現形態である。ここに「価値どおりの販売」というフィクションを持ち込むことは論理の混乱であろう。したがって絶対地代を「価値を超える独占地代」と区別して資本家による土地利用の許容範囲におさめようとすることに根本的難点がある。それは際限なく膨らむものといわざるをえない。

それゆえ、「自由・絶対の土地所有権」が土地の利用権を抑圧するものとみなすならば、「絶対地代」なるものは独占地代であり、なるほど「前近代的で封建的な土地所有」を表現するということにもなろう。歴史理論にしたがえば、これを、しだいに市場メカニズムそのものによって生じる差額地代に押し込むことによって、はじめて農業資本家の土地利用権に従属する「近代的土地所有権」が確立するという論理も成り立つはずである。法学における不動産賃借権の物権化を近代化とみなす理論は、この歴史的な移行プロセスを土地所有権と利用権との対抗のコンテキストに読み込んだものといえよう。

もちろん、こうした絶対地代をア・プリオリな前提とし、そこから差額地代へ移行するロジックは、現行の『資本論』第三巻における地代論の論理展開とはまったく逆さまのものである。しかしながらマルクス自身も、一八六二年の『剰余価値学説史』や一八六八年の『資本論第三巻草稿』では、いまだこのような歴史主義的な地代論の展開を試みようとしていた。こうしたマルクスが当初予定しながら果たせなかった「独立の土地所有論」プランをふまえ、K・J・カウツキーは、自ら編集した『剰余価値学説史』の第二巻序文において、「『資本論』の場合とは逆に絶対地代の説明が先に来なければならない」と主張する。

こうして、マルクスのプランやカウツキーの方法論においては、資本の所有が土地の所有に対抗しこれを制圧する歴史プロセスが、絶対地代から差額地代への〝弁証法〟的発展によってたどられることになるのである。

② 歴史過程としての「差額地代Ⅱ」

農業においては、同一面積の土地に同量の資本および労働を投下しても農産物の収穫量に差異が生じる。これは自然的な土地の豊度や位置の違いによるものであり、これによって形成される超過利潤がいっぱんに差額地代Ⅰと呼ばれる。また、同一の土地に同額の資本がそれぞれ異なる生産性をもって継続的に投下された場合、ここに生じる超過利潤は差額地代Ⅱと呼ばれる。この場合、歴史的な順序にしたがえば、なるほど土地の所有権が資本の運動の結果としての土地の利用権になお一定の制約を課す、「差額地代Ⅱ」の方が先に問題となるはずである。

マルクスの方式にしたがえば、まず優等地であれ劣等地であれ、すでに耕された土地に部分的に追加投資を行なった場合、継続的な投資においてしだいに生産性の逓減がみられるケースを想定する。この追加投資は従来の投資と分離されて、資本の超過利潤の均等化を妨げる。しかも最終の追加投資が最劣等地よりも低い生産性の場合、この追加利潤が単独で平均利潤を確保できるレヴェルまで市場価格が上昇することになり、最劣等地についてもいわゆる差額地代Ⅱが成立することになるという[20]のである。

ここでは、とりあえず、市場調整価格が最劣等地への投資から最終の追加投資へと変更され、最劣等地の地代は、絶対地代から差額地代Ⅱへと移行したことになる。しかしながら、最劣等投資において超過利潤が形成される根拠そのものは農産物の市場価格の上昇に求められており、この根本的原因は、いまだ近代的正当性のない「土地所有権の絶対性」を前提とする点にある。すなわち、土地所有が資本の追加投資に対して外部的に制限をなす権能に求められているといってよいだろう。さらにマルクスは、最劣等地にしだいに収穫が逓増する追加投資を行なう場合を考慮している。技術改善された追加投資が最劣等地の小さな部分にとどまる場合は、第一次の投資と合体されず、平均した生産価格つまり市場の調整価格を低下させる方向には作用しない。すなわち「土地所有権の自由・絶対性」が、先の投資による調整価格をそのまま単独で固定して、逆に、第二次投資より後の超過利潤を順次、地代化していくという捉え方である。

ほんらい差額地代Ⅱは、同一地における時間的な投資の堆積を表現する構造的な論理である。ここにおいて「土地所有権」は、市場における資本の自由な競争関係にひとまず従属するはずであり、それゆえ、土地所有が資本による市場価格の形成になんら関与することはありえないはずである。けれども「私的・絶対的な土地所有権」をア・プリオリに歴史的前提とした場合には、資本の追加投資が従来の投資と一体化することを妨げ、そのぶん生産物の価格を上昇させる権能をはたす。すなわち土地所有権が、資本の農業経営による超過利潤の形成に対して、なお外部的な影響を与えるものと想定されているといえよう。こうして資本家は、「自ら超過利潤を目的に資本を追加しながら、これを地代化して土地所有者に渡す[21]」というパラドックスに陥ることになる。

それゆえ、農業資本家の経営活動いいかえれば「土地利用権の自由」を保障するためには、最終的にこれと対立する「土地所有権の私的・絶対的性質」を取り除くことが要請される。すなわち資本家は、技術改善による集約的な追加投資をすすめて、これをそれ以前の投資と一体化させなければならない。つまり差額地代ⅡのⅠ化である。こうして歴史の〝弁証法〟的な土地所有権の発展論は、最終的に、差額地代Ⅱから差額地代Ⅰへの自己発展論に帰結せざるをえないことになる。

③ 土地公有化としての「差額地代Ⅰ」

こうして差額地代Ⅰにおいて、利潤率を均等化する市場メカニズムが完成することになる。「土地所有権」は、資本家的な土地利用が自由に行なわれた単なる結果として、実現された超過利潤の事後的な取得権に落ち着くのである。資本による経営活動は一方的かつ無制約におこなわれ、土地所有権は、優等地の投資から恒常的な超過利潤の分与のみを受ける第三者的権能まで切り詰められる。ここにはじめて、土地の所有権が利用権に従属するという「近代的所有権」のストーリーが完結する。すなわち、資本主義的生産様式にとって「外的前提」にすぎず「封建的な」「まったく余計な者であり」「工業世界においては無用の癌[22]」であった土地所有権の絶対的性格が克服され、土地利用権すなわち「資本による労働投下の自由・絶対性」なるものが全面的に確立するという、「近代化」の〝歴史の弁証法〟ができあがることになる。

だが、このようにして完成した近代的土地所有権とは、法的にいったい何を意味するのであろうか。なるほど法的には、水本浩らがいうように土地の賃借権が対抗力を獲得して物権化し、長期の存続期間を保障され譲渡と転貸の自由が承認されることであると、一応はいえるかもしれない。しかし、こうした土地利用の権利を無条件に保障するためには、自由な資本投下を妨げる要因、いいかえれば市場メカニズム（利潤率の均等化）を妨害して市場価格を騰貴させる原因そのものを取り除かなければならないだろう。すなわち「絶対地代」そのものを除去して、土地所有の権能を「差額地代」に限定する必要がある。

この点は、マルクスの『剰余価値学説史』第二巻をふまえて、K・J・カウツキーやV・I・レーニンが土地公有化論として力説したところであった。たとえばレーニンはいう、

「差額地代は資本家的農業に不可避で固有のものであるが、絶対地代はあらゆる資本家的農業に固有のものではなく、土地の私的所有と、歴史的に与えられた農業の立ち遅れ、独占によって固定された立ち遅れを前提したときのみ固有である。……土地の国有化は差額地代の所有者を変え、絶対地代の存在をくつがえす[23]。」

たしかに差額地代は、もともと土地所有の権能とは何の関係もない。それは、土地の自然条件の差異を根拠にして、優等地の農産物の市場価格が限界投資の生産価格を超えることから生じる、農業経営そのものの産物だといえる。だがレーニンによれば絶対地代はそうではない。それは、土地所有権が資本に対立するものとして存在し、あらかじめ土地に対する資本投下を妨害するものとして存在する。絶対地代は、資本主義の外部から資本の利潤を奪い取る、近代社会にとって法的にも「余計なもの」でしかないのである。

したがって、土地の賃貸借の期間や条件を安定させて、土地利用権の自由を法的に保障するには、資本の運動の自由を妨げる土地所有の権能を最小限まで抑制する、ないしは消滅させるしかないであろう。それゆえ土地利用権である資本投下の自由の要求は、必然的に絶対地代を廃絶する土地公有化論にまで行き着かざるをえない。じじつ歴史的にも土地の公有化ないし国有化の主張は、レーニンやカウツキーら社会主義者のオリジナルではなかった。むしろそれは、資本主義経済を前提としその完成をめざす法政策として、急進リベラリストによって、いっそう強く主張されてきた(24)といってよい。

古典的な例をあげれば、リカードウ派の投下労働価値説の流れをくむJ・S・ミルは、地主の不労所得を批判して、土地の国有化を社会的公正を実現する最良の手段と考えた。また、一九世紀後半にイギリス土地国有化協会を設立したアルフレッド・ウォーレスは、国家が地主から土地を買収し自営農民に貸し付けることを提案した。そのさい彼は、土地価格分については国家が地主に年賦で支払い、土地の改良費については農民の小作料によって補償することを主張している。さらにヘンリー・ジョージは、地租以外の租税を廃止し、地主に対し地代所得のほとんどを吸収する高税を課すことで国家財政をまかなう、いわゆる土地単税論を構想したのである。

すなわち土地の公有化は、人間の労働生産物ではない土地の私的所有を否定し、所有権を、自己の身体とその活動の結果である労働生産物に一元化しようというリベラリズムのひとつの必然的帰結だったのである。

④土地所有権の廃止論

しかしながら、こうした「土地所有の否定」については、すでに論理と歴史の両面から決定的な批判が加えられている。

論理的批判の代表的なものは大内力らによるものである。

大内は、農業資本における超過利潤を源泉とする差額地代について、仮に国家がそれを徴収することが可能であるとしても、絶対地代を消滅させることは根本的に不可能であるという。すなわち第一に、地代をとる優等地と無償で貸し出す最劣等地との判別は困難であり、まして国家が最劣等地の差額地代と絶対地代を見きわめることなど不可能である。しかも国家が最劣等地を無償で貸し出しても、やがてそれは転貸されて事実上の私有地と化さざるをえない。そして第二に、より重要なことは、最劣等地から必ず地代を取らなければ、マルクスが強調するように「農民大衆からの土地の収奪は資本主義的生産様式の基礎をなす」という資本の原始的蓄積そのものが不可能になる。すなわち土地所有の廃止は、資本主義制度の中軸をなす労働力商品の本源的な創出そのものを否定してしまうことになる。(25)

それゆえ大内はいう、土地所有権は、マルクスが『剰余価値学説史』でいうような、「労働諸条件についての私的所有の一つの形態に対する攻撃は、他の形態に対してもきわめて危険なことになるから」とか、「ブルジョアは自らも土地を所有しているから」などという消極的理由で、やむをえず容認されているわけではない。さらに宇野はより積極的にいう、資本主義は、何人にも自由に利用させない土地の所有権を承認することによって、はじめて無産者の労働力を商品として確保できる。すなわち、労働力の商品化によって、ようやく商品による商品の生産が実現され、それゆえ労働の生産物についても商品としての所有権が確立することになるのである。

「土地私有は……資本主義の下に全面的に確立される私有財産制の形式的前提をなすものである。資本主義は、労働生産物でない土地の私有を認めることによって私有制を確立する。労働による私有は、労働力商品の購入によって、また土地の借入れによって資本のもとに初めて認められることになるのであって、土地私有は資本主義と切っても切れない関係にある。(27)」

資本主義における土地所有の否定論についてはまた、歴史的事実の面からも実証的批判が提示されている。

たとえば、椎名重明や戒能通厚は、資本主義の典型とされる一九世紀イギリスの第二次農業革命期においても、現実には土地利用者による改良費償還請求権は保障されておらず、地主に自救的動産差押権が認められていたこと、さらに、大土地所有そのものについても家産的な世襲財産として継承的不動産設定制度が存続しており、いわゆる貴族的大土地所有制度のままであったことを強調する。それゆえ彼らは、土地用益資本の一元的支配を近代のメルクマールとする水本らの学説を批判し、「土地の私的独占のモメント」[28]を資本主義の基礎に据えるべきことを主張する。

こうしたイギリス資本主義における大土地所有制度の実証は、自由・絶対の土地所有権がたんなる歴史的前提にとどまらず、より積極的に資本主義がたえず生みだす法制度としての性格を確認するものであろう。じっさい一九世紀のイギリスでは、その後の農業不況期に継承的不動産権法が改廃されて、現有権者に土地の処分や担保など譲渡の自由が承認された。貴族的大土地所有は、その資産価値を価格によって表示されるものとなったといってよい。このことは、大土地所有制度がたんにイギリスの特殊性ではなく、資本主義的な近代的土地所有権そのものとして位置づけられねばならないことを意味していよう。

こうして資本主義における土地所有権論は、封建的土地所有を前提にして、これを抑制し資本家的な利用権に従属させる〝歴史の弁証法〟的発展論なるものによってはついに解明することができなかったのである。

じじつマルクス自身も、資本を、流通によるメタモルフォーゼとして把握することによって、しだいに「土地所有」を資本に外的に対立する実体としてでなく、資本関係そのものが生みだしていく規範的主体として解明する方向をめざすようになる。

一八六一～六三年の二三冊ノートのなかで、リカードウの地代論の批判をつうじて、生産価格と絶対地代のカテゴリーが明確に定立され、『要綱』のプランが変更されて経済学批判の対象を、剰余価値と利潤・地代の関連をふくむ総体的な「資本」の体系に発展させることになる。そして六三年一月における「資本と利潤」のプランでは、これまで「資本一般」の範囲外にあった蓄積と競争が「資本」の内部に取り込まれ、「土地所有」は、「価値と生産価格の区別の例証」として体系に組みこまれ、最後に「資本と賃労働」で総括する計画[29]が披瀝される。さらに一八六三～六五年には、一二三冊ノートをふたたび全面的に書き直して、「資本」を現実的主体とする諸関係のうちに、賃労働と土地所有の根拠を確定する三度目の準備草稿を書き上げた。いうまでもなくこの具体化が『資本論』であり、そこでは、先にみた「外的」「前提」としての土地所有論は消極化し、ようやく資本自身が形成していく法イデオロギーとしての土地所有権論が姿をみせることになるのである。

いまや、資本主義自体にとって土地所有権のもつ意味を、よりポジティヴに位置づける根本的なパラダイム転換がなされなければならない。

五　資本主義と近代的土地所有権

1　資本主義における土地所有の意義

近代資本主義は、すべての人間関係が商品経済によって一元的に編成される社会システムである。そこにおいて所有権は、商品経済的な契約関係の結節として人の物に対する全面的・包括的・無条件的な支配の権利として現われる。そこでまず、商品経済と土地所有の一般的関係が問題となる。

さしあたり確認すべきは、マルクスのいうように、「商品として流通に入っていく生産物がどんな生産様式の基礎上で生産されたとしても、原生的共同体であろうと、奴隷的生産、または小農的および小市民的生産、あるいは資本主義的生産の基礎上であろうと、それによって生産物の商品としての性格は少しも変わらない(30)」。すなわち商品経済は、共同体間であれ、諸集団間であれ、諸個人間であれ、社会と社会の間に登場し、それが誰によってどのように生産されたのかをまったく問題にしない「生まれながらの平等派」として現われる。つまり商品経済的な「所有」は、生産過程における土地をはじめとする生産手段の所有関係とはなんら内的必然的な関連をもっていないのである。

このことは、いわゆる資本についても当てはまる。それが商品と貨幣から構成されるG—W—G′という流通形式である以上、特定の土地所有形態をまったく前提とせず、土地にいかなる所有者を要請するものでもない。資本主義の市場連関は、ひとまず「土地所有」の存在を捨象しうるし、またそうしなければ純粋な流通形態的編成は不可能なのである。

これに対して、資本主義的生産となるといささか事情は異なってくる。

資本主義的生産とは、資本が生産過程…P…を包み込み、産業資本G—W…P…W′—G′を編成する社会関係である。それゆえその確立は、労働力の購入という「世界史を画する一つの歴史的事件」に依存している。労働力の商品化は、それ以外の商品の流通とその前提を大きく異にしている。それは必ず、それ以前にあった多様な共同体的土地所有を暴力的に解体し、労働力を売る以外に生活の糧がない自由な無産者を形成しなければならないのである。このいわゆる資本の原始的蓄積をになう土地の囲い込み（enclosure movement）のテコとして、はじめて「土地所有」なるものが要請されることになる。

この意味で、排他的な「土地所有」は、資本主義的生産と密接不可分な関係にあり、その「永続的基礎」であるといえるであろう。

むろん、これによってつくり出される土地所有は、先行する共同体の解体の程度に応じて歴史的にさまざまな形態をとりうる。しかし、イギリスの貴族的大土地所有はいうまでもなく、フランス型の小農民的土地所有であろうと、プロシャ型のユンカー的土地所有であろうと、あるいは日本の明治維新後の寄生地主的所有であろうと、一定の農民を労働力商品として共同体から排出するかぎりにおいて、原理的にすべて近代的所有の確立とみなすことができる。そもそも資本主義以前の社会においては、土地は、国王・領主・農民などの身分に応じて重層的・階統的に領有あるいは保有されていたのであって、厳密な意味での一地一主の土地所有権の観念すら存在しなかったのである。

もっとも、こうして形成された「土地所有」が、ただちに、資本主義社会的に承認された法規範としての正当性をもっているわけではない。

かつて川島武宜は近代的所有権の法的メルクマールとして「私的性質」「絶対性」とともに「観念性」をあげた。原始的蓄積において創設される「土地所有」は、それが強制的な土地の「囲い込み」を担うかぎり、いちおう「私的性質」と「絶対性」という条件は充たしているといえるかもしれない。ただしそれは、剥き出しの暴力によって農民を排除するものである以上、社会内のメンバーの承認に支えられているとはいいがたい。したがってこの「私的所有」は、社会的合意に裏づけられた、いわば間主観的に妥当する法規範としての「観念性」をもつとはいえない。それは、法的言語に翻訳すれば、「所有の本権に無関係な物の事実的支配」すなわち占有（Besitz）[31]とみるのが適当であろう。

そこで、こうした言わば理不尽な土地の占有（Grundbesitz）が、どのようにして私的所有権（Privateigentum）として社会的・法的に承認されることになるのか。いいかえれば、資本主義的経済関係に照応する、語の厳密な意味での土地所有権（Grundeigentumsrecht）はいかにして措定されるのか、が問題となる。次に、土地に対して、このような私的所有権の法イデオロギーが確立されるプロセスを、地代論の展開に即して再構成してみたい。

2　差額地代第I形態と土地所有権の形成

以上の方法論にたつとき、大内力が強調するように、地代論の出発点としての差額地代Iは「土地所有権のないところから出発しなければならない[32]」。

たしかに、一方で完成した資本主義の存在を認め、他方で土地所有権が存在しないという仮定を置くのは著しく不自然な想定にみえるかもしれない。もちろん資本主義的生産は労働力の商品化を前提とする以上、なんらかの「土地所有」の存在は暗黙のうちに前提（voraussetzen）とせざるをえないだろう。だが出発点における資本主義の市場メカニズムにおいて、土地所有は、地代の形成に、より正確にいえば差額地代に転化されるはずの超過利潤の形成になんら関与していない。差額地代Iでは、たんに事実としての「土地の占有」があるにとどまり、所有権としての積極的権能は、むしろこれから実際に措定（setzen）されるべきものとして捨象されているといってよい。

わが国の地代論論争では、かつて櫛田民蔵や向坂逸郎らによって、一般の工業部門では市場価値は平均原理によって決定されるが、土地の生産物についてはこれと異なり限界原理が妥当するという見解が主張されたことがあった[33]。土地所有の権能を積極的に前提とする学説であったといえよう。しかしこの見解は首肯しえない。農業部門の競争は、はじめから土地の自然的な量的制限性を考慮して行なわれる。優等地がすべて耕作し尽くされそれ以上拡張しえず、より劣等な土地の耕作に拠らなければ社会的需要に応じることができない場合に、はじめて劣等地は耕作に供される。それゆえ農耕地の利用は、つねにD・リカードウのいう下向序列（収穫逓減）ですすみ、限界地である最劣等地の個別生産価格によって社会的な市場調整価格が決定されることになる。これが農産物の標準的生産力による市場価値規定である。

したがって農業部門でも市場価値の平均原理というメカニズムは、工業部門と同様に作用しており、ただ「土地の自然的有限性」という属性のためにあたかもそれが「限界原理」のように見えるというにすぎない。それゆえこの「限界原理」なるものは、いかなる意味でも土地所有の積極的権能を意味するものではないだろう。

このことは、工業部門における相対的剰余価値の生産と比較してみれば、いっそう明確になる。工業部門の競争においては、新しい機械技術を採用した企業は、いわゆる「強められた労働」によって一時的な超過利潤を得ることができる。しかしこれは、他の企業が同様の技術をひろく採用すれば消滅して利潤率は均等化される。ところが農業部門では、利用する土地の自然的差異にもとづいて、いわゆる「虚偽の社会的価値」である超過利潤が恒常的に生みだされることになる。これは、土地という不均等な自然力を利用した商品経済メカニズムの必然的帰結である[34]。それゆえ、資本はその競争的な資本投下によって正当に平均利潤を取得しうるが、優等地に生じるそれ以上の超過利潤については、自らの所有に帰属させることができない。それは地代として資本の外部に排除され、その取得権原をもつ「人格」として別個の「所有権者」をつくり出さざるをえない。

こうして、市場メカニズムそれ自体が、はじめて自然力としての土地に所有権を要請し、土地そのものに独立した「権利主体」の観念を付与することになる。すなわち、アイロニカルにも資本の自由な競争関係そのものが、自らの外部に、地代の取得権原としての土地所有権者を措定していかざるをえない。それゆえ差額地代Ⅰにおける「土地所有権」はまずは優等地のみであり、その権能も、資本の土地利用権に従属するものにとどまる。

3　差額地代第Ⅱ形態と土地所有権の全面化

マルクスによれば、「差額地代Ⅱの基礎と出発点は、与えられた各時点におけるその運動に関するかぎりでも、差額地代Ⅰである」[35]。いま優等地から順番に劣等地にまで投資が及ぶと、最劣等地以外のすべての土地に所有権が措定されることになる。ついで、最劣等地に投資するよりも優等地に第二次投資を行なった方が生産性が高いと見込まれる場合、差額地代Ⅰの同一面積に同一資本を投じるという条件がはずされ、優等地に最初の投資よりも劣った追加投資が行われることになる。

この場合、土地生産物の市場価格は、いまだ最劣等地の投資による個別生産価格を調整価格として決定され、したがって土地所有権はあいかわらず優等地に成立するにすぎない。すなわち差額地代Ⅰにおける市場価格をそのまま維持して、収穫が逓減する第二次以降の投資による個別の生産価格との差額がそれぞれ追加的に地代化されるだけである。それゆえここでは、最劣等地には地代の取得権原としての所有権が要請されることはない。また、それ以外の優等地に措定された土地所有の権能も、差額地代Ⅰと変わるところがなく、利用権に従属するままであるといってよいだろう。

では、最劣等地にも土地所有権が要請されるのは、いかなる場合であろうか。

当然にもそれは、すでに所有権が措定されている既耕地に最劣等地への投資よりも生産性の低い追加投資が行なわれ、最劣等地そのものが差額地代を取得する権原に転化するケースであろう。もっともマルクスの場合、最劣等地の所有権を導きだすために、最劣等地に収穫の逓増する追加投資が行なわれるという無理な想定をしている。この結果、最劣等地における一次投資が調整価格となり、追加投資による超過利潤の実現がそのまま地代の取得権原となって、最劣等地にも所有権が措定されるというのである。

しかし、こうしたマルクスの論理にはなお疑問が残る。なぜなら、最劣等地の一次投資が依然として調整価格であり続けるためには、当然にも、いまだ追加的に利用できる未耕部分を残していなければならず、ここに所有権が生じない以上、同じ土地の追加投資部分だけに「土地所有権」を措定することは背理だからである。そもそも収穫の逓増によって生じる追加利潤は、機械技術の改善によって生じるものと同じく特別剰余価値の一種である。それゆえ、同様の投資が普及するにつれて、やがては市場価格を低下させ超過利潤そのものを消滅させることになり、地代として固定するとは考えられない。けっきょくマルクスは、農産物の価格を上昇させ超過利潤を単独で固定させるものとして、これから措定すべき「土地所有の権能」をあらかじめ前提としていたといえよう。

こうして最劣等地における土地所有権の確立は、ゆいいつ既耕地に生産性を逓減させる追加投資が行なわれる場合に限られてくる。この場合、市場生産価格は追加投資が平均利潤を獲得できるレヴェルで決定されるのだから、未耕部分が残っている追加投資に直接に「土地所有権」が措定されるのでないことは言うまでもない。優等地に収穫を逓減させる追加投資が行なわれたために、旧来の最劣等地がそれ以上の生産性を有することになり、この最劣等地にも差額地代Ⅱが生じ、したがってその取得権原としての「制限され独占された土地所有権」の観念が現れるのである。[36]

これによって、はじめて優等地から最劣等地にいたるまですべての土地に「資本主義的生産の結果としての土地所有」が措定され、したがって法規範的に正当性を承認された近代的土地所有権の担い手たる「人格」が普遍的に確立するのである。

4　絶対地代と土地所有権の完成

以上の差額地代による土地所有権の成立メカニズムは、資本が相互の競争の結果として超過利潤を排出し、それを地代として受け取る権利の「主体」を外部につくりだす、いわば資本主義の利潤率の均等化によって消極的に生みだされた「土地所有権」であった。いいかえればそれは、資本の土地利用に適合的な土地所有権であったといってもよい。ところが、この論理は差額地代Ⅰ、Ⅱの展開の結果、人々の意識には転倒して観念されることとなる。つまりあらゆる土地に所有権が設定されると、まえもって土地に所有主体なるものが自存して、しかる後にこれが逆に土地の利用を許可するという逆立ちした意識が生みだされることになる。たとえば大内力は次のように表現する、

「耕作されるすべての土地に地代が生ずることを前提として、これから耕作されるべき土地にもあらかじめ地代を要求する根拠が与えられ、したがってそこにも土地所有の独立の基礎が与えられる。[37]」

すなわち、最劣等の既耕地に差額地代が成立すると、それより生産性の低い土地もいずれは利用される可能性が認められ、あらゆる土地にまえもって所有権のイデオロギー的主体が設定される。じっさいすべての優等地に第二次投資がおこなわれても社会的需要が充たされないと仮定すれば、最劣等地の既耕地の第二次よりも未耕地への新規投資の方が生産性が高い場合、資本はこうした限界地へと向かわざるをえない。この限界地に生じる地代は、最劣等地への投資や優等地への追加投資による市場生産価格の調整とかかわりなく成立するのであり、したがって土地の生産性の差異にもとづく差額地代ではない。それは、資本に対して無償の利用を認めないという、土地所有の「絶対的権能」それ自体によって生みだされる地代として観念される。これが絶対地代と呼ばれるゆえんである。

ここにおいて土地所有は、「資本が平均利潤として処理しうるような社会的剰余価値に対しても積極的に分与を要求しうる[38]」権利として登場する。この点を捉えて宇野弘蔵は、絶対地代は「直接の生産者を土地から分離した代償を資本主義自身が支払うもの」であり、土地所有権に対する資本の譲歩を意味するという。だが、むしろ絶対地代は、差額地代Ⅱによってあらゆる土地に私的所有が確立されたことを根拠にして、はじめてその存立意義が見いだされる。それは、宇野のいうような労働力商品を創出するメタルの裏面である事実としての土地占有（Grundbesitz）にとどまらず、むしろ、資本主義の市場メカニズムそのものが自己の運動をみずから制限する規範的「主体」として積極的かつ最終的に措定する私的所有権（Privateigentumsrecht）であろう。

こうして確立した土地所有の権能は、農業部門の内部において生産された剰余価値が平均利潤として均等化するのを妨げ、農産物の市場価格を上昇させて新たに地代をつくりだす。それは明らかに資本にとっての「空費」であり、生産価格を形成する市場メカニズムそのものに一定の修正をもたらす。絶対地代は、いわば資本自身が自らの運動に対して制度的制約を課すものとして、土地所有権を承認するものであるといってもよいかもしれない。それゆえ、こうした土地所有の権能は、限界地の農産物が生産価格を超過することに対応して優等地の地代をも増加させ、一般に生産物あたり均一の絶対地代をつくりだす[39]ことに帰着する。

そしてまた、このことによって、資本主義社会に占める土地所有権の位置が最終的に決定されることになる。所有権があらゆる土地に確立されることで、土地所有は、あたかもそれ自身で自存する「天賦の権利」であるかのように錯認されるからである。現実的関係としては土地所有は地代を受けとる権利として創出されたのであるが、法イデオロギー的には、逆立ちして、あらかじめ土地に所有権が存在するので利用者は地代を支払って借地するものと観念される。ここに、私的所有権のフェティシズムが完成する。この点をマルクスはつぎのように表現する。

「あたかも、生産物が、資本および資本の人格化にすぎない資本家において、その生産物に対する自動的な力能となるのとまったく同様に、土地は、土地所有者において人格化されて自動的な力能となって暴れまわり、その産出をたすけた生産物の分け前を自分の権利として要求するのである。[40]」

5　私的所有権の物神性

このようにして確立された私的かつ絶対的な所有権は、法イデオロギーとしてみれば、労働の生産物とまったく同様に、商品所有権としての「観念性」を表示することになる。

あらゆる土地に地代が成立することになると、地代という土地収入が一般利子率によって利子に換算され、すべての土地を擬制資本に見立てた土地価格が形成されることになる。ここに、はじめて土地は、自由に売買できる商品として、あらゆる物と同じ抽象的で均質的な「観念性」をもった近代的所有権の一般的対象となる。それゆえ地代の支払いという社会関係が土地所有権を要請したという深層構造は覆い隠され、近代人の意識においては、土地所有権は、「私的性格」「絶対性」に加えて「観念性」を備えた、あらかじめ法規範的正当性をもつものとして現われる。いまや土地所有権は、社会のすべてのメンバーに自明のものとして承認され、誰も疑わない完全な普遍的法イデオロギーとなりえたのである。

それゆえ、資本家・地主・賃労働者から成り立つ資本主義社会は、法イデオロギー上は、所有権の不可侵、契約の自由、過失責任主義にもとづいて平等な人格がとりむすぶ三位一体的な市民法的関係としてしか表象されない。そこではすでに、「自己の労働」による根拠づけをメルクマールとした労働生産物の所有権とこれに外的な土地所有権との区別・対立のシェーマは、完全にそのレゾンデートルを失っている。いまや人間はあらゆる有体物に対して使用・収益・処分の権原である完全な所有権をもつ。しかもこうした所有権は、いっさいの社会関係を捨象されたたんなる「人」の「物」に対する抽象的支配を示すものとして、超歴史的で普遍的な「人格」の内在的属性というイデオロギーのもとに現われるのである。マルクスはいう、

「自由な私的所有権という法的観念は、土地所有者が土地を自由に処分しうるのは各商品所有者が自分の商品を自由に処分しうることと同じだ、という以外には何も意味しないのである。この法的観念は、古代社会ではただ有機的な社会秩序が解体する時代にのみ現われ、また近代世界ではただ資本主義的生産の発展によってのみ現われる。[41]」

六　土地利用権の法的位相

以上から、近代の法イデオロギーにおいては、所有権は「物権」としての絶対性をもち、したがって土地利用権は、商品や貨幣の貸借と同様に「債権」的に構成された賃借権として、土地所有権に従属する位置にとどまるのが原則となる。まさにマルクスが指摘するように、「借り手は、土地所有者に対して、他の各商品の所有者に対するのとまったく同じく等価を支払う」にすぎない。川村泰啓の表現を借りれば、「賃借物の需給の均衡と給付・反対給付の等価的均衡をつうじて……契約当事者である賃貸人と賃借人双方の所有権と契約の自由によって、契約関係の不断の動揺をつうじて用益関係の安定を確保していく[42]」ことになる。

ところがこれまでの水本浩や渡辺洋三らの通説では、農地法や借地法における土地所有権の制限を担保するものとして、土地利用権が用益物権としての絶対性を獲得する、あるいは不動産賃借権が物権化して土地の所有権よりも優越した地位にたつことが、資本主義にとって必要不可欠の要請であるとみなされてきた。彼らは、近代的土地利用権の確立を示すメルクマールとして、所有権に対する賃借権の対抗力の確保、長期の存続期間の保障、収去権と改良費償還請求権の承認、賃借権の譲渡や転貸の自由をあげている。

つぎに、これらの土地利用権優越の理論を検討し、土地利用権の法的構造を考えてみたい。

1　存続期間と対抗力

賃借権の物権化をもって近代化とみなす学説では、建物や工作物の所有、立木所有のための土地利用を例に、これらの労働生産物に投下された資本の回収のためには借地権について「一定の長期にわたる期間の保障」が必要であるとされる。また、地主が賃貸借契約を一方的に解約することは投資の決定的な阻害要因となるので、投下資本の保護のために「解約の自由の制限」が必要である。さらに、契約期間中の地主の交代や新地主による利用権の消滅などの用益関係の変動は資本の計画的投下を不可能にするため、資本投下の安定のために不動産の利用者に「第三者対抗力の付与」を認めることが、近代的土地利用権の最低条件であるとされてきた。

ここでまず問題となるのは、「長期の期間」はつねに投下資本の安定をもたらすであろうかという点である。奇妙なことにこれらの論者は、農地ではなく、宅地や林地だけを例にあげている。しかし、資本主義における土地利用は農業を中心に検討するべきであり、その場合「期間」は、むしろ逆に、「土地所有の作用によって資本投下の自由が制限される」ケースとしても考慮されねばならないだろう。

たとえば、借地農業者が一定の「期間」を定めた借地契約によって第一次投資を行ない、平均利潤を獲得し、土地所有者に対して新規の地代を支払う。さらに約定期間内は土地所有者の意思やその変動にかかわりなく自由に追加投資を行なうことができ、そこに生じた超過利潤は地代化されず借地資本家のものとなる。なるほどこのかぎりで、土地の利用権は、「長期の期間」の保障によって所有者による「契約の自由」を免れ、また所有者への「対抗力」を獲得するようにみえる。

けれども農業資本が同一の土地面積と同一技術で追加投資を行なった場合、一般的に収穫逓減をもたらすとすれば、それは利潤を減少させ、ときには超過利潤が消滅することさえないとはいえないだろう。そうした場合「長期の期間」にわたる土地利用の固定は、必ずしも借地資本家に有利に作用するとはいえない。むしろ長期の期間の土地利用は、期間内の各投資を一体化させて地代が減少する可能性を防止する。また、追加投資が単独で生産価格を実現する投資を限度にして、それ以下の投資については資本に利潤からの控除を強制することになる。さらに期間が満了し契約が更新されるさいには、多くの場合、旧来の地代に第二次投資以降の超過利潤が合算され、地代額の引き上げがなされる。こうした土地所有の権能が存在するために、つねに資本は単独で超過利潤を形成する追加投資を強いられ、そのぶん農産物の価格が上昇することにもなるのである。[43]

もちろん、このような土地所有が資本の蓄積を制約する「期間」の問題は、原理的には絶対地代論として扱うべきテーマであり、マルクスのように差額地代で論じることには疑問が残る。だが、土地利用権の完成をもってしても、最終的に絶対地代を封じることはできず、逆に、絶対地代によって土地利用に一定の制限を加えることが近代的土地所有権の最終規定である点を考えれば、「期間」はこうした土地所有の具体的権能を示すひとつの例解であるといってもよいだろう。

こうして、農地賃貸借においては、各年の市場の状況に応じて経営の規模や内容を変更できることが、土地所有者だけでなく資本家にとっても合理的といえよう。それゆえ「契約の自由」にもとづいて、あらかじめ「期間」を長期に固定することなく、各年の収穫に対応した一年ごとの契約が一般的ということになる。たしかに宅地や林地の賃貸借では、「期間の長期化」にメリットがあるが、これにしても、双方の利害の一致によるものであり、そこから一元的に、利用権の優位や賃借権の物権化を導き出すことはできないであろう。

2　改良費償還請求権と収去権

マルクスによれば、資本家が、一時的な化学的土地改良や施肥、恒久的な排水溝、灌漑設備、地ならし、農場の建設など土地に合体される固定資本いわゆる土地資本（la terre-capital）を投じた場合、それにもとづいて生じる超過利潤は資本家の所有に帰属する。しかし土地の賃貸借契約の期間が終了するとともに、それは土地所有者のものとなり、以後の賃貸借ではその生みだす「利子」が本来の地代に追加される(44)、といわれる。

それゆえ土地利用権の物権的保護をもって資本主義的とする論者によれば、土地利用者が用益契約の終了によって土地を明け渡すとき、借地期間中に投下したこれらの資本の未回収分について回収の保障を得ることは、資本投下を安定させる必要条件である。このため利用権の消滅時に、資本家に、恒久的な定着物に対する収益権と買取請求権が認められねばならない。また一時的に土地の価値を高める改良についても、改良費の償還請求権が保障されなければならないことになる。それらは、土地に固定されて以降の賃貸借では地主が利子を取得する権原になってしまう。それゆえ、摩損しない投下資本の残留価値を土地利用者が回収する行為は、資本主義の土地用益では当然にも正当に要請しうる権利であるとされる。

じじつマルクスも「土地資本の利子」を地代論を混濁させる源泉(45)であるという。そしてそれらを、歴史的にも農業の合理的発展を妨げる障害であるとみなし、あらかじめ地代論の分析から排除すべきであるとしている。

しかし土地合体の固定資本により生じる利益はア・プリオリに「利子」と決めつけてよいだろうか。いわゆる土地資本は、それが借地農によって投下されるかぎり、生み出されるのはたんなる利子ではない。それは、土地の生産条件を改善して豊度を高め、一般的には収穫の増大によって利潤そのものを増加させるのであり、契約更新にさいし差額地代に転化されるはずのものであろう(46)。そこでは「土地所有」の権能が、改良投資によって経過的に生じる利潤（特別利潤）を地代に固定させる役割を担う。したがってこの特別利潤は、必ずしも地代から分離され借地農業資本家に償還されるべきものとすることはできない。

それゆえ、収去権や改良費の償還請求権は資本主義的な賃貸借契約に必然的なものとはいえない。むしろ法的には、資本家は契約自由のもとで、借地期間内に土地改良によって生じる利潤の増加が土地資本の元本とその利子負担分を回収して余りある見込みがたったとき、はじめて、すすんで資本を投下することになるというべきである。

そもそも償還請求権の承認は、借地契約が消滅する時点で事後的に争点となるすぐれて政策的な問題であり、賃借権の設定時に契約が債権として設定されるか物権的に構成されるかとはなんら関係のない問題である。歴史的事実としても、イギリスの借地農に対する改良費償還請求権（tenant right）の保障は、一九世紀末の世界不況にともなう農業恐慌の発生、および後進国からの穀物輸入によって農業の利潤が急激に減少するという特殊な状況にもとづいて議論となり、一八八三年の土地保有法によってようやく実現をみたのである(47)。それは、国家が国内農業を保護するために採用した「社会法」的な農民救済策という色彩の強いものであった。

3　利用権の譲渡と転貸の自由

さて、土地利用権すなわち賃借権を物権的に構成する決定的な条件は、利用権の譲渡ないし転貸にあるといってよいだろう。たしかに土地利用者である借地農が他人の土地に資本を投下して、農作物や樹木・建物・工作物をつくった場合、これらの生産物に対して商品としての処分の自由を保障しなければならず、このことは不可避的に、土地利用権そのものの移転の自由をともなうようにみえる。

賃借権の物権化を資本主義的とみなす通説では、とくに建物や工作物を例に、資本の完全な回収を待たず途中で処分の必要が生じたとき、建物や工作物は土地に定着したまま処分しなければならず、それは当然にも土地利用権の譲渡ないし転貸の形式を採らざるをえない。もちろん農業経営の場合は、動産としての農作物のみを処分することも可能かもしれない。しかし、それが生育途中にある場合は、やはり賃借人の交代をつうじて農作物の商品性を保障することが必要になる。それゆえ、投下資本の保障のために土地を安定して用益する要請が、資本主義において土地利用権の譲渡や転貸の自由を必然にするものとされてきた。

だがその後、この通説に対して有力な批判が提起された。

たとえば稲本洋之助や鈴木禄弥は、譲渡や転貸の自由は必ずしも物権化としての近代化を意味するのではなく、むしろ土地の賃借権を「第二所有権化」させる特殊な現代的法現象であると主張した。すなわち賃借権の譲渡や転貸の自由は、けっして土地の使用価値的な有効利用を強化し安定させるものではなく、逆に、土地の利用権自体を「土地所有者の独占的な対物支配権の一部を割譲された支配権」にしてしまい、賃借権についても「土地の独占権原それ自体としての財産権的な価値化」をもたらす、⑷というのである。

この観点は、土地の有効利用の自由しか眼中になかったこれまでの「物権化」論に対する批判としては適切なものといえよう。

先にも述べたように、土地所有権は、地代を一般利子率で資本還元した土地価格を法イデオロギー的に表現したものである。それゆえ物権（所有権）とは、利用権としての使用価値に対する支配ではなく、どこまでも商品の価値支配にこそ核心がある。したがって仮に、資本主義において賃借権の物権化なるものが要請されるにしても、そのメルクマールは、期間・更新権・小作料の据え置きのような土地利用の使用価値的保障においてではない。むしろ商品としての土地から価格の一部が乗り移ったものとしての賃借権自体の商品化の契機によって規定されねばならないだろう。この意味における「物権化」とは、借地権や耕作権がそれ自身で権原価値をもつものとして商品（財産権）となる法イデオロギーであり、それはとりもなおさず、利用権の買取代金としての「第二所有権」化である。

だが同時にここで、新たに面倒な問題が生じる。土地の賃借権が商品化するということが、はたして原理的な資本主義市場経済において必然なのであろうかという問題である。

たとえば、借地権自体が商品（第二所有権）として取引の対象になるためには、借地権そのものに価格が成立しなければならない。そしてまた、この権利金価格が成立するためには、地代を一般利子率で換算した土地価格を基準にして、完全所有権に対する「借地権割合」なるものが算定されなければならない。いいかえれば、土地所有権の名義がじっさいに商品として取引され、かつ、そこから分離して借地権が独立に「商品」化されるメカニズムが必要となる。このことは、擬制資本としての土地の売買から、さらに別個に土地利用の権原そのものが「それ自身利子を生むもの」として売買され、擬制資本が累乗化されること[49]を意味する。こうした賃借権を物権（第二所有権）として商品化するには、用益物権としての法定とともに登記その他の公示方法、および独立した担保価値として抵当権の設定など、国家による具体的な保護政策を必要とする。これらはけっして、自由な当事者の契約関係から必然的に導き出されるものではない。

さらに広い見地からみた場合、土地の所有権や利用権が「商品」として取引される関係は、経済学的には、あらゆる利子を生む元本が現実資本の運動態から遊離して一個の財産になるという「資本の商品化」を背景にしていると考えねばならないだろう。そもそも土地利用権が擬制資本として商品化されたのは、イギリスにおいてすら株式会社企業の普及をまって一八八二年の継承的不動産法の改正によってであった。こうして賃借権の譲渡・転貸なるものは、資本そのものが有価証券にタイトル化して売買される金融資本的段階に特徴的な「経済法」の一環であり、原理的な資本主義にとってありえない法現象である。

こうして、いわゆる賃借権の物権化は、資本主義市場メカニズムから必然的となる法体系のうちには定礎しえない。それは、土地所有関係の歴史的な不純化による「近代の変質」の産物であり、具体的諸政策による社会法的な保護ないし経済法的な統制によって、つまりは国家による市場への介入・コントロールの結果[50]として、はじめて議論の対象となるものであろう。

七　まとめ――日本における土地法史の分析視点

この章では、近代的土地所有の法的構造として、「土地所有権に対する利用権の優越」あるいは「不動産賃借権の物権化」をもってそのメルクマールとする見解を批判し、近代法における土地所有権の自由・絶対性および利用権の債権的構成のもつ意義を明らかにしてきた。

こうしたテーマはまた、日本における近代的所有権の確立とその現代的展開の分析についても、一定の方法論的基準を提供しうることになろう。すなわち、日本は、世界史的にみていわゆる帝国主義段階にはじめて資本の原始的蓄積を開始した。それゆえ、協業やマニュファクチャーを経過することなく、はじめから株式会社と機械制工業を輸入して一挙に有機的構成の高度な産業資本を編成したのである。

そのため日本においては、工業資本が必要とする労働力商品の確保は比較的少数で済み、したがって耕作農民（直接生産者）と土地（生産手段）を分離する必要はなかった。すなわち資本主義的土地所有の形態をとらず、たんにローマ＝大陸法的な「自由・絶対の土地所有権」の法構成を移入し、法形式的な土地所有権の保障を実現すれば十分に工業資本の必要とする労働力の確保をはたしえた。日本における近代的土地所有権は、明治維新後の一八七三年、地租改正と地券発行による一地一主（一物一権）の所有権者の確定により実現したといってよいだろう。もっとも、その結果、慣行小作権や耕作農民の入会権の制限によって一町歩ほどの過小地に膨大な過剰労働力が滞留し、そのため土地所有権が耕作権に対して全面的に優越するいわゆる「寄生地主制」的形態が一般化することになった。農村では、農産物価格の低廉と現物高率の小作料のために、農民に対する鎌上げ・立毛取り方の禁止・小作株取り上げといった封建的慣習[51]が強固に残存することになったのである。

いわゆる労農派と講座派による日本資本主義論争の不毛性は、まさにこの点の無理解にあったといってよい。それは、両派ともに、後発資本主義国の近代化の解明に唯物史観なるものを直接に適用しようとした、出発点の誤りに起因するものだったといえるだろう。

こうした日本の土地所有制度は、第一次大戦とロシア革命による内外の社会主義イデオロギーとの対抗のなか、一九二一年の借地法制定によって、土地所有権に対する利用権すなわち賃借権の「社会法」的保護政策へと転換されることになる。それはさらに、第二次大戦後、食糧危機および新憲法の制定により、大衆民主主義的な小生産者保護政策の推進へと発展する。これが、一九四七年から五〇年にいたる農地改革であり五二年の農地法制定であった。この法律によって不在地主の土地所有が原則的に禁止され、小作人の耕作権の強化、小作契約の解除に対する制限とともに、国家による小作料統制が行なわれることになった。こうして自作農主義による土地所有権および土地利用・耕作権の保護という福祉国家的社会政策がおし進められる。だがそれは、しだいに農地流動化政策すなわちインフレーション下の「資産としての土地所有」政策へと変容していくことになる。そしてこの政策は、高度経済成長のもとでの都市への集住、さらには二〇世紀末以降の新自由主義政策とあいまって農村自体の荒廃と過疎に帰着していくことになるのである。

以上のように法制史を概観すれば、わが国の近代的土地法は明治維新によって確立し、第一次大戦後の現代法体制のもとに「不動産賃借権の物権化」と呼ばれる法現象が登場して、その後の調整を経つつ今日まで存続していると結論づけることができよう。

（1）K. Marx ; *Grundrisse*, S. 395.（四三〇頁。）J. Lock ; Two Treatises of Government, chap. 5, Sec. 27.
（2）K. Marx ; *Das Kapital I*, MEW. Bd. 23, S. 789.（二三巻 九九三頁。）
（3）K. Marx ; *Grundrisse*, S. 395.（四三〇頁。）
（4）K. Marx ; *Das Kapital I*, MEW. Bd. 23, S. 790.（二三巻 九九四頁。）
（5）*Ebennda*, S. 790.（二三巻九九四頁。）
（6）K. Marx ; *Grundrisse*, SS. 401-402.（四三七〜四三八頁。）*Das Kapital III*, MEW. Bd. 25. S. 630.（二五巻 七九五頁。）
（7）川島武宜『所有権法の理論』前掲、とくに第二章。
（8）甲斐道太郎『土地所有権の近代化』有斐閣、一九六七年、第二部。望月礼二郎「謄本保有権の近代化」『社会科学研究』第一一巻一、二号。
（9）水本浩『借地借家法の基礎理論』一粒社、一九六六年。
（10）渡辺洋三『土地・建物の法律制度（上）』東京大学出版会、一九七〇年。宮川澄『日本における近代的所有権の形成』御茶の水書房、一九七八年、第三章。
（11）甲斐道太郎「近代的土地所有権の比較法的考察」『早稲田比較法学』四巻二号、一九六八年。稲本洋之助「プロセスとしての近代化論の問題性」『同』五巻一、二号、一九六九年。なお、以上の論争の経緯については、東海林邦彦「いわゆる

『土地所有権近代化論争』の批判的検討」『北大法学論集』三六巻三号、一九八五年。池田恒男「戦後近代的土地所有権論の到達点と問題点」『法学雑誌』三五巻三、四号、三六巻一号、一九八九、九〇年 参照。

(12) K. Marx ; *Das Kapital III*, MEW. Bd. 25, S. 813. (二五巻 一〇三一頁。)

(13) 農民的経営を地代論を使って分析するものとして、大内力『農業問題』岩波全書、一一八〜一二八頁。丹野清秋『土地所有論』御茶の水書房、一九八三年、四章 を参照。

(14) K. Marx ; *a.a. O.*, S. 818. (二五巻 一〇三八頁。) なお、大内力『農業問題』前掲、二〇六〜二一〇頁。同『地代と土地所有』東京大学出版会、一九五八年 (新版 一九八一年)、八章 も参照。

(15) K. Marx ; *a.a. O.*, S. 820. (二五巻 一〇四〇頁。)

(16) K.Marx ; *Die Klassenkämpfe in Frankreich 1848 von 1850*, MEW. Bd. 7. *Der achtzehnte Brumaire des Louis Bonaparte, MEW. Bd.8. Der Bürgerkreig in Frankreich*, MEW. Bd. 17.

(17) K. Marx ; *Das Kapital III*, MEW. Bd.25, S. 807. (二五巻 一〇二三頁。)

(18) K.Marx ; *Theorien über den Mehrwert*, MEW. Bd. 26-II, S. 149. (二六巻 II 一九四頁。)

(19) K・J・カウツキー編版『剰余価値学説史』の翻訳としては、大森義太郎訳、黄土社、一九四九年 があるのみである。同書の第二巻二部 を参照。また、同様に、土地所有を絶対地代から差額地代への歴史過程として理解するものに、綿谷赳夫「地代論の展開と土地所有」『資本論と帝国主義論(上)』東京大学出版会、一九七〇年。椎名重明『近代的土地所有』東京大学出版会、一九七三年 がある。

(20) K. Marx ; *Das Kapital III*, MEW. Bd. 25, SS. 748-749. (二五巻 九五〇〜九五二頁。)

(21) 宇野弘蔵『経済原論』宇野著作集第一巻、四三九頁。なお、差額地代IIにおいて土地所有による制限を説く点では、宇野もマルクスと同じ限界を有しているといえる。この点、大内力『地代と土地所有』前掲、四章の批判を参照。

(22) K.Marx ; *Theorien über den Mehrwert*, MEW. Bd. 26-II, SS. 38-39. (二六巻II 四二頁。)

(23) V・I・レーニン「一九〇五〜一九〇七年のロシア革命における社会民主党の農業綱領」『レーニン全集』一三巻二九九頁。なお、カウツキー『農業問題(上)』岩波文庫、一四一頁 にも同様の主張がある。

(24) この点、椎名重明『土地公有化の史的研究』御茶の水書房、一九七八年、一章。

(25) 大内力『地代と土地所有』前掲、二一三〜二一六頁。

(26) K.Marx ; *a.a.O.*,S. 39.（二六巻四二頁。）
(27) 宇野弘蔵編『資本論研究Ⅴ利子・地代』筑摩書房、一九六八年、四二五頁。
(28) 椎名重明『近代的土地所有』東京大学出版会、一九七三年。戒能通厚『イギリス土地所有権法研究』岩波書店、一九八〇年。
(29) K.Marx ; *Theorien über den Mehrwert*, MEW. Bd. 26—I, S. 390.（二六巻Ⅰ 五二七頁。）
(30) K. Marx ; *Das Kapital III*, MEW. Bd. 25, S. 337.（三巻 四〇六頁。）
(31) ちなみに、わが国の民法第一〇八条は、「占有権ハ自己ノ為メニスル意思ヲ以テ物ヲ所持スルニ因リテ之ヲ取得ス」と規定され、その取得権原を問わない。
(32) 大内力『地代と土地所有』前掲、二二三頁。なお、これを宇野弘蔵が「資本主義と土地所有」宇野著作集四巻、二九八頁で批判している。この土地所有をめぐる宇野と大内の論争は、宇野が、原始的蓄積において土地所有権の「絶対性」が確立する点を説くのに対して、大内は、地代論によって土地所有の「観念性」が形成される点を強調していると整理することができよう。
(33) 戦前以来の地代論論争の整理として、さしあたり大島清編『資本論講座』第六巻、青木書店、一九六三年、一～三章。西口直次郎「地代論争」『経済学事典』岩波書店 を参照。
(34) 市場価値論と地代の関係について、大内『地代と土地所有』前掲、第一章。宇野「市場価値論について」「相対的剰余価値の概念について」宇野著作集四巻 を参照。また下向序列の意義について、大内、同書 二章三、四、六章三 を参照。
(35) K. Marx ; *Das Kapital III*, MEW. Bd. 25, S. 688.（二五巻 八七〇頁。）
(36) 大内力『地代と土地所有』四章。日高普『地代論研究』時潮社、一九七四年、ⅢD。
(37) 大内力 同書、二二三頁。
(38) 鈴木鴻一郎編『経済学原理論（下）』東京大学出版会、一九六二年（新版一九九二年）、三三二頁。
(39) 日高普 前掲書、四二五頁以下。この点、大内は、絶対地代を限界地のみに限定する。前掲書、二〇五～二〇六頁 参照。
(40) K. Marx ; *Das Kapital III*, MEW. Bd. 25, SS. 832-833.（二五巻 一〇五六頁。）
(41) *Ebenda*, S. 629.（二五巻七九五頁。）
(42) *Ebenda*, S. 637.（二五巻六三七頁。）川村泰啓「物権化の市民法的構造と社会法的構造」『民商法雑誌』三六巻三号、一八～一九頁。なお、川村『商品交換法の体系』勁草書房、一九七二年 も参照。

（43）この点について、宇野弘蔵編『資本論研究Ⅴ』筑摩書房、一九六八年、四一〇〜四一一、四二三〜四二四頁を参照。

（44）K. Marx ; *a.a.O.*,S. 632.（二五巻 七九九頁。）

（45）*Ebenda*, S. 633.（二五巻 八〇〇頁。）

（46）日高普『地代論研究』前掲、ⅢB—八、九、一〇項。

（47）椎名重明『近代的土地所有』東京大学出版会、一九七三年、二八三〜二九六頁。渡辺寛「資本主義と農業」大内力編『農業経済論』筑摩書房、一九七七年、一七七頁。

（48）鈴木禄弥「不動産賃借権の亜所有権化について」『社会科学の方法』八六号、一九七六年。稲本洋之助「『賃借権の物権化』について」『借地制度の再検討』日本評論社、一九八六年。そのほか、現代的物権化現象にかんして、吉田克己「現代不動産賃貸借法制への一視角」『社会科学研究』二八巻三号。原田純孝「『賃借権の物権化』の現代的意義について」『不動産研究』二〇巻四号なども参照。

（49）この点、経済学的には、もともと地代そのものが土地利用権を商品化するさいの借地権価格であるという見解もある。今東博文「土地の理論と資本主義」『現代資本主義と土地問題』御茶の水書房、一九九〇年。なお、原理論においては、擬制資本としての土地売買そのものが具体的に展開できない点について、鎌倉孝夫『資本主義の経済理論』有斐閣、一九九六年、二八四〜二八七、三三八頁を参照。

（50）賃借権の物権化を社会法ないし現代法として捉える先駆的業績として、たとえば篠塚昭次『土地所有権と現代』NHK出版協会、一九七四年があげられよう。もっとも、たびたびの借地法の改正にみられるように、近年の新自由主義的政策によって、土地の供給増加と有効利用の観点からふたたび借地権はやや弱められているようにみえる。いまや「現代法」概念について、いわゆる福祉国家と新自由主義国家に共通する、より広い「金融資本を超えた体制統合」の法政策というべきパースペクティヴからの再定義が必要になろう。

（51）宇野弘蔵『農業問題序論』宇野著作集八巻収録を参照。

第五章　労働力の再生産と家族法

一　はじめに

戦前以来これまで、わが国の家族法理論では、穂積重遠や中川善之助に代表される「家族統体法論」が主潮流をなしてきた。すなわちそれは、家族を一つのホーリックな有機体にみたてて、家長権を中心とした家族の集団性を重視する理論であった。これに対して、こうした理論への批判をふまえ、近代家族法の原理的把握をめざす者は、川島武宜や青山道夫に典型がみられるように、『資本論』第一巻第二章の「交換過程」による商品交換法としての市民法像の抽象のもとに家族関係を投影させる、いわゆる「近代家族法理論」をその出発点としてきた。それは、家族内部の関係を、所有権法（財産法）と同様に、独立した個人としての家族員の権利義務関係として説明しようとするものであった。

だがすでに述べたように、近代所有権法における同質的な個人法的性格は、共同体的社会関係を廃絶して労働力を商品化したことにもとづく、商品経済による社会の一元的支配のイデオロギーである。こうした法の形式的な普遍性にまどわされ、がんらい商品経済的な関係ではない家族の内部関係にまで、所有権法のアトミックな個人像を敷衍しようとすることには大きな疑問が残る。たしかに、労働力の販売と生活資料の購入という流通の表面では、商品経済による人間の物象的依存関係によって抽象的で同型の私的個人が形成される。また、資本や土地も、利子を生む財産として価格をもつ商品となるかぎりにおいて、独立した人格の自由な対抗による意思関係という法的観念は一般化されるかもしれない。しかしこうした商品経済にもとづく「法的関係」は、せいぜい相互他人的な人間関係のイデオロギーとして所有権法（財産法）領域に妥当する理念でしかない。

それゆえ、こうした所有権法による規範関係は、資本主義のすべての社会関係を覆い尽くせるものではない。なぜなら、所有権法を根底において支える労働力それ自体が、商品経済によって生産できるものではないからである。社会的に必要な労働力の確保は、たんなる直接的な自然人口の増加だけではなく、資本構成を高度化することによる相対的過剰人口の形成によって実現される。したがってマルクスは、一巻二三章の「資本の蓄積過程」のなかで「家族」の概念を規定する。資本の蓄積は、賃金価格の価値への収斂をつうじて労働者個人を「法的主体」へと構成していくにとどまらず、次期労働力を再生産し養育するものとして妻子の扶養を必要とする。さらには、過剰労働力の再生産のメカニズムをつうじて親族の生活維持をも果たすシステムをつくりださなければならない。

こうして、生活資料の消費による労働力の再生産システムそのものが、所有権法的な自由・平等の個人主義規範で規律しえない、具体的人間に対して無対価で使用価値を給付する「私的保護法」としての家族法規範を生みだすことになる。ここにこそ、マルクスによる家族法理論の核心があるのではなかろうか。

ところが、わが国の家族法学は長らく、エンゲルスの『家族・私有財産・国家の起源』の大きな影響のもとにあった。それゆえ、マルクス主義の影響をうけた家族法学者は、エンゲルス流の唯物史観イデオロギーにもとづいて、あらかじめ家族の本質なるものを「人間の生産としての生殖」に求め、それを支える婚姻のもつ男性支配と女性差別の根拠を分析することに終始するのみであった。すなわち、資本主義社会において家族のもつ特殊な私的扶助機能の解明を放棄してしまうことになる。その結果、今日の家族法に固有の諸問題についても、前近代的な「家父長制的身分婚の残存」であるとか、あるいは、資本主義も階級社会であるとして、「単婚（一夫一婦婚）」を父権的支配一般に解消して批判する、そうした論調ばかりが多くみられることにもなった。こうした主張は、それじたいが近代所有権法を物神化して、「両性の平等」すなわち「独立・自由の個人」を理想視する一種の小ブルジョア・デモクラシー的視点に立脚するものといわざるをえない。

周知のように今日なお、一方に、家族法の民主化といわれる私的権利関係の徹底を啓蒙する近代主義的な家族法理論があり、他方には、フェミニズムにもとづく契約的な婚姻観の全面開花を待望する家族法理論が存在する。これらはともに、家族の個人への解体をめざす点において、エンゲルス家族理論を引き継ぐものであるといってよいだろう。

そこで本章では、資本主義に照応する市民法体系に占める「家族法」の位置を確定し、あわせて、所有権法（財産法）に対する家族法の区別と関連を分析することをめざすものである。

二　エンゲルス『起源』における家族理論批判

1「種の繁殖」テーゼと経済原則

まず、家族法理論を検討するに先だって、かつてマルクス主義にもとづく家族法研究者が依拠した、エンゲルスの『家族・私有財産・国家の起源』（一八八四年）の序文における家族のテーゼを検討することから始めたい。

①　二種類の生産論争

よく知られているように、『起源』の序文は次のように始まっている。

「唯物論的な見解によれば、歴史における究極的な規定要因は、直接的生命の生産および再生産である。これは、しかしながら、それ自身二重の性格をもっている。一方では生活手段の生産、すなわち衣食住の諸対象とそれに必要な道具の生産であり、他方では人間そのものの生産、すなわち種の繁殖がこれである。ある特定の歴史的時期の、特定の地域の人間がそのもとで生活する社会的諸制度は、二種類の生産によって制約される。一方では労働の発展段階によってであり、他方では家族の発展段階によってである。(1)」

ここでエンゲルスは、歴史を究極的に規定する要因として「生活手段の生産」と「人間そのものの生産」、いいかえれば「労働」と「家族」という二種類の生産をあげている。これをめぐって、かつて唯物史観の方法論争なるものがはなばなしく展開されたことがあった。一九二〇年代には旧ソ連邦において、H・クノーに始まりI・V・スターリンやM・ミーチンが唯物史観の一元性という観点からこのエンゲルスのテーゼを批判した。(2) 一九五七〜六八年には日本でも、エンゲルスを擁護する玉城肇とこれに批判的な青山道夫や江守五夫とのあいだで論争が行なわれた。(3) さらに戦後主体性論争およびスターリン批判を契機に、一九六〇年代をつうじて田中吉六、三浦つとむ、黒田寛一らによる、生活の生産論争(4)なるものが広く展開されたのは周知のことであろう。

これらの論争において、エンゲルスの二元テーゼを擁護する者は、一般に唯物史観の誕生の書物とされる『ドイツ・イデオロギー』にその根拠を求めた。そこでは、「歴史の本源的関係」として、「物質的生活の生産」と「その充足のための道具の生産」つまり労働における自己の生活の生産とならべて、「繁殖」つまり生殖における他人の生活の生産なるものが掲げられており、(5) これを支持することは唯物史観が人間主義の立場であることを強調することにもつながった。これに対してエンゲルス・テーゼの批判者は、『経済学批判要綱』「序説」における「労働（分業）」を端緒とする上向法のプランや、『経済学批判』「序言」の有名な唯物史観の公式をもちだして、歴史の発展の土台を「物質的生活の生産様式」のみに求める一元説を主張した。

現在の地点からみれば、前者が、西欧マルクス主義による疎外論的な人間中心の主体性唯物論を重視したのに対して、後者は、ロシア・マルクス主義による物質中心の機械的唯物論の立場に立っていたといえるかもしれない。だが当時の論争のもつ限界は、いずれの論者の主張も、『資本論』による経済学研究を欠落しており、いまだ唯物史観それ自体のイデオロギー的解釈論議にとどまっていた点であろう。

すなわち両派とも、「一定の物質的条件のもとで生産する諸個人」から出発するとしながら、こうした「諸個人」を、そのまま歴史の発端にまで遡及させ、原始社会における架空の「生産」を出発点にして資本主義的商品生産にいたるまで、生産力の発展法則によって歴史社会の進歩の必然性を展開できると考えていたのである。だが、マルクスにおいては、「歴史の究極的規定要因」それ自体が、特殊「資本の生産＝再生産過程」から抽象して再検証すべき概念としてあった。この点を、いずれの論者も、ともに見落としていたのである。じっさいマルクスは、すでに『要綱』の「序説」において、「あらゆる社会に共通にあてはまる超歴史的カテゴリーにみえる『労働』でさえ、……その普遍性と全体性の抽象のためには、全面的に開花し多様に発達した社会的分業と社会的生産を前提とする」(6)ことを強調している。安易な歴史の究極的規定要因なるものの設定に注意を喚起していたといってよいだろう。

その後マルクスは、一八五七～五八年の『要綱』の執筆過程において、何度も唯物史観を前提とした「生産一般（生活手段ないし人間の生産）」を端緒として資本主義社会の解明を試みた。『資本論』の冒頭の商品における抽象的人間労働の抽出は、まさにその残滓といえよう。しかしながら、一八六七年に公刊された『資本論』第一巻では、「労働＝生産過程」はその出発点ではなく、三篇五章「絶対的剰余価値の生産」のなかに組みこまれた。つまり「労働＝生産過程」は、特殊資本主義的な「価値形成・増殖過程」の展開に対応して、はじめて「あらゆる社会に共通する普遍的実体」として解明しうるものとして位置づけられることになる。すなわち『資本論』は、歴史の究極的規定要因は何かをあらかじめ規定することを避けて、逆に、資本主義の特殊歴史性を示す商品を出発点とする流通形態の解明から出発した。そして、労働力商品の導入を媒介にした「資本の生産過程」のなかで、ようやく「労働」カテゴリーを「どんな特定の社会的形態にも関わりない(7)」要因として、透明なかたちで提示しているのである。

こうして、エンゲルスがイデオロギー的に仮定した「歴史の究極的規定要因」なるものは、『資本論』のいわゆる「経済原則」論のうちに正確な客観的規定を与えられることになる。

マルクスによれば、人間は、いつの時代も、労働力Aを能動的要因とし労働対象と労働手段（生産手段Pm）を受動的要因として、労働し生産物を獲得して労働力を再生産する。すなわち人間は、つねに必要労働と剰余労働から成り立つ抽象的人間労働を、使用価値を生産する具体的有用労働として支出しなければならない。しかしながら他方で、生産された必要労働部分の生活資料Kmを消費することで、労働力（人間）自体を再生産しなければならない。この関係の繰り返しは、マルクスが「再生産表式」で具体的に総括したように、生産元本を更新し追加するにあたって生活資料Kmと生産手段Pmを生産する割合も、人間の労働力Aの再生産に条件づけられて決定されることになる。こうした社会連関が、「あらゆる社会に共通の基礎をなす」「経済原則」と呼ばれるものなのである。

それゆえ、「歴史の究極的な規定要因」といわれるものも、たんなる物質的生産ではなく、当然にも、生産的消費である物質的生産と個人的消費である労働者の再生産（Reproduktion des Arbeiters）との相補的な連関を実現する、社会的物質代謝の循環運動として考察されなければならない。このことは、資本主義社会における商品資本の循環形式 W'—G—W<A Pm …P…W' といえども、再生産原則を実現するためには、最初のW'のうちに生活資料Kmがあり、それゆえ、商品資本循環の外部にG—W（Km）…A—Gという人間の「本来の生活」を前提にしなければ成立しえない点を考えただけでも明瞭になるだろう。これによって、エンゲルスのいう「直接的生活の生産（Produktion des unmittelbaren Lebens）の二重性」が『資本論』によって精緻化されたといってもよいかもしれない。

② マルクスの人口法則

だが、問題はこの先にこそある。

マルクスは、エンゲルスのいう「人間の生産」ないし「種の繁殖」を、「歴史的に干渉しない動物や植物にも実在する抽象的人口法則[8]」すなわち「自然的増殖法則」と規定する。すなわちそれは、なんらかの政策的・消極的な促進ないし規制の対象ではありえても、そこに、人間に固有の特殊歴史的で社会的な「家族」としての特徴を見いだすことはできない。エンゲルスのように種の繁殖から直接に「生殖集団としての家族」の起源を導きだすことは、「家族」を婚姻による生殖関係としてのみ限定することになる。それは、一種の核家族普遍説に道をひらく危険性をはらんでおり、許容できない。マルクスによれば、むしろ人間社会は、「人口の自然的増殖の制限にかかわりなしに」人間労働を必要に応じて確保し再生産するシステムを保持してこそ成り立つ。いつの社会も、その生産力の拡大を固定設備の変革による技術的生産方法の改善によって実現し、蓄積をつうじた過剰人口の創出システムを備えることで、はじめて、物質的生産循環としての社会秩序を形成できる。したがってまた、社会的に必要な消費生活レヴェルを保障するための、労働力の適正な供給が可能となるのである。このことをマルクスは、「特殊歴史的な生産様式はいずれも、特殊歴史的に妥当な人口法則を有する[9]」と表現している。

じっさい『資本論』の構成に照らしてみても、再生産表式論（二巻第三篇）は、蓄積論（一巻第七篇）を前提にして、はじめて社会的総資本のメタモルフォーゼを商品資本の循環形式のうちに実現するものとなる。ここに市場の自己調整メカニズムは、あらゆる歴史社会にあてはまる社会的物質代謝を、特殊資本主義的な商品経済をとおして実現する絶対的基礎を表示することが明らかになるのである。

それゆえ、自然的関係である「種の繁殖」としての「人間の生産」ではなく、こうした蓄積をつうじた人口法則に媒介された社会的関係としての「労働力の再生産」システムこそが、出発点としての「家族（Familie）」の基本的規定をなす。もちろん、未開社会では、氏族集団が強固に存在しているため、族内婚や平行イトコ婚の禁忌というインセスト・タブーによって、氏族を越えて家族が社会の単位になることはなかった。夫と妻は、それぞれ別の氏族に所属しつづけるため、家族は、二つの異なった氏族に引き裂かれざるをえない[10]。また文明社会においても、資本主義以前の社会では、その経済的基礎そのものが政治制度、宗教儀礼や親族構造と不可分の「自然発生的な人的依存関係」から成り立っており、このため「家共同体（Hausgemeinschaft）」としての労働力の支出や再生産は、直接的に社会的な血縁的（アジア的）ないし地縁的（ローマ、ゲルマン的）共同体の内部的編成組織の一分肢に埋没している。それゆえこれらの社会では、近親者や非血縁的な奴隷をふくむ過剰人口の大家族的な扶養関係も、家長的権力への奉仕と恭順（pietäts und Treueverhältnis）および家族構成員の相互扶助（Schutz und Hilfe）という互酬的関係に包摂され、それじたい独立した私的保護圏域として登場することはありえない。

これに対して、資本主義社会では、労働生産過程と労働力の再生産過程とが分離（経営と家計の分離）され、その連携が、「物象的依存性にもとづく人間の私的独立性」すなわち商品経済的な所有権法的「意思関係」によってのみ成り立つ。このように、商品経済が全社会関係を覆う資本主義において、はじめて、ゆいいつ商品化されえない最小の人間関係の規範として、「家族」とその法が独立した姿を現わすことになるのである。

2　その近代家族法理論の虚構性

ところがエンゲルスの家族論はそうではなかった。

彼は、『資本論』における蓄積過程をつうじた労働力の再生産、つまり人口法則がもつ家族理論としての意義に着目することはなかった。それどころか逆に、もっぱら男女の性的結合を基準として、家族を、婚姻形態の変遷としてのみ分析することになる。それは、L・H・モルガンの研究を援用した親族名称体系によって、人類の黎明期に「原始乱婚―集団婚」や「母権」の存在を想定し、かつ、文明期以前の家族史を、Ch・ダーウィンの進化論から着想した「血縁婚家族―プナルア婚家族―対偶婚家族」という自然淘汰によって把握しようとするものであった。こうしたモルガン＝エンゲルス理論については、すでにB・K・マリノウスキーからCl・レヴィ＝ストロースにいたる人類学が実態調査をふまえた批判(11)をおこなっている。現在においては、機能主義人類学によって、「原始乱婚」の存在は完全に否定され、また、血縁婚家族やプナルア婚家族についても、男女の婚姻をそのまま家族の単位とみなすことは一種の核家族普遍説であるという指摘もなされている。

しかしながら、エンゲルスの家族理論における最大の問題点は、とりわけ近代家族とその法にかんする理解にあろう。そこにみられる歴史法則的な家族理解には大きな疑問を抱かざるをえない。簡単に要約しておこう。

エンゲルスは、近代家族とその法の発展過程を、独自の弁証法を用いて展開する。すなわち、個別家族の出発点を、いまから約五〇〇〇年前に始まったといわれる文明期の私有財産制度にもとめ、そこにおいて財産の相続という目的のために、一夫一婦制の単婚家族が成立したという。しかしながら近代社会は、「伝来の慣習や歴史的権利の代わりに売買と自由な契約を打ち立てた……新興市民階級によってはじめて、以前の一切の世界の知らなかった近代的な個人的性愛が発達する可能性が与えられた(12)」として称賛される。彼はまた、そうした近代家族の法的理念として、「双方の自由意思により締結された契約としての婚姻、夫婦家族員相互の平等な権利義務の保持、そして離婚の自由」をあげている。

けれどもエンゲルスは、現実に発展したブルジョア家族ではそうした法理念は否定されることになるという。すなわち、ブルジョア家族では、「耐久的で相続することのできる富が夫に集積し、その富を父から実子へ相続させる欲求によって家産秩序が発生する」。その結果、「共諾婚」が「便宜婚（Konvenienzehe）」と化してしまい、夫による妻子の扶養が、「生産手段の所有者による無所有者に対する支配」に転じてしまう。家族は、カトリック諸国では、親が息子に適当な妻を与える制度であり、「夫の側での娼婦制度と売淫に、妻の側での姦通に支えられて初めて成り立つ」。またプロテスタント諸国では、恋愛結婚に疑似した形式をとることがあっても、けっきょく「鉛のような倦怠に落ち着く制度」でしかないと述べて、次のように批判する。

「近代家族制度は、妻の公然または隠然たる家内奴隷制のうえに築かれており、近代社会は、個別家族だけをその構成分子とする一つの集団なのである。こんにち、少なくとも有産階級では、夫は大多数のばあい稼ぎ手であり家族の扶養者でなければならないのであるが、このことが彼に支配者の地位を与えるのであって、これには法律上の特権をひとつも必要としない。夫は家族のなかでブルジョアであり、妻はプロレタリアートを代表する。[13]」

他方、これに対してプロレタリア家族なるものが肯定的に評価される。プロレタリア家族では、「相続しうる家産としての富が存在せず、家族は経済的に窮乏化している」。このため、「ブルジョア的な単婚の基盤が喪失しており、それゆえ妻子もまた労働市場へ進出せざるをえない」。このことが夫の支配の最後の残滓をすっかり奪ってしまう。つねに単婚とともにあった娼婦制度も姦通も、ここではほとんどその役割を演じえない。妻は離婚の自由を取り戻す。

「単婚と男性の支配は、財産の保全と相続のためにつくりだされたのであるが、(プロレタリア家族には) その財産がまったく欠けており、したがって男性の支配を主張する動機もまったく欠けている。[14]」

要するにプロレタリア家族は、語源的な意味では単婚であるが、歴史的な意味ではもはやそうではないとして、ここに「両性の真なる同権化の萌芽」をみとめて称賛されることになる。それゆえ最終的に、社会主義社会が成立すると、私有財産を共同所有に移すことで、個別家族は社会の経済的単位であることをやめる。プロレタリア家族を基盤にして、「私有財産制度とそれにともなう副次的な経済的考慮、つまり妻の自立に対する不安および子どもの将来に対する不安が取り除かれる」。さらに、「家事が社会化され公的産業へと解体」されると「家族における夫の優位と離婚の不可能性」が消滅する。嫡出子であろうと私生児であろうと子どもの養育や教育は公共の仕事となることによって、両性の完全なる同権化が実現される。こうして「両性は自由な意思により真に平等な関係をつくることが可能となる」。このとき、ようやくひとつの新しい男女の関係が始まる。すなわち近代の初期にはせいぜい可能性にすぎなかった「人格的な性愛」が真に実現されるというのである。[15]

一見して明らかなように、『家族・私有財産・国家の起源』（一八八四年）におけるこうした家族の理解は、『反デューリング論』（一八七七年）およびそのダイジェスト版である『空想より科学へ』（一八八二年）で定式化されているエンゲルス流の唯物史観のドグマすなわち「社会的生産と私的所有の矛盾」による歴史の発展理論を、ほぼそのまま家族の内部関係にあてはめたものにすぎない。

すなわち、まずエンゲルスは、近代家族の前提を、封建的共同体ではなく、「私的生産と私的所有」にもとづく「新興市民階級」なるものに求める。その内実として彼は、おそらく小商品生産者の家族経営をイメージしているのであろう。それゆえ市民家族なるものの経済的基礎は、夫と妻の協働であり、法的理念として、双方の自由な意思による契約としての婚姻、平等な権利の保持が潜在する可能性が示唆される。だがエンゲルスは、こうした理念は実現されず、産業革命とともに資本主義という新しい生産様式にとって代わられるという。すなわち生産力の発展は「社会的生産と私的所有の矛盾」を生みだす。生産様式が資本主義的商品生産へ発展するとともに、家族はブルジョア家族とプロレタリア家族に分解することになるのである。

ブルジョア家族では、夫は唯一の稼ぎ手であり家族の扶養者でなければならない。こうして近代家族における性愛にもとづく契約という理念は仮象と化し、家産の所有者である夫が無産の被扶養者である妻子を全面的に支配するというシェーマができあがる。エンゲルスの「夫は家族のなかでブルジョアであり、妻はプロレタリアートを代表する」などという結論は、まさに、歴史の究極的規定要因を「労働における自分自身の生産」と「生殖における他人の生産」という二元的な「生産」をにおき、社会的分業と性的分業という二系列の発展からストレートに「財産関係（所有権法）」と「身分関係（家族法）」を導きだそうとした論理の必然的な到達点であるといわざるをえない。近代家族の内部関係を、商品経済的な社会関係と同じく個人の契約関係として理解するかぎり、こうした結論は避けられないものとなろう。すなわちエンゲルスにおいては、家族という社会集団内部の人的依存関係が、資本主義の商品経済的な交換関係と、完全に混同されていたのである。

3　エンゲルス家族法理論の帰結

しかしエンゲルスの家族法の理解はそれほど奇妙なものではない。むしろ、一七～一八世紀の啓蒙的自然法の流れ(16)に影響をうけたひとつの歴史的産物といってよいだろう。

周知のように一七世紀のTh・ホッブズは、自然法的自由を「万人の万人に対する闘争」の状態とみなし、ここから個々人の契約を媒介として平和な社会状態へ移行する発展の論理によって、家父長制家族を批判するスタンスを打ち出した。すなわち彼は、父権を「同意による支配」とみなし、契約としての家族理論の端緒を切り開いたのである。そしてJ・ロックは、個人が労働によって自己の所有権を確立するするという前提に立って、家族を、そうした個人の任意契約による平等な私的集団として位置づけた。しかし、こうして確立された「家族における所有原理による平等」は、一般的財貨の発明による富の集積によって崩される。それゆえ不平等は避けられず、「財産と相続の機能をつうじて父権の支配に妻子が服従する義務が生じる」可能性を示唆した。さらに一八世紀のI・カントは、家族を、「両性の性的特徴の交互使用にもとづく物権的様相をもつ対人権としての私的契約関係」と規定した。そしてそこから、夫の自然的優位によって、「家族成員の共通の利益のために一方が所有を解消する契約」を締結する必要性を提案したのである。

これらの家族論が、エンゲルスに一定の影響を与えた理論的前史をなすことは確かであろう。それゆえエンゲルスの近代家族論のオリジナリティは、ただわずかに「否定の否定」という弁証法を援用して、本来の自然法のもつ契約家族理念の完全な実現を社会主義に託した点にあるにすぎない。すなわち、近代家族は自由で平等な契約家族の可能態であり、資本主義的な家族の不平等をその「否定」であるとする以上、社会主義はまさに「否定の否定」として、「家族」を、真に自由で平等な個人の契約関係として実現することになる。

エンゲルスの「社会的生産と私的所有の矛盾」なる弁証法に即して、もう少し詳しく敷衍すれば、資本主義は「生産の社会化」にもかかわらず「所有の私的性格」が存在するという矛盾のため、財産の所有に偏在をもたらす。すなわち資本家には富としての資本が集中し、彼の妻子に対する支配権を強化する。逆に、雇用労働者は、資本の蓄積と資本構成の高度化がすすむと過剰人口として職場から追放され、あるいは賃金が際限なく下落する。したがって労働者は窮乏化して、所有の権力による妻子への支配が不可能となる。その結果、男女関係は同権化するが、それはそのまま単婚家族それ自体の崩壊を意味せざるをえない。これをふまえ社会主義は、「生産の社会性」に対応する「社会的所有」を実現することで、財産と就労の平等にもとづいて「個人として対等な男女の性愛的結合」を構築することになる。ここには注意深く「家族」という言葉は出てこない。

このように提起されたエンゲルスの展望は、はたして社会主義における家族の消滅を意味するのであろうか、それとも家族の再構築論なのであろうか。

じっさい、かつて歴史的に出現した社会主義ソ連邦では、革命初期の一九二〇年代には、Ia・N・ブランデンブルグスキーやS・A・ヴォリフソンが家族の消滅を唱えて、婚姻登録の廃止を推し進めた。また、A・N・コロンタイは、男女の性愛は「当座の喉の渇きをいやす一杯の水」にすぎないと主張して家族の不要論を高らかに宣言した。しかし一九三〇年代に入ると、こうした性の解放論は、レーニンによって批判されるところとなる。これにもとづいて、N・I・ブハーリンやI・V・スターリンは、家族を、社会主義社会の細胞と位置づけ、婚姻の登録と離婚の制限を法制化して真の一夫一婦制家族の強化を説くことになった。そして、やがてそれは、旧ソ連邦や東欧諸国の法イデオロギーとして公認[17]されていったのである。

このように社会主義における家族の消滅論と再構築論は、いっけん正反対の主張のようにみえる。だがそのじつ、どちらも独立した自由な意思主体としての個人を追求し、そうした男女の平等な契約婚という市民的権利イデオロギーを強く主張するものであろう。それゆえ、ソ連邦の崩壊期には、むしろ「社会主義的適法性」の名のもとに、ブルジョア所有権法にいう「市民の同質性」原理を家族関係にまで徹底することがスローガンとされるようになった。それはまさに「物質的生活の生産」と「生殖による人間の生産」をともに歴史の究極的規定要因とみなし、財産と婚姻の発展からそれぞれブルジョアと男性の支配を導き出したエンゲルスの末裔にふさわしい帰結であったといえるだろう。

しかしながら、こうしたエンゲルスによる近代家族とその法規範の分析は、マルクスが一貫して意図した「市民社会」の解剖の方法とは決定的に異質である。

マルクスは、ロビンソン物語が示すような独立した個人から成る社会という観念を、「過去に実在した前提（ないし未来に実現すべき理想）として表出する錯覚」として厳しく非難し、それ自体が「ブルジョア社会において資本関係そのものが措定していく」イデオロギーであるという。[18] それゆえマルクスの『資本論』一巻七篇二四章では、近代資本主義の成立を、エンゲルスのように「近代市民階級」の両極分解によって説明するのではなく、「封建的・共同体農民からの暴力的な土地収奪による二重の意味で自由な労働者の創出」に求めたのである。マルクスは、商品生産は、単純商品生産なるものではありえず、「賃労働がその基礎になるとき、はじめて自分を全社会に押しつける」[19] ことを強調する。それゆえ、近代市民的な家族規範も、労働力商品の価値どおりの販売の反復を基礎にして、はじめて純粋かつ全面的な定着が保障されるということになろう。それは、自然法的家族理論に後退したエンゲルスの、近代家族の原型を近代市民階級なるものに求める見解とはまったく逆のものであった。

マルクスはむしろ、自然法理論を批判するG・W・F・ヘーゲルの『法哲学』における「家族―市民社会―国家」トリアーデの継承から出発した。そして、ブルジョア法における自然法的自由・平等の根拠を、資本主義的商品経済の自己調整的運動をイデオロギー的に表現する「市民社会の全面依存性」に求めた。『資本論』体系は、まさに市民社会がヘーゲルのいう「欲求の体系」であることを承認するものである。しかしヘーゲルによれば、市民社会はその出発点に、「外面的現存在としての個人主義を超えた共同体」すなわち「法的・人倫的な愛（Rechtlichsitrlich Liebe）にもとづく財の共同性」[20] としての家族を前提とせざるをえない。エンゲルス流の「歴史の発展の弁証法」ではなく、対象のあたかも永遠に繰り返す肯定的理解のうちにそれ自身の特殊歴史的な限界を論証する円環的ロジックによって、マルクスにおける家族法理論の析出は図られなければならないのである。

三 『資本論』と家族法の理論

1 労働力の再生産と私的保護法

こうして原理的には、近代市民社会に対して「家族」は前提（voraussetzen）となるが、けっして特定の家族形態から始めることはできない。むしろ論理的には、「資本の蓄積過程」が労働力に固有の特殊な再生産方法を要請することに対応して、法理論的にも、所有権法の体系的構成それ自体が、その背後に非所有権法領域としての家族法を措定（setzen）していくことになる。それゆえ、こうした労働力の再生産を保障する社会規範にこそ、はじめて「近代家族法（Familienrecht）」のプロトタイプが与えられることになろう。

『資本論』の資本主義社会論は、労働力が、原始的蓄積過程を介してひとたび「無理」に商品化され生産過程に投じられると、新たな価値を追加する商品が自律的反復的に生産されるという、徹頭徹尾、物象化された社会秩序論として構成されている。しかも労働力の価格が「労働賃金」という形態で生産のコストとみなされ、その売買が「雇用契約」として法的規範になると、資本の運動が純粋な価値増殖のメタモルフォーゼとして現われる。したがって資本の生産過程も、流通過程に覆われて「売買契約」の結果として観念される。ここでは、一切の社会関係が、自己の貨幣を譲渡して他人の商品を獲得する契約的な意思関係になってしまい、その主体は、使用価値的な個性を払拭された自由・平等の法的人格つまり私的所有権者として表現される。市民法としての所有権法（財産法）が、所有権をもっぱら権利主体（人）と対象（物）の関係として観念し、契約を単純流通の相互的な承認のように抽象する根拠は、いわゆる「交換過程」（一巻二章）ではなく、こうした流通による生産過程の包摂としての「資本の流通過程」にこそあるといってよいだろう。

だが、こうした「所有・契約・人格」の法規範にもとづく資本のメタモルフォーゼにおいては、その拡大再生産に対応する労働力の確保がはたしえない。もし、人間の労働力が他の商品と同様に資本主義的に生産され、価格変動をつうじた需給の均衡にもとづいて、直接に生産とその供給量まで調整できたならば、資本主義は、自由で平等な所有権法の権利義務関係によって完全に社会を一元的に編成できたであろう。しかし、資本自身は「人間」を生産することができない。それゆえ自然的な「種の繁殖」を基準としながらも、資本が必要に応じて市場で確保できる労働力の貯蔵プールを自らの運動をつうじて間接的に創り出さなければならない。こうした経済システムが、マルクスによってはじめて明らかにされた「資本主義に特有な人口法則」であり、それゆえそれは、つねに相対的過剰人口を形成し貯えるプールとしての「家族」の根拠であった。

すなわち資本主義の好況期には、一般に固定資本を変えず一定の有機的構成を維持したまま、追加投資による蓄積の拡大がおこなわれる。このことは、可変資本としての労働力需要の比例的な増加を意味し、しだいに労働者の供給不足を招き、賃金を上昇させ利潤率を低下させることになる。エンゲルス流にいうなら、好況期には、労働による「物質的生産」は生殖による「人間の生産」と両立しえない。こうした「種の繁殖」による自然人口のみに依存した労働力の供給は、やがて限界に達し枯渇して恐慌をひきおこす。つづく不況期には、固定資本を変革する生産技術の改善が行なわれる。それゆえ資本構成は高度化して、労働力が排出され、過剰人口のプールがつくりだされることになる。こうして不況期には、「種の繁殖」の枠内で「物質的生産」と「人間の生産」の両立が可能となる。この相対的過剰人口の豊かなプールの圧力によって賃金は下落し利潤率は上昇する。それゆえ、ふたたび資本主義は、資本構成を一定にしたまま蓄積の量的な拡大が可能となる。これにより安価な労働力を吸収する好況期を迎えることになる。

すなわち、資本主義の好況―恐慌―不況という循環システムは、一方で、労働者をたえず市場に投じてアトム的な私的所有権者にするとともに、他方で、市場からひき離された相対的過剰労働力をつねに創りだしてこれらの人口を扶養しなければならない。法的に言いかえれば、市民社会における独立・自由・平等の個人から成り立つ所有権法（財産法）的関係は、その背後に、一定の被扶助・要保護人口から成る家族法的な人間関係があることを、その存立条件としているのである。

では、個人財産権・私的自治・自己責任原理によって構成される市民社会的法規範のなかで、所有権法的な個人主義原理と家族法的な扶養・扶助の原理とは、どのようにして統合が可能なのであろうか。いいかえれば、市民社会における家族法のレゾンデートルはどこにあるのであろうか。これを三点に分けて整理しておく。

① 労働賃金形態

まず第一には、労働賃金という法イデオロギーのもつ特殊な意義である。

マルクスは、「労働力の売買」において、労働力の価値を、「労働者の生活に必要な生活資料の生産に要する労働時間」に求めている。しかしながらこの労働力の価値は、労働力の販売の場面ではなく、労働を終えたのちにはじめて支払われるため、時間賃金ないしは出来高賃金という法形式のもとに「労働の報酬」として観念される。それゆえ賃金は、一人の労働者の労働にもとづくものとして意識され、その所有権は個人としての労働者に帰属せざるをえない。

しかしマルクスは『資本論』第一巻の第四章三節で、こうした通俗的イデオロギーを批判する。すなわち「労働力の所有者は死を免れない。だから彼が市場に現われることが連続的であるためには、……生殖によって永久化されなければならない。少なくとも同じ数の労働力によって絶えず補充されなければならない」。それゆえ労働力の生産に必要な生活手段の総額は、「補充人員である妻子の生活手段」および「子どもを新たな労働力として養成し教育をうけさせるための修業費[21]」を含んでいなければならないという。このため、家族の全成員が個別的に賃労働者となると、労働者の賃金は一般的に低下するというのである。すなわち労働力の価値は、景気循環をつうじて平均的に「労働者を維持するために、また市場で減少しない労働供給を保証するだけの家族を彼が養うことを可能にする[22]」レヴェルに帰着することになる。そのため法的な所有権の帰属とは別に、成人男子労働者には妻子を扶養する義務が生じることになる。ここに最初の家族法の存在意義があろう。これをマルクスは、次のように要約する。

「労働力の価値は、個々の成年労働者の生活維持に必要な労働時間によって規定されているだけでなく、労働者の家族の生活維持に必要な労働時間によっても規定されている。機械は、労働者家族の全員を労働市場に投じることによって、成年男子の労働力の価値を彼の全家族のあいだに分割してしまう[23]。」

では、資本家の所得はどのような意味をもつのか。

利潤は、まず前貸し支出である賃金コストが生む利子であり、これを超過する分は資本家による企業努力の成果としてあらわれる。それゆえ、ここから追加投資分を差し引いた利得は、労働者における「報酬としての賃金」と同様に、資本家の「企業活動にもとづく所得」とみなされる。したがってそれは、資本家個人の勤労に対する報酬であり、法的にその所有権は彼個人に帰属するものとなる。しかしながら、資本家の企業活動が、労働者の労働と同じく、男女の婚姻と生理的未熟者である子どもの保護・養育をつうじて継続されるものであるかぎり、その所得はやはり家族の生活扶助費を含むものとして現われざるをえない。こうして所有権法の個人主義原理とならんで、家族法の私的扶助を維持する原理が必要となる。

すなわち労働者であれ資本家であれ、景気循環の繰り返しのうちに労賃や所得の上昇・下落のプロセスを反復して、「標準的な家族」を維持する法的規範が生じることになる。

② 相続の意義

第二は、家族法において相続のもつ法的意義である。

資本の無限にくりかえされる自己増殖のメタモルフォーゼには、かならずその内部に、減価償却によって価値を回収するのに長期の期間を有する固定資本が存在する。こうした固定資本の回収には、世代を超えた所有の継承つまり「相続」が必要となる。また、地主においては、超過利潤としての地代を利子率で還元した擬制資本つまり土地所有の承継相続が不可欠となる。こうした世代を超えて継続する資本の回転は、たんにエンゲルスのいうような「父の私有財産を実子に相続させる欲求」のためだけではありえない。むしろ資本主義社会においては、相続をつうじて資本の永続的な運動を保証することになる。また資本の運動から離脱した消費財については、相続制度そのものが、死者から妻子などの生存家族員に対する生活保障ないし私的扶養という機能[24]をはたすことになる。

こうして私的扶養が経済的関係として成立すると、法的にも、財産の共通性ないし管理共通性が規範として観念されるようになる。配偶と親子関係から成る家族が、「性別と血縁にもとづく人間の自然的属性」とみなされるとともに、相互扶助と保護の義務が、「親族・身分的共同生活の結果」として当然のものとして立ち現れることになる。それゆえ独立・自由・平等の個人から成り立つ資本主義は、その真っ只中に「相互的他人性の存在しない人的依存関係[25]」すなわち家族を社会の細胞としてつくりだすことになる。

このかぎりでは、奥田義人や中川善之助が、民法学説として、夫婦と親子のあいだの扶養義務を、「夫・父が子または配偶者の生活を、自己の生活の一部として自己と同等の生活を維持する生活保持の義務（Unterhaltspflicht）」と規定した[26]のは、正鵠を得ていよう。

③ 相対的過剰人口の維持

そして第三に、もっとも重要な家族法の機能として相対的過剰人口の維持が加わる。

資本主義は、労働力の再生産システムを妻子の扶養をつうじて「家族」として処理するが、それだけでは終わらず、さらにその他に一定の過剰人口をかかえなければならない。マルクスは、第一巻七篇二三章四節で、これを流動的、潜在的、停滞的な過剰人口としてそれぞれ説明している。けれども問題は、私的自治法としての資本主義法においては、これらの人口を「非資本主義的方法」ないし「国家の救恤組織」に依存することなく、あくまでも市場メカニズムによって間接的にその私的生存を保持しなければならないという点である。いうまでもなく、労働力の価値による配偶・親子関係の措定は、こうした過剰人口についてもなんらかの親族身分関係を設定して、その扶助を、無対価の人的依存関係としての家族親族関係のうちに担い手を求めざるをえないであろう。この点を、たとえば宇野弘蔵は、原理的には「過剰人口も現役労働者の賃金によって生存するもの[27]」と述べる。しかしながら過剰人口の扶養費は、直接的な労働力の価値には含まれていない。それゆえマルクスもまた次のようにいう、

「家族の絶対的な大きさはまた、労賃の高さに、すなわちいろいろな労働者の部類が処分できる生活手段の量に、反比例する。[28]」

このことは、マルクスが、相対的過剰人口を家族関係のうちに包含し、現役労働者の賃金による扶養範囲を〝家族〟として規定していることを意味していよう。すなわち雇用労働者の増大は、家族による扶養を減らし、家族への依存とその絶対的な大きさを小さくする。逆に、失業者の増大は、労賃を下落させるとともに家族的扶養への依存を増やすことによって家族の絶対的規模をより大きなものにするといえよう。この点を宇野弘蔵は、景気循環に即してより具体的に説明している。

「好況期に向上した生活水準を不況期には切り下げつつ……好況期に動員された労働者家族のなかから不況期の失業者を出し、就業者の賃金によって失業者も生活する。[29]」

たしかに市民法の個人責任原理によって、不況期の失業者に対する親族扶養は、なにか市民社会にとって例外的な「弱者の保護のために強者に課した義務」であるかのように観念されるかもしれない。それゆえ奥田義人や中川善之助いらいの民法学の通説は、夫婦間と親の未成年者に対する扶養を除く親族扶養義務を、「生活扶助の義務(Unterstützungsplicht)」と名づけて、「相手方の生活を維持するため、自己の地位相応なる生活を犠牲にすることなしに給付しうる限度の義務[30]」というように、比較的緩やかな義務として位置づけることにもなる。その結果、広義の親族扶養の義務は縮小され、今日ではむしろその中心は、後見・補佐・療養看護などの事実的監護や法廷代理・同意などの行為的監護といった不可量的な保護のみにあるかのように理解されることにもなる。[31]

しかしながら、老人・疾病者・障害者のような自然的で非歴史的な労働力の喪失者もまた、当然にも経済的扶助の対象とされなければならない。近代家族法の基礎は、やはりこうした経済的親族扶助に支えられているといえよう。資本主義における労働力の商品化という「無理」が、むしろここに集中的に表現されているといってもよいかもしれない。じっさいマルクスは、過剰人口の底辺に老人・疾病者や障害者・受救貧民などの存在をあげ、こうした「資本主義的生産にとっての空費(faux frais)も扶養費として労働賃金のなかから負担される[32]」ものとしている。すなわち資本主義社会は、所有権法の契約関係、つまり自由意思による交渉と対価的取引だけでは、けっして社会を一元的に編成することはできない。むしろ、その真っ只中に経済的相互扶助や私的保護といった一種の複合家族的な互酬関係（réciprocité）を組みこまなければ、一社会として存立しえない。

こうして民法は、「所有権法」の外部に、それと不可分の体系として「家族法」を配置して、ようやく国家から独立した私的自治規範として統一性を確保することになるのである。

この点、わが国の民法（家族法）研究者のなかで、近代家族法のレゾンデートルを、「親族・身分法」の外観から解き放ち、経済的保護としての扶養を軸とする「私的保護法」こそがその中心であると的確に見抜いた[33]のは、ゆいいつ沼正也のみであった。

沼は、一方で、中川善之助や来栖三郎が、所有権法を「経済的生活関係を規律するゲゼルシャフト原理の規範」であり、それに対して親族身分法を「保族生活関係を規律するゲマインシャフト原理の規範」と規定して、両法のたんなる類型的対比に終始している点を批判した。また、他方で、川島武宜や青山道夫、磯野誠一らが、婚姻を契約と捉えて家族法の中核に据え「所有法原理の家族への浸透」を追求する近代的個人主義に陥っている点をも批判した。こうして沼は、家族法のメルクマールとして、「独立した主体の権利義務的な対抗関係が存在しないこと」および「法的構成が表見的な次善性をもつこと」を指摘し、所有権法に対する「舞台裏の補完つまり御膳立て」として家族法を位置づけることを提唱することになる。[34]すなわち家族法は、所有権法に対してその実現を背後で支える私的保護法として存在するというのである。

沼の家族法理論は、いまだ資本主義の特殊歴史性を捉えておらず、「私的扶助を公的扶助へと代替することによってあらゆる人間を財産法的主体に高める」ことをめざす、社会法的スタンスに立った社会民主主義理論の一つにすぎないのかもしれない。けれども戦後の日本の家族法学が、家族をたんに親族・身分関係としてのみ捉え、中川や来栖のホーリズム的家族法理論と川島や青山のアトミズム的家族法理論とがせめぎ合うなかで、沼は、両者を真正面から批判し、私的扶助というパラダイムによって家族法の独自の理解を試みたのである。それゆえ、沼法学は、民法学の主潮流から栄光ある黙殺をこうむったのであろう。

2　家族立法の類型論

こうして資本主義は市場メカニズムを成り立たせるサブ・システムとして、その背後に絶えず「家族」の存在を予定せざるをえない。すなわち個別家族は、資本の再生産によって生じる過剰人口を、現役労働者が賃金による私的扶養をつうじてその内部に取り込んで救済していく、人的依存関係の存在を根拠にしている。沼正也の言葉を借りてこれを法的に表現すれば、「市民社会は……財産法を市民的取引社会の法として成立させるために、人間の異質的要素の克服の場としての家族法を……資本制社会の基本的構造を可能ならしめる私法的手段による補完・私的保護として実現[35]」していくことになる。

もちろん、現役労働者が賃金を扶養に振りむけるのは「家族」の私的慣習の存在にもとづくものであり、ここから直接に、国家により強行法規として定型化される制定法（Staatsgesetz）としての家族立法が、一般的に確定できるわけではない。むしろ、厳格組織法としての「親族身分関係法」およびそれへの要保護人口の配分である「親族扶養法」の形態は、歴史的に支配的な資本形式の変容に対応した「労働力の商品化の無理」、いいかえれば過剰労働力の具体的な発現形態に規定されるといえよう。ややシェーマ的にいえば、資本蓄積の構造的変容は、まず第一に、直接的な労働力の再生産の場である夫婦・親子の財産関係とその扶養関係に、第二に、過剰労働力を維持するより広義の親族私的保護関係に、もっとも典型的にあらわれることになるのである。

つぎに、以上の点を基準にして、歴史具体的な家族法（私的保護法）のタイプを考察してみることにしたい。

①　重商主義政策としての家族法（一六～一八世紀）

近代家族の出発点は、資本主義的生産に先立ち、絶対王政により近代統一国家が形成される時期に求めることができるであろう。

この時期の主役である商人資本は、共同体と共同体のすき間において主として海外貿易によって財産を集積することなる。このため、それはなお旧来の共同体的社会関係を解体するものではなく、その家族財産関係は非個人主義的に構成されざるをえない。そこでは一般に、妻の持参財産や後得財産はすべて夫の所有物とみなされた。そのうえ家族の扶養は、家父長である夫の私事として彼の自由意思にまかされた。じっさい当時のイギリスのコモン・ローは夫婦一体主義（converture）を採用しており、夫婦間の扶養が独立した義務として問題になることはなかったのである。したがって私的扶養の範囲は直系血族のあいだに限られ、夫による妻の扶養は、民事手続きによって訴求できない不完全義務にすぎないものとされていた[36]のである。

他方、このころイギリスでは、エンクロージャ・ムーヴメントが起こり共同体が暴力的に解体され、大量の無産者が発生する。これに対応して、大家族的紐帯から直接生産者を徹底的に分離し、小家族化を推し進めるために一五三一年「救貧法」が制定される。この法律では、扶養の義務を負う者は父・母・祖父・子であり、扶養される者は貧困または障害のために労働能力をもたない子・孫・父母とされている。これは、これまでの共同体的な所有と扶養の慣行を廃止し、家族を労働力の販売単位してつくりなおす政策であったといえよう。やがて、一七二二年には貧民収容所の一括請負経営がはじまり、八二年には、「労働の能力と意思のある者の国家救済法」が制定される。さらに九六年には、賃金補助制度によって、貧民家族に労働者としての生活の保障が与えられることになったのである。

なお、付言しておくと、フランス革命から一七九一年の革命憲法、さらには一八〇〇年の民法典へとつづくフランスの個人主義の契約的家族観は、資本主義による労働力の吸収が脆弱であったことに起因する分割地小農民家族をモデルとした法イデオロギーにすぎない。それはけっして、近代市民家族法の典型をなすものとはいえない[37]。しかし一八〇四年のナポレオン民法典以降、フランスでも夫婦共通財産制が採用され、財産の管理収益権を夫の専属と定めた。むしろ、この法律の方が、商人資本による蓄積を促進する政策として有効に機能したといえるのではなかろうか。

②　自由主義政策としての家族法（一八世紀末〜一九世紀中頃）

一八世紀の後半に入ると、商品経済は生産過程を包み込んで産業資本を編成するにいたる。イギリスでは綿工業を中心に市場の自己調整メカニズムが作用して、労働者の賃金はほぼ家族の再生産費のレヴェルに収斂していくことになる。このため一九世紀には「主婦婚（marriage of housewife）」と呼ばれる婚姻形態が広まって、夫が就労し妻は主に家事を担うようになる。そのため、夫の妻子に対する扶養は私法上の義務とされることになる。それは同時に、家父長としての夫の権威を弱めることにつながる。じっさいイギリスでは、一八三五年には未成年者に対する監護と後見が父親の法的義務とされることになり、また五七年には「離婚法」が制定され、遺棄された妻の財産保障が認められたのである。

さらにこのころには、市場の景気循環メカニズムによって、相対的過剰人口の増減が一定の周期性をおびてくる。このためイギリスでは、一七九六年には救貧法が改廃され、失業の自由放任主義にもとづいて、扶養は家族の私法上の個人責任義務に委ねられることとなる。じじつ一八二四年の「浮浪者法」以前は、家族扶養を怠った者に対する処罰を規定し、扶養義務の履行を国家が権力的に強制していた。これに対して一八三四年の新救貧法および四二年の浮浪処罰法は、貧民の戸外救済を廃止し、国家による保障を最小限にとどめて、私的扶養の履行を間接的に促すものとなった。さらに六八年の救貧法の改正によって、夫の妻に対する扶養義務が明記されるとともに、従来の処罰規定が廃止された。代わって扶養義務の不履行に対しては、民事債務として強制執行することが新しく規定された。ここに私的扶助制度としての「家族」が完成をみたといってよいだろう。

また、産業革命による機械制工業の発達によって単純労働化がすすみ、女性や子どもの労働力が景気循環の調整のために主に好況期に商品化されるようになる。イギリスにおいて一八七〇年法から八二年法によって、既婚女性の特有財産権（Married Woman's Property Act）が承認されたのは、まさにこの産物であるといってよいだろう。こうした妻の地位の相対的上昇を反映して、一八七〇年法においては、これまでの夫婦一体の法理を排して妻の財産的かつ人格的な独立が認められた。また、そうした利益の代償としてはじめて、特有財産をもつ妻にも夫と子どもを扶養する義務が課せられることになる。一八八四年には、家族の相互扶助義務が法制度化され、夫と同様に妻の扶養義務の不履行に対しても、民事債務としての強制執行が規定されることになった[38]のである。

③ 金融資本的政策としての家族法（一九世紀末〜二〇世紀初頭）

その後の一九世紀中、イギリスでは、家族の法制度にそれほど大きな変化はみられなかった。これに対してこの頃ドイツでは金融資本が発展し、家族の構造に歴史的な変化を与えることになったといってよいだろう。ドイツにおいては、鉄鋼業を中心に重工業が育成されその固定資本を巨大なものにしていった。株式会社制度を利用した急激で絶えざる資本の有機的構成の高度化は、市場による労働力の吸収を鈍らせてしまう。このことが景気循環過程を変容させて、慢性的に労働力を過剰化し滞留させることになったのである。こうした過剰労働力を押し付けるプールが、まさに「家族」であった。このためドイツでは、ユンカーをはじめ農民、自営商工業者など旧来の中間階級において大家族的紐帯をイデオロギー的に強化することが要請されたのである。[39]

こうして、数個の夫の権威を拡大家族の紐帯によって統合する、いわゆる「家父長制家族」が誕生する。したがって、家父長制（Patriarchalismus）とは、一部の近代主義者が主張するような前近代の遺制でもなければ、フェミニズムが強調するような資本制から独立した超歴史的な性支配（phallocracy）とも見なすべきではないだろう。「家父長制」という概念は、あくまでも後発資本主義における金融資本的蓄積がもたらした、きわめて近代的な家族形態として定義すべきであろう。別の言い方をすれば、それは、市場による家族の統合機能が喪失し慢性的に過剰労働力が滞留したことに対応する、変容した「共同体」の再登場であるといってもよいかもしれない。

じっさい、一八九六年に公布され一九〇〇年に施行されたドイツ民法典BGBは、夫を家族の第一次扶養者（一三六〇条）と規定するだけでなく、婚姻を標準的に主婦婚とする規定（一三五六条）をおいていた。そのうえ、妻の家事にかんする法律行為を夫の責任（一三五七条）とし、夫による家族財産の管理共通制（一三六二〜一四三一条）を詳細に定め、また子に関する親権は夫に専属すること（一六二七条）、さらには親族扶養の範囲をすべての直系血族に拡大する規定（一六〇一条）まで定められていた。[40]ここに、もっとも典型的な「家父長制家族」の法制度が完成するのである。

しかしながら、同時にこの頃は、こうした家族による私的扶助の拡大が制度的に限界に達して、一八七〇年の救除籍法や一九〇八年にその改正法が施行され、公的扶助制度が始まる時期でもあった。そしてまた一八八〇年には、ビスマルク社会保険制度が設立され、社会政策の端緒が形成されることにもなる。すなわち、ふたたび国家による家族への介入が始まった時代でもあったのである。

④ 現代資本主義法としての家族法（二〇世紀初頭〜現在）

さて、以上にみた家族法の各パターンに対して、二〇世紀初頭以降の「家族」は、もはや私的扶助と私的保護をメルクマールに整理できない性格をもっている。一九一四年の第一次大戦と二九年の世界大恐慌による厖大な失業者・寡婦・孤児の激増、それを支える農民や小工業者などの家父長制家族の没落、くわえて一九一七年のソ連邦の成立にもとづく社会主義イデオロギーの大衆への普及という状況において、国家は扶養を、これまでのように「家族」の自主的な編成にまかせておくことができなくなる。それゆえ、金融資本の利害を一定程度抑制して、「国民の文化的生活の最低限の保持」を直接に国家の責任とする生存権の保障政策が要請されることになるのである。

すなわち現代国家は、まず金本位制に代わる管理通貨制によるインフレーション政策を基調にして体制の組織化をはかる。それはたんに恐慌を回避するだけでなく、政策的に労働力の需要を創出して、完全雇用体制の実現により過剰人口の労働市場への吸収をはたしていくものでもあった。さらに国家がフィスカルポリシーによって家族内の個人に直接に所得を再配分し、生活保障の拡充をつうじて「家族の社会化」をはかる。[41] いいかえれば国家が、家族という中間団体の私的扶助機能を代替し、国民をアトム的個人として直接に掌握することで体制内への統合をくわだてるものであった。

ふたたびイギリスを例にとれば、一九四一年に労働党がチャーチル内閣に参加して以降、四二年にはウィリアム・ビヴァリッジによる大社会保障推進計画が始まる。これは、国営保険を手段とした所得再分配政策によって国民の生存権と労働権の保障をはかるものであった。さらに四六年には失業者・老齢者・疾病者・孤児・寡婦などの生活保障法が制定され、四八年には国家扶助法によって、個人は無拠出のままでも国家に公的扶助責任が課せられることになる。同年、家族の私的扶養義務が、夫婦相互と一六歳未満の子どもに対するものに限られることになったのは、こうした資本主義の「福祉国家」的変貌の結果と考えてよいだろう。すなわち二〇世紀に入って、家族法の履行範囲は夫婦と親子の共同生活と生活保持の義務に限定され、それ以外の親族については家族の扶養義務の範囲から完全に除外されることとなったのである。いわゆる〝核家族〟の法的追認である。

じっさいこのような核家族政策は、たんにイギリスに限られたことではない。同様の家族政策は、すでにファシズム期ドイツの一九三七年ナチス戸籍法にみられ、また日本においても、戦前の民法改正要綱や民法小改正から戦後改革をへて現代まで一貫して続いていることに明らかであろう。社会を構成する単位としての「核家族（nuclear family）」は、けっしてG・P・マードックがいうような普遍的「実体」ではありえない。それはすぐれて現代資本主義における国家による市場への組織的介入の成果であるといわねばならない。

こうして、とりわけ第二次大戦後、家族の変容がいちだんと進展することになる。それは、国家それ自体が資本主義の組織化にもとづいて有効需要としての個人の欲望を人為的につくりだすシステムの産物であったといえよう。この国家に管理された市場システムは、コスト・プッシュ・インフレのもとに経済の高度成長をつくりだし、夫だけでなく妻をも労働市場に引きずりだし、その見返りとして家電・自動車など厖大な耐久消費財の所有を保証し、核家族をもさらに〝核分裂〟させることになる。景気循環のサイクルが消滅しないまでも不明瞭なものになり、アトムとしての個人がたえず労働力を商品化して直接的な私的所有の主体として現われる。市場のシステム連関の結節としての「人間」がそのまま実体視され、夫と妻、親と子といった家族の紐帯はバラバラに引き裂かれる。いわゆる「砂のような個人」が誕生するのである。

二〇世紀末、経済の高度成長が終焉し、ソ連邦の崩壊とあいまって現代資本主義は福祉国家から新自由主義へと大きく方向転換したようにみえる。福祉国家の破綻とともに、国家による公的扶助は削減され、ふたたび家族のもつ私的扶助機能が再評価されるかのように思われた。しかしながら、市場のグローバリゼーションは、不可避的に過剰商品化による家族の過剰分解をともなわざるをえない。現在、各国において夫の家長権とともに家族に対する第一次扶養義務が廃止されている。同時に、妻についても特有財産の有無にかかわらず扶養義務の責任主体とされ、扶養の当事者要件が廃止される傾向にある。また、男女の雇用の機会均等の承認とともに、女性労働の保護規定が撤廃されつつある。さらに、相続における私生児や養子の同権化、配偶者の相続権の強化、離婚における原因の拡大と財産分与請求権の確立といった制度の改革がつぎつぎと進められる。いまや、国家と個人のあいだに中間団体として位置していた「家族」は法制度的にも否定されることになる。

そして近年では、雇用や所有の平等にとどまらず、各国において、事実婚の常態化や夫婦別姓の法制化がすすめられ、ＬＧＢＴに象徴される同性愛の公然化とともに、ジェンダーフリーと呼ばれる性別役割分業の廃止や性差の否定が急速にすすんでいる。この現象はそのまま、非婚・離婚・独居・未婚の母などの急増へとつながる。それは、家族のための自己犠牲よりも「個人」としての自己実現に価値をみいだす、現代資本主義の必然的な到達点なのではなかろうか。

四　まとめ——日本における家族法史の分析視点

この章では、『資本論』に即して、所有権法を補完する「私的保護法」としての家族法の位置を明らかにしてきた。そして、そのうえで、資本の蓄積のタイプにもとづいて歴史的に制定された家族諸立法を検討してきた。とりわけ、後進国ドイツでは、イギリスが産業革命で達成した機械工業を輸入して初めから「産業資本による原始的蓄積」が行なわれたため、かえって急速に金融資本的な蓄積を推進することができた。その資本構成の高度性が労働力の吸収を緩慢にし、ユンカーや自営業者の「大家族制度」を存続させることにもなったのである。

日本は、このようなドイツよりもさらに遅れて、一九世紀末という世界史的な帝国主義の外圧のなかで、はじめから重工業と株式会社の移植にもとづいて近代化つまり資本主義化を実現した。こうした日本資本主義は当初から高度な資本構成をもつため、労働力をほとんど吸収することができずに農民家族の資本主義的分解を阻止し、農村を中心に親族の大家族的紐帯としての「家制度」を広範に残存させることになった。それは、数個の夫の権威を一個の家父長のもとに統制し、本家を中心とした分家の同族的結合から成る制度であった。こうした農民家族は、「自家経済の極度の節約と自家労働力の極端な強化」によって支えられており、それゆえ「半ば自給的、半ば商品経済的な農家としては、封建的思想・感情ないし慣行の残存するのを避けるのは極めて困難」[42]であった。むしろ、「家制度」の政策的維持こそが、過剰人口の維持を確保するために適切な金融資本的法政策であったといってよいだろう。

こうした日本の特殊な家族政策のモデルとなりうる家族法は、先進ヨーロッパを見渡しても、それほど多くはない。G・É・ボアソナードにより輸入された一八〇四年制定のフランス民法は、分割地を所有する小商品生産イデオロギーが濃厚で、「家族制度から個人制度へ」を標榜するものであった。これに対して、帝国主義法としてのドイツ民法典BGB草案は、不断の過剰人口を抱えた資本主義制度をイデオロギー的に表現するものとして、財産法における個人主義と親族・相続法における家父長制度とが併存するものであった。このため日本では、梅謙次郎らがフランス型「民法」を一八九〇年に予定通り公布することを主張したのに対して、穂積八束らがその延期を唱えて、いわゆる民法典論争が起こることになる。この論争は最終的に延期派の勝利となった。こうして穂積八束らが推奨するドイツ民法典第一草案を参考にしてパンデクテンジステムにならい、一八九六年に、ブルジョア所有権法としての「総則・物権・債権」が、九八年に、後発帝国主義の家族政策を表現する「親族・相続」が、それぞれ別々に制定されることになったのである。

このような後進性と帝国主義性に累乗された日本の「家族法」は、その後、第二次大戦の敗戦を契機としたアメリカ主導の戦後改革にもとづく日本国憲法の制定によって、大きな変更を余儀なくされる。一九四七年、「親族・相続に関する民法の一部改正法」により家制度にもとづく戸主権と家督相続権が廃止され、翌四八年には「新民法」が制定された。それは、新憲法の第二四条「家族における個人の尊厳と両性の平等」にもとづいて、家族の私的扶助機能を国家が代替することにより、国民をアトム的個人として体制に統合することをもくろむものであった。それはまさに、現代資本主義の法理念的な完成を意味していよう。

それゆえ新民法の制定は、旧講座派マルクス主義のいう天皇制絶対主義に対する民主主義革命論や、法社会学が唱える「市民法原理の家族法領域での実現」といった通俗的な近代化論ではけっして解明しうるものではない。

むしろ、こうした戦後「家族法」の大改正は、戦前一九二五年の臨時法制審議会が「親族法・相続法改正要綱」において男女平等、戸主権の廃止、家督相続の軽減を提案したことに始まり、一九四一年の「民法小改正」によりその改善がなされたことの直接的な延長にあるのではなかろうか。すなわち、一九二〇年代以降における資本主義の現代的変貌が、敗戦という外的インパクトをうけて日本でもドラスティックに進行したものであり、それゆえ、戦後の家族法改革は、戦前との一定の「連続性」[43]のうちに存在するものといわねばならない。

したがって、こうした現代家族法は、戦後における経済の高度成長と完全雇用を支えた「福祉国家」の公的扶助制度が破綻しても、国家の規制緩和にもとづくいわゆる「新自由主義」のもとでも、変わりなく存続し続けることになる。人々は、二一世紀初頭の低成長と貧困の蔓延にもかかわらず、家族的な扶助や共助よりも、グローバルな資本主義的市場経済の人格化とでもいうべき自由な「個人」をなお追い求めているようである。それは、第一次大戦を画期としてつづく現代法の宿命なのであろう。

（1）F. Engels ; *Der Ursprung der Familie, des Privateigentums und des Staats,* MEW. Bd.21, SS.27-28.（二一巻二七頁。）

（2）H. Cunow ; *Die Marxische Geschichts-, Gesellscafts und Staatstheorie,* Berlin, 1923, Bd.II, S.141.　Ｉ・Ｖ・スターリン『弁証法的唯物論と史的唯物論』石堂清倫訳、国民文庫、一二二頁。

（3）青山道夫「家族学説の諸問題」『家族問題と家族法』酒井書店、一九五七年。同「唯物史観と家族理論」『法制研究』二八巻一号、一九六一年。江守五夫の論稿「家族史研究と唯物史観」、「いわゆる《種の繁殖》命題と史的唯物論」などはすべて、のちに江守『家族の起源―エンゲルス「家族・私有財産および国家の起源」と現代民俗学』九州大学出版会、一九八五年に収録されている。玉城肇「家族史研究におけるＬ・Ｈ・モルガンの意義」『愛知大学法経論集』六号、一九五三年。同「家族集団と社会発展の関係」『法律時報』三二巻一三号、一九六〇年。なお、この論争のプロセスについては、戸谷修『家族の構造と機能』風媒社、一九七〇年、第一章。および江守五夫の前掲書、第一篇を参照されたい。

（4）三浦つとむ『マルクス主義の復原』勁草書房、一九六〇年、八〇～八六頁。田中吉六「史的唯物論のエレメントと二種類の生産」『思想』一九六〇年四月号。黒田寛一『社会観の探求』現代思潮社、一九六一年、三七～四二頁など多くの文献がある。

（5）K.Marx-F.Engels ; *Die deutsche Ideologie,* MEW. Bd. 3, SS. 28-29.（三巻二二～二三頁。）

(6) K. Marx ; *Grundrisse* , S. 25.（二六頁。）

(7) K Marx ; *Das Kapital I*. MEW. Bd.23, S. 192.（二三巻 二三三頁。）

(8) *Ebenda*, S. 660.（二三巻 八二一～八二二頁。）

(9) *Ebenda*, S. 660.（二三巻 八二一頁。）

(10) 氏族制度のもとでの家族の未成立は、エンゲルス自身認めるところであった。「家族は、氏族制度のもとでは、決して一つの組織単位ではなかったし、また、そうありえなかった。なぜなら夫と妻は必然的に二つの異なる氏族に属していたからである。氏族は完全に胞族のなかに入り込み、胞族は種族に入り込んでいたが、家族は半ば夫の氏族に、半ば妻の氏族に編入されるしかなかったのである。」F. Engels ; *a.a.O.*, MEW. Bd. 21, S. 100.（二一巻 一〇三頁。）

(11) B. K. Marinowski ; *Argonauts of the Western Pacific : an account of native enterprise and adventure in the archipelagoes of Melanesian New Guinea*, 1922. 寺田和夫ほか訳「西太平洋の遠洋航海者」『世界の名著 五九巻』中央公論社、一九六七年。Cl. Lévi-Straus ; *Les Structures élementaires de la Parenté*, 1949, pp. 35-51. 福井和美訳『親族の基本構造』青弓社、二〇〇〇年。

(12) F. Engels ; *Der Ursprung der Familie, des Privateigentums und des Staats*, MEW. Bd.21, S. 71.（二一巻 七三頁。）

(13) *Ebenda*, S. 75.（二一巻 七八頁。）

(14) *Ebenda*, S. 73.（二一巻 七六頁。）

(15) *Ebenda*, SS. 77-78.（二一巻 八〇頁。）

(16) Cf. Th.Hobbs ; *Leviathan*, ed. by Oakeshott, Oxford,1960, chap. 20, 30. 永井道雄ほか訳「リヴァイアサン」『世界の名著 二三巻 ホッブズ』中央公論社、一九七一年、二二〇～二二一、三四七頁。J. Locke; Two Treatises of Government, chap. 6. 宮川透訳「統治論」『同 三二巻 ロック、ヒューム』一九八〇年、二二五～二四〇頁。I.Kant ; Die Metaphysik der Sitten, 1 Teil, *Metaphysische Anfangsgrunde der Rechtslehre*, §. 22-27. 加藤新平ほか訳「人倫の形而上学・法論の形而上学的基礎」『同 三二巻 カント』一九七二年、四〇七～四一一頁。

(17) 藤田勇「社会主義革命と家族」『講座家族Ⅰ』弘文堂、一九七三年。福島正夫「社会主義の家族観」『講座家族Ⅲ』一九七四年。森下敏男「家族消滅論のイデオロギー」『ネップからスターリン時代へ』渓内謙ほか編、木鐸社、一九八二年。同『社会主義と婚姻形態』有斐閣、一九八八年を参照。なお旧ソヴィエト家族理論の批判として、L・D・トロツキー「家族のなかでのテルミドール」『裏切られた革命』現代思潮社、一九六九年もある。

(18) K. Marx ; *Grundrisse*, a.a.O., SS . 5-6.（五～六頁。）
(19) K. Marx: *Das Kapital I*, a. a. O., S. 613.（二三巻 七六四頁。）
(20) G.W.F. Hegel ; *Grundlinien der Philosophie des Rechts*, 藤野渉ほか訳「法の哲学」『世界の名著 三五巻 ヘーゲル』中央公論社、一九六七年、三八八頁 など参照。なお、マルクス自身の「家族」理解は、『資本論』以前に、『離婚法案』『ヘーゲル法哲学批判』『フォイエルバッハ・テーゼ』『経済学・哲学草稿』『共産党宣言』などにも垣間見られるが、これらとエンゲルス家族理論との相違については、柴田高好『マルクス国家論入門』（現代評論社）一九七三年。二宮孝富「家族論覚書」『東経大人文自然科学論集』三九号。中村秀一「近代家族思想とマルクスの家族論」『国家論研究』一四号 などでも言及されている。
(21) K. Marx ; *Das Kapital I*, MEW. Bd. 23, SS. 185-186.（二三巻 二二四頁。）
(22) *Ebenda.*, SS. 186.（二三巻 二二五頁。）
(23) *Ebenda.*, S.417.（二三巻 五一五頁。）
(24) 相続を、生存家族員への私的生活保障の観点から把握するものとして、中川善之助『家族法研究の諸問題』勁草書房、一九六〇年 がある。
(25) K. Marx ; *Grundrisse*, a.a.O., S. 75.（七八頁。）
(26) 中川善之助「扶養義務の二つの類型について」『家族法研究の諸問題』前掲書。なお、稲子宣子「生活保護法と生活保持の義務」『社会保障の権利』前掲 による批判があるが、国家を前提としているため原理論にはなじまないだろう。
(27) 宇野弘蔵「資本制生産の基本的矛盾とその解決」『社会科学と弁証法』（梅本克己との共著）、岩波書店、一九七六年、二三一頁。
(28) K.Marx ; *Das Kapital I*, MEW. Bd. 21 , S. 672.（二三巻 八三七頁。）
(29) 宇野 前掲書、二三一頁。
(30) 中川善之助 前掲書 を参照。
(31) 沼正也「全体としての扶養法秩序における私的扶養の地位」『親族法の総論的構造』三和書房、一九七五年。
(32) K. Marx ; *Das Kapital I*. MEW. Bd. 21, S. 673.（二三巻 八三八頁。）なお、山中康雄『市民社会と親族身分法』日本評論社、一九四九年、二九三～二九六頁 は、この点を鋭く指摘している。

(33) 沼正也『親族法の総論的構造』一九七五年、『財産法の原理と家族法の原理』一九六二年ほか、沼正也著作集、三和書房を参照。なお、西原道雄「現代の家族と法」『講座現代法』八巻、日本評論社。同「生活の場としての家族法」『法律時報』三七巻一二号は、沼理論に依拠した数少ない家族法理論である。

(34) 沼正也『民法における最善性と次善性』三和書房、一九六三年。なお、利谷信義「現代家族法理論の一考察」『現代日本の法思想』日本評論社、一九七二年。渡辺洋三「現代家族法研究序説」『法社会学研究』第五巻、一九七三年は沼理論の検討を行なっている。

(35) 沼正也『財産法の原理と家族法の原理』前掲書、一一頁。

(36) 山本笑子「英法における扶養義務について」『法学論叢』五九巻五号。同「英法上の扶養命令とその強制について」『比較法研究』八号などを参照。

(37) この点において、稲本洋之助「市民革命の家族観」『講座家族Ⅷ』や、江守五夫「近代市民社会の婚姻と法」『家族史研究Ⅰ』大月書店は、小生産者モデルを採用しており疑問が残る。

(38) 山本笑子「イギリス産業革命と家族」『家族問題と家族法』酒井書店、一九六〇年。小山路男「イギリス公的扶助の形成と変質」『社会保障の権利』有斐閣、一九六七年を参照。

(39) 宇野弘蔵『経済政策論』宇野著作集七巻、一七八〜一八〇頁。

(40) 太田武男「ドイツ法における扶養義務」『比較法研究』八号。鈴木禄弥「近代ドイツにおける家族法」『家族問題と家族法』前掲などを参照。

(41) この点については、評価は異なるが、J・ドンズロ『家族に介入する社会』新曜社、一九九一年。中村達也編『家族に侵入する社会』岩波書店、一九九二年が参考になる。

(42) 宇野弘蔵「わが国農村の封建性」宇野著作集八巻、五八頁。

(43) 戦前と戦後の現代資本主義としての連続説をうち出したものとして、大内力「戦後改革と国家独占資本主義」『戦後改革Ⅰ』東京大学出版会、一九七四年を参照。

終章　「領有法則の転回」の批判と所有権法の体系

一　はじめに

マルクスの『資本論』は、資本の蓄積による拡大再生産を解明する第一巻二二章一節において、「商品生産がそれ自身の内的な諸法則にしたがって資本主義生産に成長するのと同じ程度に、商品生産の所有法則が資本家的領有の法則に転回する」という、いわゆる「領有法則の転回（umschlag des Gesetzes der Appropriation oder Aneignung）」なるものを説いている。

その内容は、資本の蓄積の進行にともない、最初は自己の労働にもとづいて生産物を所有する権利であったものが、内的で不可避な弁証法によって、最終的には他人の不払い労働の領有権、すなわち資本家にとって無償で無対価の他人労働に対する支配権に転じてしまうというロジックである。それは、中期マルクスの『経済学批判要綱』において全面化したものであり、『資本論』においては、むしろ体系的な理論としては消極化する傾向にあったといってよい。[1]ただ『資本論』におけるその目新しい点は、それが、第一巻二四章七節の「資本主義的蓄積の歴史的傾向」における有名な「否定の否定」の論理と結びつくことによって、将来の社会において「自己の労働にもとづく個人的所有の再建」を基礎づける歴史理論としても登場していることであろう。すなわち転回論は、社会主義において独立・自由・平等の近代的個人的権利の全面開花を展望する、きわめてイデオロギー的色彩の濃い論理として『資本論』に残存したということができよう。

それゆえこの転回論は、どちらかといえば経済学プロパーよりも、むしろ法学の世界において古くから注目され評価されてきた。それは、パシュカーニスの商品交換による法理論とカール・レンナーによる法の機能変化の理論を架橋するものとして、川島武宜らにおける所有権法の自己発展論に基礎を与えた。[2]そしてまた、ジンツハイマーの従属労働論やルカーチやコルシュの階級意識形成論を介して、加古祐二郎や沼田稲次郎らによる市民法の虚偽化と社会法の必然性の解明にも利用されてきた。[3]法理論としては、さほど新奇性のないありふれたものであったといってよいだろう。

ところが、これが、一九七〇年頃には、おりからの構造改革理論のブームにのって、内田義彦や平田清明・山田鋭夫らの経済学者によってマルクス研究の領域に逆輸入され、『資本論』体系全体を転回論に即して「市民社会から資本家社会への転変」として再解釈すべきであるという問題提起として浮上する。それはまた、望月清司・芝原拓自・真木悠介などの歴史学者や社会学者による「唯物史観の依存関係史論としての再検討」という主張となって、歴史認識の中軸に位置づけられ、一時期スポットライトを浴びることになったのである。[4]

そして二〇世紀末の世界的な大激動のなかでソ連邦や東欧圏の全面崩壊に直面して、この事態を一八世紀のフランス革命になぞらえ、自由・平等・友愛の近代市民革命の再評価なるものに転回論を援用する見解がまたぞろクローズアップされることになった。[5]すなわち、旧ソ連邦型の社会主義は、近代的個人の未確立、西欧型市民社会の未成熟に原因をもつ権威主義的な人権抑圧の体制であったと捉えて批判し、その解体および民主化を、前近代に対する近代市民階級の勝利であったと手ばなしで称賛する「市民的デモクラシー」の潮流がそれである。

さらに、こうした転回論の論理が、その出生の胎内から末弘厳太郎や戒能通孝らの法社会学と平野義太郎や山田盛太郎らの講座派経済学の融合の上に、西欧的市民社会へのはるかな羨望と日本における市民法の未成熟批判を最大限綱領として成立した「日本型民主主義法学」にとって、恰好の論拠とならないはずはない。そこでは、レーニン主義の破綻と近代民主主義の普遍性を高唱する視点から、「現代において労働に基礎を置かない人権抑圧の体系に転化した市民法を、ふたたび勤労人民の労働を基礎にした人権保障の市民法原理に転換させる」、あるいは「後進国においては市民法に人権としての内実を新たに創造する」などという、きわめて啓蒙主義的な実践的関心にひきよせて、この転回論がもちあげられ利用されることにさえなっている。[6]

そこで最後に、本章では、こうしたさまざまの観点から評価される「自己の労働にもとづく所有」が、『資本論』体系にまぎれこんだ資本主義的な一つの法イデオロギーでしかないことを明らかにし、理論面と実践面との両面において「領有法則の転回論」の限界を示したいと思う。そして、『資本論』の体系からこれを取り除き、マルクスにおける法のフェティシズム批判を徹底する視点に立って、全三巻をつらぬく体系的な所有権の理解の方向性をさぐることになる。すなわち、資本主義市場システムが、いかにして社会の全メンバーに正当で合理的な所有権法秩序として倒錯的に妥当視されるかという物神化のメカニズムを解析することになる。

それはまた、資本主義と市民法（民商法）の関連を『資本論』の全体系に即して全面的かつ最終的に解き明かすことになるであろう。

二　蓄積過程における所有権

1　第一巻二二章の所有理論

『資本論』第一巻の最終部である第七篇「資本の蓄積過程」は、資本と賃労働の関係が再生産され拡大するプロセスを解明する。

その中心にあたる二三章「資本主義的蓄積の一般法則」において、はじめてマルクスは、剰余価値の資本への再転化による蓄積が、私的所有権と契約の法形式のみによって、社会そのものの存続の根拠である再生産の条件を充足することを示す。それは同時に、賃労働者がいかにして私的所有の規範的意識にとりこまれるかを分析するものであるといってもよいだろう。

このすぐれて法的なレジティマシーを分析する前提として、マルクスはまず二一章で単純再生産を想定して、社会の存続の最低条件である生活資料と生産手段の均衡を保障する総資本の再生産が、じつはそのまま、労働力を再生産する秩序を編成するシステムであることを明らかにする。つづく二二章において、追加労働力の拡大にもとづく資本価値に追加された剰余価値の再資本化による拡大再生産の問題、いいかえれば市民社会的秩序の拡大と発展における規範的正当性の問題に入っていく。

ところがここで、『要綱』「剰余資本」における「領有法則の転回」が登場することになる。

J・S・シスモンディやA・E・シェルビュリエなど自然法の影響下にある思想家たちは、資本家が最初に所有する資本の由来を、彼と彼の祖先の労働に求めた。「所有権（Eigentumsrecht）が本源的に自己の労働にもとづくというのは、事実上、商品生産の諸法則に一致する唯一の仮定にみえる」。けれども蓄積のさいに追加される資本は、すべて資本化された剰余価値であり、他人の不払い労働に由来する。追加生活手段にもとづく追加労働力と追加生産手段の合体である資本の所有権は、すべて資本家が労働者から掠ぎとった貢物にほかならない。

最初、ある価値額が資本に転化するのは交換の法則に従っていた。資本家と労働者の契約は法的に平等な双方の自由な処分権だけを前提とする等価交換である。しかし資本家がその所有する生産手段をもちいて労働者を働かせると、生産手段と労働力の価値のほかに剰余価値が生産され、この生産物は正当に彼の所有権に帰属する。それゆえ、この追加資本Ⅰは、等価なしに領有された他人の労働であり、それが次の循環には新たなる剰余価値をともなって再生産される。この循環の終わりに登場する追加資本Ⅱの獲得は、被征服者から掠奪した貨幣によって被征服者から物を買う征服者のやり方と同じである。つまり不払い労働による不払い労働の剥奪である。こうして拡大再生産の第二循環において労働と所有の同一性の痕跡は掻き消えてしまう。これについてマルクスは次のように要約する、

「最初は、所有権は自己の労働にもとづくものとしてわれわれの前に現われた。少なくとも、そのような仮定が認められなければならなかった。なぜならば、ただ同権の商品所持者が相対するだけであり、他人の商品を取得するための手段はただ自分の商品を手放すだけであり、そして自分の商品はただ労働によってつくりだされうるだけだからである。所有は、今では、資本家の側では他人の不払い労働またはその生産物を領有する

権利として現われ、労働者の側では彼自身の生産物を取得することの不可能として現われる。所有と労働の分離は、外観上両者の一致から出発した一法則の必然的な帰結になる。」「商品生産と流通にもとづく領有の法則（Aneignungsgesetz）または所有の法則（Eigentumsgesetz）は、それ自身の内的で不可避な弁証法によって、その反対物に転回する。……所有権は、その侵害ではなく適用から、いまや他人の不払い労働またはその生産物を領有する権利として、……他方では、自己の労働またはその生産物を、他人に属する価値として侵してはならない義務としてあらわれる。(7)」

しかしながらマルクス自身、『資本論』第一巻の五章一節「労働過程」において正当にも指摘しているように、およそ人間の労働力はひとつの自然史的過程として、一日の労働によって、つねに必要労働部分を超える剰余生産物を生みだす。それゆえ、どんな社会においても人間は必要生活資料によって自己を再生産し、剰余部分の蓄積をとおして追加的な生産手段の拡充と生産力の拡大にあてるのである。資本主義社会においても、資本家は、生産手段と同様に労働力を商品として購入した以上、その消費による生産物をすべて所有するし、労働者は労働力の代価である賃金によってその必要生活資料を購入し所有する。

それゆえ、この労働力と生産物の売買における「交換の法則」にもとづく所有権の取得は、けっして「仮象（Schein）」ではなく、あらゆる社会に共通する財貨の生産の拡大という関係の、特殊商品経済メカニズムをとおした実現の形式であるといえよう。(8)それゆえここに、はじめて、商品生産の所有法則にもとづく所有権の取得という法イデオロギーも、合理的な根拠をもって成立するとしなければならない。

ところがマルクスは、『資本論』の冒頭で、いきなり価値の実体としての労働なるものを説いたことがわざわいして、蓄積論の出発点も、「他人の商品を獲得する手段は自己の商品の譲渡のみであり、しかも商品は労働によってのみ生産される」(9)という仮定から開始した。いいかえれば、所有権の本源的な取得の根拠として「自己の労働にもとづくもの」という自然法論者の規定を踏襲したのである。こうして過去の労働Ⅰの成果による、より多量の現在の生きた労働Ⅱの形成を、「労働と所有の分離」とみなし、「蓄積化される剰余労働の通俗的な表現」にすぎない「不払い労働⑽」なるタームを自ら受け入れてしまった。「剰余労働」を、なにか不当な、所有の形骸化であるかのように描いてしまったのである。

それはいわば、古典派経済学において労働価値説として表現されるジョン・ロックやアダム・スミスの自然法的所有観を利用して、かつ、ヘーゲルにおける形式と内容の相互転回という弁証法を武器にし、プルードンの社会主義における所有権窃盗説をも乗り越えようとしたものであり、〝史的唯物論者マルクス〟の悪戦苦闘の所産ではあった。ここには、イギリスの古典派経済学とドイツの観念論哲学、そしてフランスの空想的社会主義という三つの源泉にもとづく一八四〇年代以来の唯物史観イデオロギー⑾が、最後までマルクスの足枷としてマイナスに機能してしまった限界をみてとることができるであろう。こうして、転回論は、「所有関係の総体を意思関係としてのその法的表現において捉える⑿」という流通表面の法イデオロギーに対する批判を、「背後」の資本の生産過程から直接に行なってしまった。このために、流通が「交換の喪失」とみなされ、所有権がその反対物に転化するかのようなイデオロギー的操作に陥ってしまったのである。

そしてこのことが、『資本論』の論理展開に、なお首尾一貫しない疑問点を残すことにまった。それは、資本主義において労働賃金形態という法イデオロギーがかならず確立されることの意義を十分に明確にできず、またそれゆえ、資本の生産過程自体が流通に組みこまれるものとして「資本の流通過程」を蓄積過程の前提に位置づけることなく、再生産過程と切り離して「蓄積を直接的生産過程の一要因として」考察したことにもあらわれる。すなわち、「流通の媒介は蓄積の基礎的形態を不明瞭にする⒀」として、再生産をたんなる価値どおりの売買に解消してしまったのである。

この結果、流通過程は「自由・平等・所有の王国」であり、生産過程は「支配・従属の関係」であるというように、資本の流通過程が二元的に分断⒁されてしまった。そればかりか、ほんらい資本の運動の全体に客観的根拠をもって成立する「本源的所有権としての資本元本」および「賃金形態による労働者への前貸し」という法的観念が軽視され、この観念が、「不払い労働」と呼ばれて、蓄積された追加資本の拡大に反比例して無限小（magnitude evanescence）に縮小されるものとみなされることになる。すなわち、レンナーの説くように、所有権法が階級的に機能変化するものへと矮小化されることになったのである。

2　蓄積の所有権論の批判

それゆえ、このような資本の流通過程（資本価値の循環・回転）のバイヤスを欠いた蓄積と再生産論の帰結である「領有法則の転回」の論理そのものを、あらためて再検討しなければならない。

①　自己の労働にもとづく所有権について

まず、本源的な所有権としての「自己労働にもとづく所有権」の想定は、それ自体W′からWへと復帰しえない商品の販売および別の商品の購買過程W─G─W′を、商品のメタモルフォーゼとみなすものであった。すなわち、単純流通の前提に労働を見いだす、商品の等価交換の設定にもとづくものであった。『資本論』の第二巻「資本の流通過程」における資本のメタモルフォーゼの確立は、こうした単純流通における労働価値による交換を否定し、資本の生産過程においてはじめて商品形態が労働を包摂することを明確にしたのである。すなわち、生産過程をも流通・循環の一局面とすることによって、所有権はそのレジティマシーを確立する。所有権は、雇用と売買という契約をつうじて運動をするものとして一元的に観念され、永続的な法規範となるのである。

流動不変資本および固定資本は、購買によって取得した所有権の客体物に対する使用権能としてあらわれる。また、可変資本の回転である賃金の前貸しと回収の関係は、貨幣の所有権を賃金の支払いによって消滅させるが、これを雇用契約による労務請求権としての債権に転化し、その履行をつうじて新たな価値をもつ商品所有権として再形成することになる。所有権は、このような契約を媒介とした運動G─W…P…W′─G′のなかにおいてのみ、流通の循環をとおして、はじめて価値支配の権利を保障されるのである。このため、資本循環はどこまで遡っても、資本による資本の再生産が前提となることが明らかになる。「本源的資本」と呼ばれる前貸し貨幣そのものが、前年度の賃労働によって形成されたものである。このことは、「本源的な所有権」という前提自体が、労働生産物でない労働力の商品化による資本の生産過程の結果であることを意味する。それゆえ、そうした前提そのものが不要であることが明らかとなるであろう。

したがって、所有権は、どれだけ循環を繰りかえしても「不払い労働の領有権」に転化することはない。こうした想定は、流通による生産の包摂を無視し、蓄積を、直接的生産過程における過去の労働ｖと現在の生きた労働ｖ＋ｍの不等価交換とみなすものであろう。

② 不払い労働の領有権について

そもそも、流通過程において、労働力が売買されて賃金は価値通りに支払われている。労働は、労働力が購買された後で使用価値として消費される生産過程の問題であり、それがどれだけの新たな価値を生みだそうとも労働力に対する支払いとは無関係なことである。マルクスの「不払い労働」なる表現は、流通過程における支払いと生産過程における労働とを混同した、明らかなミスリーディングであろう。

そのうえ、生産過程は、資本の流通過程に組みこまれ、その一部として実現されるのである。それゆえ、いうまでもなく資本家は、雇用契約にもとづいて労働者への賃金支出によって喪失した価値ｖを、販売契約による新生産物ｖ＋ｍの貨幣化によって回収するのであり、このように繰りかえされる資本の価値更新のプロセスは「蓄積を隠蔽する仮象」であるどころか、資本の流通過程における価値のメタモルフォーゼの正当性を保障する合理的な根拠であるといわなければならない。そこでは、前払い労賃のコスト化にともなって生産過程が労務という債権の履行過程としてあらわれ、資本価値の更新が資本家における「本源的な所有権」の維持として観念される。可変資本は、もっぱら固定資本との対比による流動資本として、剰余価値は、運転資金の再前貸しにともなう回転期間の長短による収益の差、すなわち「所有権の果実」としてあらわれる。

また、この商品資本の循環形式Ｗ′—Ｇ′・Ｇ—Ｗ…Ｐ…Ｗ′は、同時に、労働力の再生産Ｗ…Ａ—Ｇ—Ｗおよび剰余価値の資本家による私的消費ｗ—ｇ—ｗという単純流通を含むことから、労働者も資本家もともに、購買により所有権を取得する「法的人格」として観念される。さらに、生産物の蓄積と消費への分割を介して、所有権を生産手段と生活手段とに適合的に配分し、あらゆる歴史社会に共通する再生産表式の実現を、特殊市民社会的な秩序の維持へと法規範化していくことになる。(15)

こうして、資本の蓄積過程は、「領有法則の転回」の想定とはまったく逆に、生産過程において形成される資本と労働の関係を、資本の流通過程をつうじて「自己の労働にもとづく所有権」という市民法的な世界へと解消していくプロセスであることが論証される。このことは転回論による近代的所有権に対する批判も、的外れであったことを示すものといえよう。

③ 領有法則転回論の帰趨

じっさい、マルクスにおける経済学批判の深化は、そのまま、資本主義的所有権へのイデオロギー的な批判を消極化して、法のフェティシズムそのものに対するラディカルな批判を完成させていくプロセスでもあった。

領有法則の転回論は、一八五八年六月の「七冊ノート第一部」の「資本一般」プランで、はじめて登場した。『経済学批判要綱』において、それは具体的に、まず、貨幣に関する章の末尾（貨幣から資本への移行）、つづいて、資本に関する章の第一篇（資本の生産過程・剰余価値）、そして最後に、資本に関する章の第二篇（資本の流通過程・剰余資本）の三か所に見ることができた。

しかしながら、一八五八年六月草案から五九年一月までの『経済学批判』の執筆過程において、商品を出発点とする流通形態論が確立されることで、「貨幣から資本への移行」にみられた転回論が消滅する。そして、五九年プランから六二年の『剰余価値学説史』において、「資本と労働の交換」による転回論が消失し、それが「労働力の商品化」であることが明確にされた。さらに、六六～六七年の『資本論第一巻』初版に残った蓄積過程における転回論も、七二年の『資本論』第二版によって、すでにその意義を失ったとみなければならない。すなわち、第七篇の蓄積の前に第六篇の労働賃金形態が置かれ、初版にみられた労働交換論が、篇別構成上も取り除かれた。こうして、労働力が可変資本として、不変資本とともに流通に必要な費用概念のもとにまとめられ、「資本蓄積は資本価値の循環である流通に媒介される」ことが明確にされたのである。すなわち「直接的生産過程の結果」として最後まで残った蓄積論（剰余資本）の転回論は、のちの七七年『資本論第二巻』における資本流通論が完成するとともに、ついにその体系から完全にレゾンデートルを喪失してしまったと思われる。[16]

これをまって、マルクスの所有権と近代法にかんする認識にも、大きな転換がなされたものと推測できよう。

「ロックからリカードウにいたる普遍的な法の観念は市民的所有のそれであるが、彼らによって説かれる生産諸関係は、資本主義的生産様式に属するものである。直接生産者の剥奪にもとづく領有の上に、法的に、労働にもとづく私的所有権というイデオロギーがあっさりと出来されるのである。[17]」

三　原始的蓄積過程における所有権

1　第一巻二四章七節の所有理論

しかしながら、こうした二二章の蓄積論への転回論の残存は、同時に、二三章「資本主義的蓄積の一般法則」において、資本構成の高度化にもとづく過剰労働力の累進的な増大として、すなわち労働者の窮乏化によって社会システムとしての資本主義の崩壊を説くロジックとしてあらわれる。そして、二四章「いわゆる原始的蓄積」の七節「資本主義的蓄積の歴史的傾向」においては、これが、所有権の生成・発展・消滅を説く歴史理論としても一定の残存をみせることになる。

マルクスはここで、資本の原始的蓄積とは、「自己の労働にもとづく所有」の資本による破壊であり収奪だという。すなわち、労働者が生産手段を所有しみずから労働を行なう小経営は、私的生産にもとづく直接生産者の個人的な権利の形成にとって必要条件であるが、この生産様式のもとでは、生産手段の分散のために分業による協業と社会的生産力の拡大は阻害される。生産力の発展と生産手段の集積が一定の高さに達すれば、この生産様式は自分自身を破壊することにならざるをえない。このプロセスは、小農民と小手工業者による土地や生産手段の所有に対する、資本家的私的所有による収奪としておこなわれる。

「自己の労働によって得た、いわば個々独立の労働個体とその労働諸条件との癒合にもとづく私的所有は、他人の労働ではあるが形式的に自由な労働の搾取にもとづく資本家的な私的所有によって駆逐される。(18)」

それゆえまた、諸資本の集中によって少数の資本家による多数の資本家の収奪とともに、ますます大規模の協業的労働、科学技術の発達と土地の計画的利用、労働手段の共同化、社会的諸労働の結合や世界市場の発展が進んでいく。資本の独占は、そのもとで開花した生産様式の桎梏となる。生産手段の集中も労働の社会化も、その資本主義的な外皮とは調和できなくなる一点に達する。「そこで外皮は爆破される。資本主義的私的所有の最期を告げる鐘が鳴る。収奪者が収奪される」。こうしてマルクスはつぎのように結論する。

「資本主義的な生産様式から生まれる資本家的な領有様式、したがってまた資本家的な私的所有は、自己の労働にもとづく個人的な私的所有の第一の否定である。しかし、資本主義的生産は、一つの自然的過程の必然性をもって、それ自身の否定を生みだす。それは否定の否定である。この否定は、私的所有を再び確立しはしないが、しかし、資本主義時代の成果を基礎とする個人的所有（individuelles Eigentum）を再建する。すなわち労働者の協業と土地および労働そのものによって生産された生産手段の共同占有を基礎とする個人的所有を再びつくりだすのである。(19)」

この二四章七節の所有の歴史認識は、そのシェーマの単純さと素朴な実践性のために過度に評価され、『資本論』の体系的展開はおろか、二四章の他の歴史叙述からも切り離されて利用されてきた。

エンゲルスやスターリンによる価値法則を単純商品生産社会の所有法則とする理解、あるいはレーニンによる農業の資本主義化理論、これらに依拠した大塚久雄における独立小生産者の自生的発展による両極分解説、および川島武宜による商品所有権から資本としての所有権への自己発展論。[20] そして平田清明による、「資本論は……所有論である。それは、自己労働にもとづく個体的にして私的な所有が、他人の不払い労働にもとづく資本家的な所有へと自己転変し、しかもこの転変の成就の暁において、ふたたび資本家的領有を隠蔽する仮象として法的に確立され、社会の公認原理になることを批判したものである」[21] という、蓄積と原始的蓄積の統一的な理解なるものも、これを重要な論拠としてきた。

また、これらの影響のもとに、渡辺洋三に代表される民主主義法学者（マルクス主義法学者）の市民的な所有権法の理解も存在したといってよいだろう。渡辺は、市民革命の成果である「労働にもとづく所有」という人権としての財産権から出発した近代法は、「他人労働に対する所有」という市民法の精神を放棄した人権抑圧態としての財産法に転落したという。そしてこの財産権の転回を軸に、人身の自由と罪刑法定主義による市民的な生存権擁護の刑法が、ブルジョアジーの財産権保障のための刑法に転化し、さらにその上層にそびえたつ国民主権・権力分立・司法の独立・地方自治までもが、人権から切断され、国家に対する資本家の自由主義的な諸要求を反映したブルジョア公法に転回したと捉えることになる。

それゆえ「労働にもとづく所有」の否定の否定である社会主義は、瓦解したソ連邦のような官僚制的国有化ではなく、労働者の個人的所有にもとづいて市民法的人権を回復し、真に実現するものでなければならない。そうならなかったところに、旧ソ連邦や東欧諸国の大崩壊をまねいた根本的原因があるということになろう。そして近年またぞろ、社会主義を、こうした「自己の労働にもとづく」個人的所有者のアソシエーションとして理解するマルクス主義なるものが、[22] 雨後のタケノコのように続々と登場しつつある。

ここには、生産関係の動揺期に部分的かつ例外的に発生するに階層にすぎない独立小生産者をもって、近代史のトレイガーとみなし、これを主体とする市民革命だけが唯一の人類の進歩の起点であるとする、西ヨーロッパ近代啓蒙主義のあからさまな表白がある。社会主義とは、こうした自由で平等な市民革命の理想を現代において再現するものであり、小生産者の連合（Assoziationismus）にもとづく社会でなければならない、というわけである。

2 原始的蓄積論の所有権論批判

しかし残念ながら、こうしたロジックには根本的難点がある。マルクス自身、二四章七節の近代的所有権の歴史法則的認識については「証明を与えることはしない[23]」と述べている。それだけではなく、この近代的所有権の生成にかんする理論は、じつは、その前の二四章一節から六節にわたるイギリス史についての記述とさえ明らかな食い違いを来たしているといわなければならない。

① 歴史記述との矛盾

マルクスは、二四章第一節において、原始的蓄積を、勤勉で利口な小生産者が資本家となり、怠け者が賃労働者となる牧歌的なプロセスであるとみなす、常識的な両極分解説を痛烈に批判する。そして原始的蓄積を、権力的かつ暴力的な手段による封建制的共同体の解体という歴史的断絶であると規定している。

さらに、第二節でマルクスはいう。私的所有権の規範的な成立は、シェルビュリエのいうような「自分自身の労働生産物に対する直接生産者の排他的な権利」という関係をけっして根拠にするものではない。それは、一五世紀における羊毛工業の隆盛によって始まった封建領主による土地収奪と共同地の囲い込みにもとづく。そして一六世紀の宗教改革による教会地の横領による無保護なプロレタリアの大群の形成、および名誉革命後の合法的な共同地囲い込み立法による土地清掃に原因をもつものである。

つづく第三節では、この囲い込みの結果生じた無産者の浮浪と救貧に対して国家が行なった過酷な弾圧が紹介される。すなわち、鞭打ち・焼き印・拷問などの血の立法、労働日延長法、最高賃金限度法、団結禁止法などであり、それらは、無産者を労働力商品として馴化していくための法制度であったとして具体的に説明されている。

第四節では、一六世紀末には、領主や貴族への土地の集中過程が描かれ、これに対応して土地の管理人が借地農業資本家へと転成していくことが指摘される。第五節では、機械制工業の登場が農村の副業を破壊していったこと、および大工業が国内市場を制覇したことにもとづく農工分離の完成が指摘される。最後に第六節では、一七世紀末における国家権力による組織的な立法、すなわち重商主義政策にもとづく植民・国債・租税・保護貿易などに関する諸立法が封建制度を最終的に解体して、商人資本家が産業に転成するのを積極的に援助したことが指摘されている。

以上の歴史記述[24]は、まさに、近代的所有権の成立が、たんなる私的所有の内的で必然的な発展の結果として決して法則的に生じたものではないことを証明していよう。商品経済のイデオロギー的表現としての私的所有は、マルクスによれば、歴史的にも「共同体の終わるところ、共同体が他の共同体またはその成員と接触する点で始まる」[25]。それは、「血統・言語・慣習などの共同性にもとづき、個々の成員がその共同体の一分肢として彼らの自然的諸条件に関係する社会秩序」[26]の内部からは、けっして発生しない。むしろそれは、共同体からはみ出した外部者による例外的で副次的な規範関係にすぎない。それゆえ私的所有は、その対象が誰によってどのように生産されたかは問われず、労働・生産とは無関係な「他人のための使用価値」の支配を意味するにとどまるのである。

こうした労働・生産過程に外面的なイデオロギーである私的所有は、部分的には共同体の秩序を侵食し弛緩することができても、容易には一歴史社会を編成する法システムとしての規範的な普遍性を獲得するものではない。その成立には、権利のレジティマシーの根拠として、社会の内部でもともと編成されている労働を外から包み込むしかない。この所有と労働の結合には、労働生産物ではない土地に排他的支配を確立することによって、そこから追い出された無産者を形成し、その労働力を商品として資本の生産過程に投入することが前提となるといわねばならない。じつに『資本論』の第二四章の一節から六節にいたる豊富な歴史記述は、こうした労働力という商品の本源的な形成過程を丹念にたどるものだったのである。

すなわち、労働力というそれを購入すれば何でも生産できる商品によって新たな商品を生産することで、はじめて、商品経済的な「所有」が生産過程の「労働」を掌握することになる。こうして、あらゆる社会に共通する労働が、内的必然的に私的所有を生みだすかのような転倒した法イデオロギーが成立することになるのである。まさに法はそれ自身の歴史をもたない。「労働にもとづく所有権という永遠の正義（justice éternelle）」なるものは、パラドクシカルにも、労働者と労働諸条件との分離という暴力的過程を本源的条件とする。先にみた蓄積過程は、労働力の内的確保をとおした商品の再生産のメカニズムを示すことで、「労働」と「所有」が法イデオロギー上、不断に結びつけられる根拠を明らかにした。だが、マルクスはこれが成立するための「原罪」すなわち歴史的特異性を示すものとして、原始的蓄積過程を、一巻七篇の「蓄積過程」の最終部分でどうしても特筆しなければならなかったのである。ちなみにマルクス自身の校閲を得た一八七二年の『フランス語版（ラシャトール版）資本論』では、この意義をさらに強調すべく「原始的蓄積過程」が八篇として、七篇の蓄積過程から独立した構成[27]となっている。

以上のことは、近代的所有権の歴史的生成が、資本主義市場経済の自己調整的メカニズムに対応する法的上部構造の論理的解明から分離され、「国家権力それ自身が経済的力能として現われる」一五〜一七世紀の特殊西ヨーロッパの立法に即して具体的に解明されるしかないことを意味していよう。

② 弁証法史観への疑問

こうして、『資本論』の原始的蓄積論への歴史的転回論（第一の否定）の混入は、まさに「貨幣の資本への転化」をあらゆる社会に必然的な歴史法則として説こうとした五八年の『経済学批判要綱』および六二年の『剰余価値学説史』の方法論的な残滓、いいかえれば、原始的蓄積を、たんに資本家の手中への貨幣財産の集積一般に解消する発想[28]の痕跡であったということができる。

そして、このような「自己の労働にもとづく所有権」を出発点とする蓄積論（論理）および原始的蓄積論（歴史）こそが、最終的に「不払い労働の領有権」ないし「他人の労働に対する資本家的な所有権」なるものから、資本主義的生産の内在的必然的な諸法則の作用つまり資本の集中と集積をへて、収奪者の収奪までをも展開する弁証法的な「否定の否定」論に帰結していったといえる。ここではマルクスも、資本主義の矛盾を、所有の不平等とか労働の従属性とかいう経験的イデオロギーの水準に解消し、これにまったく同一の資本主義生産関係の法イデオロギー的表現にすぎない「自己の労働にもとづく個人的所有」なるものを、未来に実現すべき理想として対置する発想に陥ってしまったといえよう。それはまさに、リカードウ派社会主義者やプルードン主義者が、労働価値説を法的に読み替えて労働者の労働全収益権（Recht auf den vollen Arbeitsertrag）を主張した誤りを、マルクスもまた繰り返すものだったのではないか。

唯物史観にいう生産力と生産関係の矛盾なるシェーマは、たんに生産力の発展が、商品経済的な私的所有権を社会的生産に適合した法的形態に変更させることを主張するドグマではなかったはずである。それでは、当のマルクスやエンゲルスが批判したF・ラサールやアントン・メンガーの「法による平等な労働と富の分配の権利」という理論[29]をけっして克服したことにはならない。いなむしろ、資本主義のイデオロギー的表現である市民的法思想を積極的に肯定する結果に陥っているとさえいえるであろう。

このことは、こうしたマルクス主義のドグマを信奉した科学的社会主義の諸国家が、ドミノ倒しのようにつぎつぎと消滅し、労働者自身の私的所有の承認がやがてその蓄積による生産手段の所有の肯定にまでいたったこと、要するに、再び資本主義化への道をひた走っていった現実に端的に示されていよう。ソ連圏の瓦解は、たんに近代市民的権利の欠落の結果ではない。むしろ反対に、『資本論』における近代的所有に対する批判の失敗および社会主義における所有論の誤りに原因の一端があったのではなかろうか。

なぜなら、すでに崩壊したマルクス主義のパラダイムにおいては、生産関係それ自体が商品形態をもって実現されることから生じる近代法イデオロギーの物神性、つまりアトミズムと合理主義、そしてこれを不可分にまとった近代的理性の所産である「自由・平等・所有」の三位一体的市民法理念そのものへの文明史的批判は、なお永遠の彼岸のままだからである。

この点、マルクスの「自己の労働にもとづく所有」という法イデオロギーの問題点をもっとも早く的確に指摘したのは、宇野弘蔵であった。宇野はいう、

「この『自己の労働に基づく所有権』が、いかにして『それ自身の内的な不可避な弁証法によって、その正反対物に顛倒するのである』かは、私の理解しえないところである。むしろ『自己の労働に基づくものとして現われる』『所有権』も、それだけでは商品経済的体制としては確立されないで、労働自身も労働力なる商品の売買を通して資本の形式の下に行われながら、その所有権が『労働に基づく』ものとして確立されるというところに、

弁証法的顚倒があるのではあるまいか。単に『自己の労働』によって得たものであるというだけでは、商品経済的私有を確立するものではない。……いい換えれば、労働自身がかかる「商品所有者のみが対立する」私的所有関係の下に行われる労働となる、資本家的生産方法においてはじめて、労働は近代的所有権の実質的根拠をなすことになる。[30]」

四　資本主義と所有権法の体系

こうして、資本主義における所有権法の体系的分析は、それが、生産手段の所有によって「不払い労働の領有」を実現するという点に求めることはできない。

まったく逆に、「自己の労働にもとづく所有権」に根ざす市民法的諸規範が、特殊歴史的な資本主義の１流通、２生産、３分配の総プロセスによって、ふだんに当為的で合理的な存立根拠を保障される意思関係として論証されることで、その分析は完遂されなければならない。すなわち、１流通過程においては、既存の共同体秩序に対する外面的な関係としてしか現われえない剰余生産物を対象とした私的所有が、２たまたま生産過程を自らの存立の規範的根拠として内面化することによって、すべての社会関係を一元的に秩序だてて編成するのが、近代的所有権の法規範であり、３それゆえ資本主義社会においてのみ、個人の自由な意思行為による対抗をつうじて、財貨の分配と帰属の正当性を保障する所有権法体系のフェティシズムが完了する。

まさに、マルクスの所有権理論の画期的なパラダイムは、『資本論』第一巻二二章の「領有法則の転回」や二四章七節における「否定の否定」ではなく、あくまでもその全三巻全体に及ぶ体系的な論理構成[31]によってのみ解析することができる。ここに、「私的権利としての所有関係を形而上学的な一般意思にもとづくものとする法的幻想[32]」は、その根底から存立のメカニズムを暴かれることになるであろう。

1 流通論と所有観念の形成

近代法が支配する世界では、独立・自由の主体である人格がア・プリオリに存在し、しかるのちに彼が平等な契約により社会関係に入るものと観念される。そして従来の法的世界観では、こうした個人の絶対的な尊厳を支えるものこそ、人間が自己の労働行為により自然対象を支配するものとしての所有権（Eigentum）であるとみなされてきた。しかしながら、こうした自然法的所有観は根本的に倒錯している。すなわち、人は、他者との相互他人的な商品経済的連関のなかにおいてのみ所有者たりうるのであり、それはけっして人の物に対する直接的な支配によってではない。こうした所有観念の論理的な形成プロセスが、まず『資本論』第一巻一、二篇の流通形態論によって明らかにされる。

① 売買と所有権（商品）

マルクスによれば、所有権とは、商品の所持者（Warenbesitzer）が商品交換によって互いに相手を私的所有権者（Privateigentümer）として認め合う契約としての意思関係であり、それはそのまま法的関係（Rechtsverhältnis）であるといわれる。

しかしながら、人はあらかじめ独立した人格として登場するのではなく、むしろ人が自己と物との関係を所有権として認識する最初の行為は、その所持する商品W（相対的価値形態）の価値を、自らの欲する他の使用価値物（等価形態）によって主観的に表示してみせることである。この関係において、商品の所持は「自己のためにする意思をもってなす物の事実的支配」すなわち「占有」にすぎず、その所持に客観的・合理的な根拠があるわけではない。[33] こうした意思表示はめいめいの欲求の拡大によって相対化される。こうして複数の人が欲求の対象とする共通の物が貨幣Gである。この貨幣の所持者が価値尺度機能を行使することによって、はじめて商品は現実に交換されその所持者は「所有権者」として認証[34]されるのである。

つまり所有権の初発的な観念は、商品所持者の「申込み」に対する貨幣の所持者による「承諾」という行為の結果としてのみ成立する。それは、誰がどのように生産したかを問わないその場かぎりの権利形態にすぎない。それゆえ「所有」は購買による取得と同時に消費されることによって消滅する、瞬過的な観念にすぎない。

② 所有と契約の分離（貨幣）

こうして物の売買による所有は、W―G―W′という商品の流通となって現れる。このうちW―Gという販売過程は、もっぱら買い手の意思に依存する不確定な要素が大きいため、人はいったん物の販売行為を離れ、遊休貨幣を利用することでこれを解決しなければならない。すなわち商品の所持者は、自己資金の所持を根拠にして対価の受け取りを一定期間遅らせることが可能となり、商品の譲渡を現在の時点で先に済ませることで、確実な売買を実現する。この商品の掛け売りによって貨幣の「所有」が一時的に固定され、はじめて「債権」の観念が分化することになる。[35]

ここにおいて、商品の売買は、将来の貨幣に対する商品の前貸しとしての債権の設定と、約定期間後における購買者による代金の支払いつまり債務の履行という、二つのプロセスに分解する。こうした時間の差異を規範的に表現するものとして「契約」という新しいカテゴリーが誕生するのである。契約の期間中、貨幣の貯蓄としての「所有」は債権から独立した観念として存続するが、けっきょくこれも、債務の履行とともに使用価値として消費に落ちて消滅するしかない。

③ 所有権の絶対性（資本）

これに対して、W―G―W′という契約を介さず、まったくその外部から地金の供給として新たに流通に入る資金は、「所有権」の新設の根拠をなす。民法上、所有権の独立した取得権原を構成する先占・拾得・埋蔵物発見[36]がこれにあたる。この新資金によって購買された財貨は、使用価値としてではなく最初から価値物として所有されるのであり、ふたたび貨幣としての所有権に復帰するしかない。ここにおいて所有権は、G―W―G′という新しい流通形式を採り、その対象を変えながら抽象的な価値支配のタイトルとして代替可能な永続性と観念性を付与される。だが、これにより得られる収益は、いまだ売買契約の内容をなす商品の使用価値に依存しており、その権能の実現を保障しうるものではない。

それゆえつぎに、資金の所有権は、金銭貸借による利息付債権G…G′として現われる。ここでは、資金の価値支配権が「債権」として貸し手に維持されたまま、貨幣の利用権に「所有権」が付着するものとして観念され、契約をへてもとの貨幣所有権に戻ることが可能となる。たしかに所有権は処分の自由を獲得し、価値としての永続性を確保できたが、同時にここでは、運動のモチーフである商品の使用・収益の基盤をなくしている。

これらに対し、貨幣の流通が内部に生産過程…P…を取り込んだG―W…P…W′―G′という産業資本形式こそは、契約による人格の平等を保障し、物に対する自由な処分の権利を保持する。それとともに、その過程内に自己増殖運動による収益の権利をも含むことで、所有権は、全面的・包括的・永久的な使用・収益・収分の権利として絶対性を獲得して法イデオロギー的な完成をみることになる。

2 生産論と所有権の正当性

つづく第一巻の三～六章および第二巻において、労働に基礎づけられた所有権の流通運動をつうじた法秩序のシステム的な編成が示される。

① 労働による所有権（資本の生産過程）

人間は、労働によって自然に働きかけて生産物をつくりだし、そのうちから必要労働分を消費してふたたび自らの労働力を再生産する。こうした労働＝生産過程は、どんな社会にもあてはまる歴史を超えた原則[37]であり、ここからただちに「人間個体の自然的条件に対する関係行為としての所有」という近代に固有のイデオロギーを導き出せるわけではない。そうしてしまったところに、領有法則転回論のそもそもの躓きの石があった。

まったく反対に、労働生産物ではない土地の私的占有によって直接生産者を自然的条件から追放し、その労働力を資本が商品として購入し消費する「資本の生産過程」こそが、人間の労働を所有の本源的権原であるかのように倒錯して観念させる。資本家である「人」が資本としての労働力の消費（労働）によって生産された「物」を所有する。ここにはじめて所有権は、人が物に対して行使する直接無制限の絶対的支配権として自然法的な正当性をうけとることになるのである。

また、労働者が労働力の価格である賃金によって必要物を買い戻す関係は、資本主義におけるすべての社会関係に等価交換をつうじて「法的人格」という主体の理念を形成する。さらに労働力の商品化は、法イデオロギーとしては労働賃金形態として現われる。それは、「雇用契約」による時間賃金、「請負契約」による個数賃金といった法的観念を植えつけることによって、労務に他する報酬の観念を日常化し、「自己の労働にもとづく所有」の観念が、労働者の意識に合理的な根拠を与えることになる。

② 契約を媒介する所有権の移転（資本の流通過程）

こうして資本主義ではその生産過程P…Pにおいて、不変資本を生産手段の所有権として、可変資本を労働者の行為給付である債権の実現過程として表示することになり、生産過程をも資本の流通過程のうちに一元的に統合することになる。いまや資本は、所有権それ自体が新しい所有権にメタモルフォーゼするための必然的な循環過程、すなわち「契約を媒介とした所有権の運動[38]」としてのみ現われる。あらゆる人は主観的には私的な利益G…G′を追求することで、客観的には社会的な生産秩序P…Pを維持するのであり、これらを統合するものとして近代に特殊な一物一権の所有権規範W…W′がいわば間主観的に妥当なものとして成立することになる。

ここでは、物の支配としての不変資本cと人の支配である可変資本vが、無差別に契約にもとづく生産物の所有の根拠としてあらわれ、いっさいの所有権が流動資本と固定資本というもっぱら回転期間の違いのみにもとづく対象物の公示方法によって、「動産」と「不動産」という現象的な二分法で表示される。いっさいの所有権の取得は、売買と雇用の契約に要した費用と時間によって、元本とその果実の量が決定される効率的な合理性を示すものとして観念されるのである。

③ 所有権法の市民的秩序（資本の再生産過程）

このような契約を介した所有権の運動は、たんなる個別的な物の移転ではなく他の物の所有権と連動することによって市民社会のトータルな法秩序を編成することになる。

まず資本の蓄積は、その拡大再生産をつうじて、追加的な労働手段と労働対象の所有権を正当に資本家に帰属させるといってよい。だが、資本家は、追加労働力そのものを資本主義的に生産しえず、したがって所有できないことになる。このため、労働力は、雇用契約を通し労務給付債権として確保するしかないが、問題は、労働人口の絶対的な限界である。それは自然的な人口に依存するしかない。これを解決するのが、不況期における固定資本の変革による有機的構成の高度化にもとづく過剰労働力の排出であり、また好況期における既存の構成を維持した蓄積の拡大にもとづく労働力の吸収である。資本は、こうした景気循環のくり返しにより蓄積を実現することによって、つねに一定の労働力の確保を基礎にした所有権の規範的正当性を維持することができる。また、労働者も、不況期においては労賃の下落・労働日の延長・労働条件の改悪がなされるが、好況期には労賃の上昇・労働日の短縮・労働条件の改善がなされる。このプロセスをくり返すことによって、自らの意識を、労働にもとづく正当な賃金の所有権者として馴化していくことになる。

さらに、再生産表式において生産手段と生活資料の配分が、資本の競争をつうじた所有権の部門間の移転によって均衡的に配分されることになる。このことは同時に、両部門への社会的な資本投下と労働力の配分が、価格変動を介した市場の移動によって自己調整されることを意味する。このために、財産と労働力の移転の自由は、「生命・居住移転・職業選択の自由」などという基本的人権として観念され、資本家と労働者双方の市民的な法規範意識に受容されていく。[39] もちろん景気循環は、所有権の不断の動揺をともなうが、これらも、物権的請求権や不当利得・不法行為による価値返還としての損害賠償請求権によって事後的に訂正されることになる。こうして、私法の自治と自己責任による「法の支配 rule of law」ないし「法治国家（Rechtsstaat）」が社会の全成員の意識に定着していくことになる。

3　分配論と所有権の法イデオロギー

『資本論』の第三巻は、資本主義の各構成メンバーの日常的意識における所有権の妥当性と普遍的受容のメカニズムを明らかにするものとしてある。

①　資本家の意識における所有権（利潤）

このような所有権を中心とする市民的法秩序のなかで、資本家が自由に演じる競争としての法律行為つまり「商行為」によって、分配としての所有権の収益も正当なものとされることになる。ここでは、民法上の「人」が商法[40]による「商人」として現わされる。

労働者が労働日の短縮と賃金の引き上げを目標とするのと同様に、個別資本家（商人）は、その主観的な意識のモチーフにおいて、費用価格kpの切り下げと販売価格vpの引き上げによる利潤率p/cの極大化を求めて「経営」努力を行なう。資本は生産部門や流通期間の差にもとづく資本構成と回転の違いを前提とするために、資本家は資本を、低利潤部門から高利潤部門へと移動させるが、そうした営業的商行為は、結果的に、利潤率を個別の商品の利益から乖離させて均等化することになる。ここでは、個別資本家である「商人」の意識においては、生産価格ppによる販売と平均利潤apの成立が、投資行為とその収益として観念される。さらに、同部門内における生産条件の差異にもとづく市場生産価格の形成は、個別資本家（商人）を、いっそうの超過利潤を求めて他の資本に先んじた固定資本の変革や資金の借り入れに走らせる。しかしこうした追加的な収益は、他の資本家が同様の商行為を行なうと消滅してしまい、ふたたび平均利潤に落ち着くことになる。

「労働にもとづく所有権」という市民的な法観念は、ここでは、資本家相互の関係としての「商行為法」にうけつがれ、生産価格の法イデオロギー的表現である「資本の投下額に応じて平等な分配を受ける権利」として観念されることになる。

② 地主の意識における所有権（地代）

商品流通のイデオロギーとしての所有は、労働力の商品化を介し生産過程に基礎をもった「労働にもとづく所有」として規範的普遍性を確立した。だがそれにはまず、原始的蓄積によって直接生産者を共同体から排除するものとして、土地の私的占有（Grundbesitz）をかならず前提にしなければならなかった。資本の競争による運動は、この制限され独占された自然力にも私的所有権（Grundeigentum）を正当に措定することになる。

社会的な標準生産力にもとづく市場価値による「資本の投下額に応じた所有権」の観念は、農業部門では、土地という労働対象の自然的差異のために、最劣等地を基準に具体化されざるをえない。とうぜん優等条件の土地には超過利潤が生じるが、これは資本家の経営努力と無関係な収益のため、標準投資を基準とした資本家の所有の根拠を失い差額地代Ⅰとして地主に支払われざるをえない。さらに、資本の継続的投下は、最劣等地にも最劣等収益を基準にした超過利潤が生じて、これが差額地代Ⅱとして地主に支払われる。こうして最終的に資本は、みずからの土地利用を制限するものとして未耕地をふくむすべての土地に絶対地代を支払うことになる。

こうして、登記公示による土地名義自体が、あらかじめ超過利潤の分与を地代として請求しうる権利であるという転倒した観念が成立することになる。それゆえ、この地代を利子率に還元した資本元本として土地価格が形成され、土地名義は、不動産の価値支配権である所有権として、その私的で観念的な性格を確立するにいたる[41]。土地所有権はさらに、土地合体資本の投下によって、土地改良行為による特別利潤の所有をも可能にする。すなわちそれは、資本家による土地の利用権を賃貸借契約にもとづく債権におしとどめ、所有権（物権）をますます普遍的なものとして観念させることになる。

③ 日常イデオロギーとしての所有権法（利子）

所有権の契約を介した運動は、その循環のうちに資本機能をもたない遊休貨幣をたえず生じざるをえない。こうした遊休資金の所有権を資本家が相互に利用権に転じるシステムが、信用としての債権法を完成させることになる。売買契約においては、将来の貨幣支払いの約束が商業信用による代金債権を形成し、これを有価証券である手形にタイトル化して債権債務関係の連鎖を編成するにいたる。さらに、銀行が、この手形を割り引くことによって、預金として集中された遊休貨幣の所有権を利息付の金銭債権に転化する。これによって個別資本家は資金の再配分をうけて、売買契約による所有権の移転が加速し利潤が拡大する。ここに形成された追加利潤が利息の法規範的な根拠となるのである。これによって、所有権の絶対性とそれを補完する債権の相対性という財産法の二元的法イデオロギーができあがることになる。(42)

こうした法イデオロギーはさらに、流通過程において販売契約を専門とする商業資本（営業）を人格的に分離することで、いっそう明確になる。商業資本の利潤は、債権の生む利息と資本家による営業行為の報酬という二つの収益に分割されるが、これがひるがえって、産業資本家の意識をも覆うことですべての市民的法規範を律するものとなる。近代法において、土地や資本をふくむあらゆる契約関係は人と人の関係である債権として二次的な地位に置かれるとともに、所有権は、企業活動による利得と労働に対する賃金とが一体となって、その本源的な取得の権原を自己の労働におく、「人」の「物」に対する私的で観念的かつ絶対的支配権（absolutes Recht）として完成をみることになる。(43)

独立・自由の「人格」とその身体にもつ労働の支出こそが「所有権」を生みだすものと錯認され、市民社会的関係は、こうした自立した個人がとり結ぶ平等な「契約」によって営まれるものと観念される。ここに近代法パラダイムの物神化が完了するのである。

五　おわりに

以上から明らかなように、「自己の労働にもとづく所有権」の定式は、資本主義社会において反対物に「転回」するのではなく、まさしく資本主義という生産関係そのものが生みだす法イデオロギーである。

特殊歴史的な資本主義という階級社会においてのみ、流通形態としての「私的所有」が生産過程の「労働」と結びついて規範的正当性を獲得する。このような歴史のアイロニーの解明は、同時に、その上にそびえ立つ近代市民法の理想（Geist des Rechts）そのものが、けっして普遍的な自然法的目標ではありえず、まさに特殊歴史性を刻印された、人類史上で相対化されるべきひとつのイデオロギー体系であることを証明するものであろう。なるほどマルクスの展望した「法の死滅」はもはや誰も信じない幻想であったのかもしれない。しかし資本主義が、普遍的な労働＝生産過程を特殊歴史的な商品経済によって編成するものである以上、近代法はどこまでも市場メカニズムのイデオロギー的表現を超えるものではありえない。それゆえ法の批判は、生産過程ではなくそれを包む市場メカニズムそのものに向けられなければならないだろう。もちろん近代法には一定の肯定的側面があることを否定しないが、それでも近代法と権利のもつ物神性への批判は、現状を分析するための一種の「統制的理念」としてつねに脳髄の片隅に置くべきものなのである。

じっさいマルクスは、近代市民法の精神そのものである「人権」に対して、初期の『ユダヤ人問題によせて』から『資本論』にいたるまで、痛烈な批判を浴びせつづけていた。マルクスはいう、

「いわゆる人権（droits de l'homme）、すなわち公民の権利と区別された人の権利は、市民社会の成員の権利、すなわち利己的人間の、人間と共同体から切り離された人間の権利にほかならない。」「したがって自由とは、どの他人も害しないすべてのことをしたりされたりできる権利である。」「自由は、孤立して閉じこもったモナドとしての人間の自由である。自由という人権は、人間と人間との結合ではなく、むしろ人間と人間との区分にもとづいている。それはこうした区分の権利であり、局限された個人の、自己に局限された個人の、権利である。自由という人権の実際上の適用は私的所有という人権である。したがって私的所有の人権は、任意に、他人にかまわずに、社会から独立に、その資産を収益したり処分したりする権利、つまり利己の権利である。個人的自由とその適用を基礎とする市民社会において、各人は他人のなかに自由の実現ではなく、その障害を見いだすようにさせられている。(44)」

「領有法則の転回」に依拠したかつてのマルクス主義法学それゆえ現在の民主主義法学は、資本主義の搾取機能を

「不払い労働の領有」などと不当にイデオロギー的に非難するあまり、かえってその法規範的な理念である「自己の労働にもとづく所有権」の主体（homo iuris）なるものを超歴史的に理想視することになってしまった。それは、もはや古びてしまった近代主義的市民法学へ回帰し退歩するものでしかないといえるだろう。

まことに、直接的な「社会正義の発展のための法学」を公準にして、自己の社会的役割の限界に対する内省的な節度を欠いた法律家や社会科学者による「理論と実践の統一」が、ともすれば、その理論だけでなく実践をも、常識的で法曹的な民主主義観にもとづく法と権利のフェティシズムへの拝跪に貶めざるをえないゆえんである。

最後に、もういちど宇野弘蔵の次の言葉を銘記して本論を終えたいと思う。

> 「法律学にしても学問的に研究される限り、市民社会を理想とするようなイデオロギーをもって果たしてその客観的な研究が行われ得るであろうかと疑わざるを得ないのである。もっともそういったからといって、法律学も社会主義イデオロギーをもってすれば客観的な研究が行われるというわけではない。経済学にしても同様であるが、社会主義イデオロギーをもってしたからといって、資本主義社会の客観的分析が学問的になされるということにはならない。」「法律関係の社会科学的研究では、単なる解釈論のように法律的イデオロギーをそのまま採っていては決して客観的な、科学的なものとはいえない。法律関係をアタマから階級的なものとみなすことは、単なる解釈論と同様に科学的研究をイデオロギー的な、実践的主張と混同するものに外ならない。[45]」

（1）領有法則の転回論は、一九五八年の『要綱』においては、貨幣に関する章の末尾（貨幣の資本への転化）、資本に関する章の第一篇（資本の生産過程・剰余価値）、同第二篇（資本の流通過程・剰余資本）の三箇所に見られる。このうち『資本論』にまで残ったのは、最後の「剰余資本」のみである。K.Marx ; *Grundrisse*, S. 148, 202-205, 360-362, 901-918.（邦訳一五六頁、二一四～二一七頁、三九一～三九三頁、一〇二二～一〇三九頁。）

（2）E. Paschukanis ; *Allgemeine Rechtslehre und Marxismus*, 1929. 稲子恒夫訳『法の一般理論とマルクス主義』前掲。K. Renner ; *Die Rechtsinstitute des Privatrechts und ihre sozial Funktion*, 1929. 加藤正男訳『私法制度の社会的機能』法律文化社、第二章、

一九六八年（新版一九八九年）。川島武宜『所有権法の理論』前掲、第五章 など。

（3）H.Sinzheimer ; *Grundzüge des Arbeitsrechts*, 1927. 楢崎ほか訳『労働法原理』東京大学出版会、一九五五年（新版二〇〇九年）。G. Lukács ; *Geschichte und Klassenbewusstsein*, 1923. 平井俊彦訳『歴史と階級意識』未来社、一九六四年（新版二〇一八年）。K.Korsch ; *Marxismus und Philosophie.*, 1923. 石堂清倫訳『マルクス主義と哲学』三一書房、一九七五年。加古祐二郎『近代法の基礎構造』日本評論社、一九六四年。沼田稲次郎『社会法理論の総括』勁草書房、一九七五年 など。

（4）内田義彦『経済学の生誕』補論、未来社、一九五三年（新版一九九四年）。平田清明『経済学と歴史認識』岩波書店、一九七一年。山田鋭夫『経済学批判の近代象』有斐閣、一九八五年。望月清司『マルクス歴史理論の研究』岩波書店、一九七三年。芝原拓自『所有と生産様式の歴史理論』青木書店、一九八三年。真木悠介『現代社会の存立構造』筑摩書房、一九七七年。

（5）たとえば、加藤哲郎『東欧革命と社会主義』花伝社、一九九〇年。田口富久治『二一世紀の世界はどう動くか』教育資料出版会、一九九一年 など、正統マルクス主義から市民主義への転向があいついだ。

（6）渡辺洋三『マルクス主義法学講座』第五巻「ブルジョア法の基礎理論」とくに第一編総論。

（7）K. Marx ; *Das Kapital I*, MEW. Bd. 23, S. 610.（二三巻 六〇九～六一〇頁。）

（8）*Ebenda*, S. 192.（二三巻 二三三頁。）なお、この点について、宇野弘蔵『経済原論』宇野著作集一巻、九一～九二頁。同「再生産表式の基本的考察」宇野著作集三巻 を参照。また、このような「仮象 Schein」説は、むしろ『要綱』に頻発する五〇年代マルクスの見解であった。たとえば、*Grundrisse*, S. 148, 203, 613.（邦訳 一五六、二一五、六七六頁）を参照されたい。

（9）K. Marx ; *Das Kapital I*, MEW. Bd. 23, S. 610.（二三巻 七六〇頁。）

（10）*Ebenda.*, S. 556.（二三巻 六九二頁）

（11）A.Smith の "original purchase-money" について、*An Inquiry into the Nature and Causes of the Wealth of Nations.*『諸国民の富（一）』、岩波文庫、一四六～一五一頁。G.W.F.Hegel の "Umschagen" について、*Enzyklopädie der philosophischen Wissenschaften im Grundrisse, §133. Inhalt und Form.*『小論理学』岩波文庫 六〇頁。P.J. Prudhon の "La propriété c'est le vol" について、*Qu'est-ce que la propriété ?*『所有とは何か』アナキズム叢書Ⅲプルードン、三一書房、五九～六四頁 を参照。

（12）K.Marx ; *Über P.J. Proudhon*, Brief an J.B.v.Schweitzer, MEW. Bd. 16, S. 23.（一六巻 二五頁。）

（13）K. Marx ; *Das Kapital I*, MEW. Bd.23, S. 590.（二三巻 七三六頁。）この点について、宇野弘蔵「資本論入門・第二巻解説」

序説、宇野著作集六巻。同『経済原論』著作集一巻、一三七～一三八、二一四頁。
(14) 岩田弘『資本主義と階級闘争』社会評論社、一九七二年（新版一九九八年）、八〇頁や、藤田勇『法と経済の一般理論』日本評論社、一九七四年 三〇八頁 は、こうした流通と生産の矛盾なるものから一挙に「国家権力」を導き出しており、疑問である。
(15) 宇野弘蔵『経済学方法論』宇野著作集九巻、二九二～二九五頁。
(16) 経済学批判のプラン問題と転回論の帰趨の関連については、大津定美「経済学批判プラント資本蓄積論」『龍谷大学経済学論集』七巻二号。佐藤金三郎「資本論の成立過程をめぐって」『世界経済論集』一四巻一一号。向井公敏「領有法則転回論をめぐる資本論各版の異同について」『同志社商学』二八巻二号 を参照されたい。
(17) K. Marx ; *Brief an F.Engels*, MEW. Bd. 29, S. 317.（二九巻 二四九頁。）
(18) K. Marx ; *Das Kapital I*, MEW. Bd. 23, S. 790.（二三巻 九九四頁。）
(19) *Ebenda*, S.791.（二三巻 九九五頁。）
(20) F. Engels ; Nachtrag, *Das Kapital III*, MEW. Bd. 25, S. 909.（二五巻 一一四八頁。）V・I・レーニン「ロシアにおける資本主義の発展」レーニン全集、大月書店、三巻四八頁。I・V・スターリン『ソ同盟における社会主義の経済的諸問題』青木文庫。大塚久雄『欧州経済史』岩波書店、一九七三年（新版二〇〇一年）、一〇七頁以下。川島法学における大塚の影響について、川島武宜著作集七巻の「解題」四七一頁 を参照。
(21) 平田清明「市民社会の経済学批判」『経済学史』内田義彦ほか編、筑摩書房、一九七〇年、三三四頁。これに対する批判として、大内秀明「資本論と市民社会論の復位」『宇野経済学の基本問題』現代評論社、一九七一年。鎌倉孝夫「市民社会論批判」『資本論とマルクス主義』河出書房、一九七一年 を参照。
(22) こうした見解は、古くは、渡辺洋三『法社会学とマルクス主義』日本評論社、一九八四年、二一頁 から、田畑稔『マルクスとアソシエーション』新泉社、一九九四年 や、柄谷行人『世界史の構造』岩波書店、二〇一〇年。大谷禎之介『マルクスのアソシエーション論』桜井書店、二〇一一年 など最近のアソシエーション評価にいたるまで、枚挙に暇がない。
(23) K.Marx ; *Brief an die Redaktion der „Otetschestwennyje Sapiski“*, MEW. Bd. 19, S.111.（一九巻 一一六頁。）
(24) K. Marx ; *Das Kapital I*, MEW. Bd. 23, S.742.（二三巻 九三四頁。）宇野弘蔵「社会主義と経済学」宇野著作集一〇巻。また、石垣博美「原始的蓄積についての一考察」『北海道大学経済学研究』第一七巻、佐伯尚美「農民層分解論の検討」『資本論

と帝国主義論（下）』東京大学出版会、一九七一年 も参照。

(25) K. Marx ; *a.a.O.*, S. 102.（二三巻 一一八頁。）

(26) K. Marx ; *Grundrisse*, a.a.O., S. 376.（邦訳 四〇九頁）

(27) K. Marx ; *Le Capital*, traduction de M.J.Roy, entièrement revisée par l'auteur, 1872. フランス語版『資本論』は、論理としての蓄積過程と歴史としての原始的蓄積過程を完全に分離するものであり、マルクス自身の意図が、経済学批判の原理的純化にあることを明確にしたものとして評価できよう。

(28) 石垣博美「貨幣の資本への転化」遊部久蔵編『資本論講座』二巻、青木書店、一九六四年 参照。

(29) A. Menger ; *Das Recht auf den vollen Arbeitsertrag in geschichtlicher Darstellung*, 1886. 森田勉訳『労働全収権史論』未来社、一九七一年。これに対する、F. Engels; *Juristensozialismus*, MEW. Bd. 21, S. 492-509.（二一巻 四九五～五一六頁。）K. Marx ; *Kritik des Gothaer Programms*, MEW. Bd. 19, S. 15-20.（一九巻 一五～二〇頁。）の批判を参照。

(30) 宇野弘蔵『農業問題序論』宇野著作集八巻、九五頁。宇野による同様の批判は、その他にも『経済学方法論』同九巻、一三六～一三八頁。『資本論に学ぶ』東京大学出版会、七八～八一頁。『経済学を語る』同、二一八頁。「私的所有と資本主義」『資本論研究Ⅰ』筑摩書房、一九六七年、二二六頁 など、数多くみられる。なお、これを整理したものとして、石井英朗「商品経済と私有制について」『地域と文化の周辺』社会評論社、一九八二年 も参照。

(31) これまで『資本論』全三巻を所有論として体系化を試みたものとしては、まず川島『所有権法の理論』があり、第一巻に「所有権の私的性質・観念性・絶対性」を、第二巻に「商品所有権の流通」を、第三巻に「資本としての所有権」を対応させていると思われる。また平田清明は明確に、各巻を「生産としての所有」、「交通としての所有」、「領有としての所有」と位置づける。「市民社会の経済学批判―所有論としての資本論体系」『経済学史』内田ほか編、筑摩書房、一九七〇年。これに対して、宇野の経済原論の流通・生産・分配の体系に依拠した所有論として、山本哲三「所有論としての経済学批判」『経済学批判 四』社会評論社 一九七八年 がある。山本は各巻を「流通としての所有」、「支配としての所有」、「所有としての所有」と規定する。本書も、以下において『資本論』全三巻を所有権法の体系として読み替えることを試みる。

(32) K. Marx-F. Engels ; *Die deutsche Ideologie*, MEW. Bd. 3, S. 63.（三巻 五九頁。）

(33) 山中康雄「占有の理論」『法律学体系・法学理論編』一九五〇年、三九頁。同「法と商品交換」『愛知大学法経論集』二九号、一九〇頁。なお、中野正「商品生産の所有法則」『資本論辞典』青木書店、も参照されたい。

(34) 宇野弘蔵「価値論の論証について」「価値形態論と価値実体論」宇野著作集九巻 を参照。なお、法学において、所有権を流通形態論として徹底した先駆は、山中康雄『市民社会と民法』前掲 である。

(35) 末川博「貨幣とその所有権」『民法論集』一九六二年、二五頁以下。宇野弘蔵『経済原論』宇野著作集一巻、六七～六八頁。

(36) 民法における無主物の先占や埋蔵物の発見は、たとえばA・スミスの「占有 occupation」のように、投下労働価値説とむすびついて所有権の取得の本源的根拠とされてきた。この点、商品の流通形態に外部的な「資金」から資本形式を説く宇野の視点が重要な批判となろう。宇野弘蔵『岩波全書・経済原論』宇野著作集二巻、三〇頁 参照。

(37) K. Marx ; *Das Kapital I*, MEW. Bd. 23, S.192.（二三巻二三三頁。）宇野弘蔵『経済原論』宇野著作集一巻、八五頁。なお、清水正徳『働くことの意味』岩波新書、一九八二年 も参照。

(38) 川島武宜『所有権法の理論』前掲、三三四頁。宇野弘蔵『資本論入門』宇野著作集六巻、三四六～三七五頁。

(39) 宇野弘蔵『経済原論』前掲、二四四～二四九頁。この視点からの人権把握として、柴垣和夫『社会科学の論理』東京大学出版会、一九七九年、八章 がある。

(40) 商法のうち、商行為法は『資本論』第三巻の利潤論、手形小切手法は同巻の信用論にそれぞれ原理的に対応するといってよいが、会社法は段階論のテーマであろう。

(41) この点、宇野「資本主義と土地所有」前掲、三九八頁 がいうように、土地所有の絶対性は労働力商品の形成の裏面として事実として前提される。だが、大内力『地代と土地所有』前掲、二二三頁 が展開するように、その価値支配権としての観念的性格は、資本主義そのものによって措定されるしかない。この点、水本浩 前掲書 に代表される、利用権の優越ないし不動産賃借権の物権化をもって近代法の原理とする理解は受け入れられない。原理論の世界では、いわば「賃借権は売買を破らない bricht nicht」。

(42) 宇野弘蔵編『資本論研究』五巻、前掲、三四〇頁。この意味で、信用法の原理論としての債権は所有権に従属するのであり、我妻のいう「債権の優越的地位」なるものは、特殊にドイツ金融資本の法的分析として解明されるべき問題である。

(43) 日高普『経済原論』時潮社、一九八三年、三章二節。同『社会科学入門』有斐閣、一九八〇年、一四八頁以下。

(44) K. Marx ; *Zur Judenfrage*, MEW. Bd. 1, SS. 364-365.（一巻 四〇一～四〇二頁。）

(45) 宇野弘蔵「思想の言葉」宇野著作集第一〇巻、四五五、四五八頁。

補論1　民主主義法学の衰退と川島法学

一　戦後法社会学の形成

日本において法社会学とは、たんに欧米流のソシオロジーの一分野を意味するものではなく、法を一個の社会現象として経験的・学際的にその成り立ちを問う〝法の社会科学〟の総称であるといわれる。それは大別して、まったく異なる二つのルーツを持っている。

第一は、大正時代に旧来のドイツ流の概念法学と法実証主義にたいし、法規の厳格な拘束をゆるめて法解釈の根拠を社会の慣行や習俗にまで広げることを提唱した、末弘厳太郎の自由法学運動である。またその影響下に戦時中も、紛争の妥当な処理のために当事者の利害の調査と近代法精神の啓蒙を志した川島武宜や戒能通孝らの社会学的法律学のグループである。

そして第二は、平野義太郎を先駆とし、法イデオロギーをいわゆる経済的土台としての生産関係に還元して分析することを主張するマルクス主義者の潮流である。それは昭和初期にプロレタリア科学研究所に結集した風早八十二・山之内一郎・杉之原舜一など、講座派経済学者と協力して法律による階級闘争を呼びかけ指導したグループであった。

戦時中の過酷な弾圧のなかで、前者は法解釈学の傍流にとどまり、後者は沈黙と転向を余儀なくされたことはいうまでもない。けれども、敗戦後のポツダム宣言を基本法とするアメリカの占領政策のもとで、両者はともに大きく復興し、民主化立法の制定に呼応して一躍わが国の法学界の主潮流へと発展していくことになる。一九四六年の新憲法の制定、戦時治安立法の廃止、家族法の大改正とつづくバラ色の戦後改革によって、民主主義は、封建制・軍国主義・ファシズムといった負の価値の反対概念として、何人も否定しえない〝錦の御旗〟に神格化される。そして占領軍が民主主義を布教する解放軍として歓迎される風潮のもとで、これと軸を一にして川島武宜の呼びかけにより、尾高朝雄・中川善之助・舟橋諄一・末川博らを発起人とする日本法社会学会は創設された。

「日本の、半封建的ないし前近代的現状をどうしたら克服でき、西欧近代的社会関係を創り出し得るか、特に、占領政策による上からの法律革命だけで果たして従来から日本社会が持っていた欠陥が克服され得るのか。ファシズム天皇制を支え、その社会的基盤をなしていた社会関係や行動様式の変革こそが、……法の近代化の鍵である。」（一九四七年 法社会学会設立の呼びかけ）

こうして末弘を中心に川島・戒能らのグループによって、「封建的・前近代的慣行」の実態調査が精力的にすすめられ、地主小作関係を軸とする農村の共同体的規制や身分階層制、家父長的な家族制度や村落構造を、旧憲法型の生活態度として告発し民主主義を啓蒙していく。「法社会学」は、ほとんど農村の慣行調査と同義に考えられ、これこそが新しい法律学であるとはなばなしく吹聴されることになる。

そしてまた、法社会学のこのような実践的性格は、そのまま方法論に転化される。欧米を模範とする理想的な新憲法体制と前近代的な社会生活とのギャップという現状認識は、ストレートに法社会学の方法論のレヴェルに横すべりさせられ、「国家法」と「生ける法」の矛盾、あるいは「裁判規範」と「行為規範」との対立といった二項対立的な法カテゴリーの設定へと一般化されていく。

たとえば川島武宜は、法社会学の方法論を次のように要約している。

① 民衆の行動を規律する「行為規範」こそが、裁判官の行為規範たる「裁判規範」の基礎であり、かつ後者を生みだす現実的根拠である。

② 現実の社会生活のなかに社会関係そのものとして直接に与えられている法の存在形態（生ける法）から、政治権力の強制を介した法規によって維持される観念形態（国家法）まで、法はもろもろの発展過程を有する。
③ 後者を前者の社会関係の必然性に還元するとき、法社会学は真に法の社会科学として確立する。

他方、一九四八年の二・一ストライキ弾圧から朝鮮戦争へむかう反共化と再軍備化のきざしによって、アメリカ占領軍への幻想が色あせるなかで、マルクス主義法学者グループは、戦後民主主義への翼賛からしだいに軌道修正を開始する。彼らは、アメリカの目的は日本の植民地化であり、新憲法による民主的自由のみせかけのうちに天皇制と地主的土地所有を温存し半封建的体制を再編成することにある、という新たな現状分析と二段階戦略の運動路線にしたがって、「法社会学」への攻撃を始めるのである。〝戦後民主主義法学〟という名のリベラリストとマルキシストとの短い蜜月は終わった。

こののち、マルクス主義法学者は、日本の前近代的慣行の残存はアメリカを後ろ盾とする天皇制権力によってむしろ強化されているという認識から、法社会学の方法論を逆転させ、裁判規範（国家法）こそが封建的な行為規範（生ける法）の存続を支えていると主張することになる。

たとえば杉之原舜一は川島を批判し、次のような法の概念を対置している。

① 行為規範と裁判規範は、直接的な国家権力の有無という点で本質的に異なり、等しく法のカテゴリーに押し込むことはできない。
② それゆえ法のメルクマールは、支配階級に有利にして必要な社会関係を維持発展させる階級の意思と、その意思に反するあらゆる力を抑圧する国家の強制力に求められる。
③ 国家制定法のみが、厳密な意味で法の名に値する唯一のものであり、すべての社会関係の基礎である。

わが国の法学界における戦後最初にして最大の論争といわれる「法社会学論争」（一九四八〜五一年）が、こうして始まった。この杉之原の見解は、熊倉武・細野武男らによって支持され、また山之内一郎によりソ連邦からスターリン＝ヴィシンスキーの法の定義が紹介されることで、いっそう絶対的な権威を付与されていく。

しかしながら、法社会学論争の背景にあるものは、スコラ的で高邁な法の本質論争の外観にもかかわらず、しょせん「前近代的で半封建的」なるものの存立構造とその克服を追求する実践的な戦略の対立にすぎなかった。いうまでもなく今日の理論レヴェルからみれば、明治期以来の日本における封建的な「生ける法」の強固な存続の根拠は、川島法社会学がいうような「国民の家父長制的な生活様式」に内在的にあったわけでも、ましてやマルクス主義法学者がいうような「絶対主義天皇制」による権力的な強制にあったわけでもない。日本は、世界資本主義の爛熟期において、はじめから高度な産業資本を外国から移入して明治維新をむかえたのであり、西欧と異なった近代化のプロセスをたどることはむしろ当然である。すなわち、厖大な過剰労働力を農村にとどめ、旧来の共同体的慣行によってその生存を維持することこそが、急速な工業化をすすめる後発資本主義のノーマルな法政策である。

法社会学論争はまさに、後発資本主義国である日本の〝近代〟を近代として正当に把握しえない、そのかぎりで概念法学と裏がえしの西欧法リゴリズムに囚われた論争であったといえよう。

じっさいこうした「半封建的な生ける法」は、戦後の近代化によってではなく、むしろ国家による現代的な資本主義の組織化によって解消されていくことになる。

なるほど一九四八年以降の占領政策は、アメリカの極東軍事戦略に組みこまれ、憲法九条の空洞化による自衛隊の創設、公安条例の制定、公務員スト権の剥奪といった反共主義を拡大していった。だが他方で、財閥解体による独占禁止法は私的独占の禁止を維持し、また、家族法の改革、女性の参政権の承認、地方自治の拡充、労働基本権をはじめとする一連の社会権の保障も着実に現実のものとなっていった。さらに農地改革による農地法体制は、寄生地主的土地所有を完全に除去して自作農主義を定着させていったのである。

すなわち、のちの日米安保体制につながっていく再軍備化と新憲法に代表される戦後民主化とは、相容れないものではなかった。それらはともに、日本資本主義が社会主義に対抗して、国家による反独占的な所得の再配分と農民の小ブルジョア化をおしすすめ、現代的な大衆民主主義国家へと変貌していく出発点をなすものであったということができよう。

こうしてドラスティックな戦後改革は、ファシズムの温床であり進歩的社会主義運動の根拠地でもあった農村や家共同体の「半封建的な生ける法」をみごとに解体していった。法社会学論争は、論争の社会的環境の変化とともに、当事者双方の感情的対立へと矮小化し終息していった。じじつマルクス主義法学は、五〇年代に入ると、社会主義運動の四部五裂、スターリン批判をきっかけとしたヴィシンスキー法理論の権威失墜、パシュカーニスの商品交換法理論の復権といった政治的インパクトにより、衰退に拍車を掛けられ、しだいにその影響力を失っていくのである。

そしてこうした状況のなかで、農村の生ける法の近代化と民主化を主張しつづけた川島武宜を頂点とする「法社会学」が相対的に正統性を保持し、法の社会科学の主流として評価されることになるのである。

二　前期川島法学の構造

川島の前期の業績は、大きく三つに分類することができよう。

第一に、『日本社会の家族的構成』（一九四八年）に代表される日本の前近代的慣行の分析と批判を主眼とするものであり、第二に、『法社会学における法の存在構造』（五〇年）などにまとめられた法社会学の方法論であり、第三に、この方法論にしたがい西欧近代法の理念型を構築した『所有権法の理論』（四九年）である。

『日本社会の家族的構成』は、日本の民主主義革命のためには、絶対主義天皇制の搾取機構の基礎をなした伝統的生活原理の徹底的な批判が不可欠であるという問題意識から、「家族制度」に分析を集中する。すなわち日本型家族のタイプとして武士型と民衆型を析出し、これを家格型と無家格型に分類する。さらに身分階層制を分析道具として、地主の小作農支配における親方子方、土建労働における親分子分、さらに儒教的教説とむすびついた天皇制国家と国民との擬制的親子イデオロギーまでを解明していく。そして、「わが国には民主主義が外から課せられていることの結果、われわれにはまだ民主主義革命の主体的・意識的条件が成熟していない」と結論づける。この主体的条件を創出するために方法論の構築にむかうのである。

これが『法社会学における法の存在構造』である。この川島の方法論的著作には、三つの古典の大きな影響がみられよう。K・マルクス、E・エールリッヒ、そしてM・ヴェーバーである。

川島は、従来の法律学が何が法的に正しいかという観念の世界における妥当性ないし価値判断を課題としたことに対し、法社会学の対象を、「現実の人々の法的行動を規定し方向づけている事実の世界において生起する社会関係」に限定する。法規をつくる人間は、現実の社会のなかに肉体をもって生活している生きた人間であり、また法規そのものが事実関係を規制する当為命題である以上、社会的現実を離れることはできない。「法規の終極的な根拠ないし淵源は現実の社会関係そのものである」というわけである。そしてまたこの現実の社会関係は、けっきょく「人間の生存の、したがって彼の生活資料の生産の歴史的なしかたであり、つねに人間の恣意をこえた一つの必然性に貫かれた……歴史的に与えられている人間と人間の協働のしかた」である、とされる。

ここに唯物史観の公式、とりわけ「上部構造／土台」論の影響を見てとることはたやすいであろう。しかし当時のマルクス主義者のほとんどが、スターリン主義の圧倒的影響下に、法を、直接に国家意思として、それゆえ階級支配の道具として捉えていた状況のなかにあって、この川島の言説はあきらかに異端であった。川島にこうしたマルクスの受容をしいたもう一つの背景として、ドイツにおける法社会学の創始者であるエールリッヒの影響をみておかねばならない。

川島は、現実の社会関係をたんに「土台」としてではなく、エールリッヒにならい、人間に一定の社会的行為を要求する命令すなわち規範関係として把握する。いいかえれば経済的社会関係の必然性は、同時に社会生活のなかで実際に規範的行動をしいる「生ける法」の存在そのものであるというわけである。こうしてマルクスの「上部構造／土台」論は、川島においては「制度化された観念的形態／法の直接的存在形態」として読みかえられることになった。しかし川島法社会学はここで大きなアポリアに出会う。エールリッヒはその主著『法社会学の基礎理論』において、規範関係として維持される社会関係を、最終的に「社会団体の内部秩序ないし組織規範」に求めているからである。

法の社会的基礎の分析が、マルクス主義の「物質的土台」やエールリッヒの「団体」で行き止まることは、西欧近代的な個人法に憧れ、その主体的条件の探求という実践的視点をモチーフとする川島としては、どうしても認めることができない。それゆえ川島は、生ける法は、「団体ではなくむしろそれを構成する個人間の社会関係にある」とエールリッヒを批判する。団体法理論では、団体内部の人的対抗は隠され、ひとつの統一としての抽象のうちに現実であるべき社会関係がかえって前提視され神秘化されてしまう、という。こうして法をあたえられたものとしてでなく、現実につくりだしていく力は、個人と個人の一定の関係以外にないとして、個人の行為を社会の最小の単位とするヴェーバー式の〝方法論的個人主義〟を採用することになるのである。

そしてこの三人の古典に依拠し、日本の前近代的社会規範と対蹠的な西欧の近代的所有権の典型を描きだしたものが、川島の畢生の大作といわれる『所有権法の理論』である。

この著書では、法規としての所有権を徹底して一定の歴史的な社会関係、すなわち個人対個人の関係に還元して分析する手法がとられる。すなわち所有権こそは、厳密な意味での権力関係から区別される主体の行為規範として、法的関係の基礎をなす。この個人相互の関係が自然発生的な分業に媒介されるとき、所有の私的モメントは、人間の外的自然にたいする支配権である「所有権」としてあらわれ、社会的モメントは対人的な関係である「契約」として分裂する。それゆえ近代的所有権の特殊歴史的な性格は、分業の発展形態である資本主義社会の商品交換のなかに表現される、ということになる。

資本主義においては商品の価値と使用価値への分裂に対応して、近代法は、法的人格・その私的所有権・相互の契約という三つのカテゴリーを要素とすることになる。そしてこれを端緒にして、所有の私的モメントと社会的モメントとの対立を動力とする「商品所有権の流通」が、有体物・一物一権主義・物権変動の意思主義・公示制度として展開され、さらにこの対立の帰結が「資本としての所有権」として総括されることになる。それはすなわち、信用による手形法から株式会社制度、そして金融独占によるトラスト・コンツェルンにいたる法の自己発展理論である。

これまでマルクス主義法学から『所有権法の理論』に対する批判として、国家権力論がないこと、あるいは資本家と賃労働者の対立にもとづく公法や労働法の分析が欠落していること、などが指摘されてきた。しかしながら川島の限界はこれらの諸説とはまったく逆に、国家や階級や人間の捨象の不徹底性に、いいかえれば商品経済の論理に即した構造的な分析の不十分性にあろう。なるほどそこでは、マルクスの『資本論』やパシュカーニスの『法の一般理論とマルクス主義』の成果をとりいれ、市場メカニズムに即した近代法の形態性のみごとな把握がある。しかし他面で、商品交換が自然的な分業に解消され、さらにそれはヴェーバー流に、自存的主体としての生きた人間の相互行為一般に解消されてしまうのである。

いうまでもなく法的人格は、特殊に貨幣によって価値を尺度された商品経済的関係の担い手としてのみ現実的である。関係が主体を構成するのであり、社会関係に先立って超越論的に主体があるわけではない。川島が出発点においた所有権の担い手としての人格は、まさにそれ自体資本主義という〝意思から独立した〟構造連関のシステムがつくりあげるイデオロギー的主体にすぎない。それはけっして、「生ける法」の終極的根拠としての実体ではないのである。川島がヴェーバーから受け継いだものは、みずから合理的な意思決定の動機をなす自由で自立的な近代的人間像であった。こうした超越論的個人を、一切の出発点であり到達点でありすべての社会を評価する固定的座標軸とする理解は、じつはエールリッヒの団体実在説と表裏をなす実体主義のドグマであるといえよう。

そしてこうした超越論的な主体＝実体から出発する論理が、所有権に内属的なる「私的モメントと社会的モメントの対立による法の弁証法的発展」という発想を規定している。それはおそらくF・エンゲルスの「社会的生産と私的所有の矛盾」による資本主義の生成・発展・死滅論からヒントを得たものであろう。けれどもこうした単純な矛盾論によっては、近代法が現代にいたるまで、諸個人の意識につねに正当性の観念を生みだす根拠さえ解明できないといわねばならない。むしろ反対に、私的・絶対的・観念的な所有権、相互に対等な契約、その担い手としての法的人格は、たとえ諸個人が主体的・自生的に生みだしたものではなく、国家が権力的・政策的に創出したものであったとしても、市場経済が社会関係をつつみこみ労働力が価格変動をつうじて自由に移動するところに客観的な根拠をもって成立する法イデオロギーなのである。

じっさい日本資本主義は、一九五〇年代の半ば以降、未曽有の高度成長期に突入し、管理通貨インフレと完全雇用制度によって、農村共同体はおろか家族や労働の場における共同性をも徹底的に解体し、市場のネットワークのもとに高度な組織化を達成していった。企業を支配する株式は法人所有となり、労働者の実質賃金は確実に上昇して、〝資本家のいない資本主義〟と〝一億総中流の労働者〟が謳歌された。じじつ、農村人口の都市流出とともに前近代的慣行は急速に消滅していき、「独立・自由の近代的個人」意識はそれなりに定着していったのである。

このため五〇年代後半以降の川島は、その啓蒙的個人主義による法社会学の根拠を失い、「日本の社会は、もはや個人によって構成される等質的な社会すなわち市民社会になった」という現状認識を示して、その方法論においても根本的な転換をむかえざるをえないことになる。

三　変貌する後期川島の法学

川島は、一九五七年の『社会科学における人間の地位』において、それまでのマルクス主義の影響を受けた法の近代化論を事実上清算し、新たな社会科学の基礎づけとしてT・パーソンズ型のアメリカ社会学への接近を示すことになる。

この著書では、マルクスの『ドイツ・イデオロギー』とパーソンズの「行為の理論」における出発点が、ともに「生きた肉体をもった人間」としての主体である同一性が主張され、ヴェーバー流の社会的行為の理解をつうじて法現象を因果連関として解明する方法論的個人主義を、さらに徹底すべきことが提起される。そしてこの社会学の方法論を、実用法解釈学に適用したものとして『科学としての法律学』が、法社会学に適用したものとして『法社会学・上』が、ともに一九五八年に発表される。

ここにおいて法は、心理学的・生理学的存在としての人間がコミュニケーションをつうじてとり結ぶ作用と反作用という行為の相互作用（社会制御）の手段として把握され、法社会学は、社会現象を社会的行為の相互システムに還元する経験科学である、という自己規定がなされる。以後、日本の構造・機能主義にもとづく社会学者を総動員して執筆された『法社会学講座全一〇巻』（一九七三年）の編集から九二年の死去まで、川島は、文字どおり法の社会学理論の構築へと邁進することになるのである。

それではこうした後期川島の〝法の社会学〟は、どのような構造と意味をもつのか。

それはまず、社会制御のもっとも単純化されたモデルとして、二人の人間の相互的行為から出発し、法の構造モデル、機能モデルをそれぞれ設定し考察をすすめていく方法であるといえよう。すなわち、個人の欲求充足のための行為の相互作用というダイアディックな関係から、合理的な反応の期待にたいする認知の行為（サンクション行為）として権利義務関係を導きだし、個人が社会システムに組み込まれる構造を説明する。つぎに、この制度的枠組みによって相対的に安定したシステムを前提に、社会秩序の存立を維持するための機能的条件が考察される。つまり均衡─不均衡─再均衡のプロセスによって秩序からの逸脱に対するサンクションをつうじた自己規制が説明されるのである。ここにおいて法は、制度化された社会制御のメカニズムであり、特殊に分化された役割者が非同調者に対してサンクションの決定と執行の行為を分担することで、社会秩序を維持し回復する機能をもつものとして位置づけられているといってよいだろう。

パーソンズの『社会体系論』（一九五一年）では、システムと個人の行為を結ぶものは、まえもって社会化された役割の要素であるかぎりの人間であった。そこでは、社会の体系的目標があらかじめ超越的に設定され、各個人はこれを分有するものとして配置されている。つまりパーソンズにおいては構造が暗黙のうちに実体視され、機能はこの構造の目的を実現するためにひたすら貢献する統制の手段として、システム内に固定された記述にとどまっていた。これに対して川島は、その主意主義的アプローチにより、むしろ初期パーソンズの『社会的行為の構造』（一九三七年）を評価して方法論を構成しているように思われる。「生きた人間」や「行為の主体性」を前面におしだし、社会システム自体を個人と個人の相互関係にまで還元し、単位としての個人の行為を中心にして法現象を把握する道をめざすわけである。

しかしながらパーソンズ自身の転換が如実にしめすように、ア・プリオリな個人から具体的な社会像をつくろうとするなら、無数の構成が可能な不可知論に陥ってしまう。また逆に、いきなり社会システムを導入し、サブ・システムとしての「目標達成」や「適応」とともに「パターン維持」「統合」といった法の機能を一般化して描いたとしても、その抽象の根拠はこれまたまったく不明瞭なままに終わるといわざるをえない。

社会の側に論理の基準を置いてその有機的な一部分としての人間の役割を埋めていくのか。そうでなければ、個人の側に基準を置いてその期待や欲求などの主観的要素によって社会を構成するのか。方法論的全体主義と個人主義という対立は、古くから続く社会実在説と社会唯名説という二項対立的な形而上学をニューモードで再現するものでしかないのである。こうしたグランド・セオリーは、社会レヴェルと個人レヴェルのいずれを優先すべきか、というイデオロギー的な価値判断の基準――そのかぎりで基本的人権と公共の福祉の利益衡量をめぐる法解釈学のテーマ――でありえても、特殊歴史的に形成される現代法分析の社会科学的な座標軸にはなりえない。

そもそも川島の出発点であった「独立・自由な近代法的主体」という理想は、レッセフェール政策により国家の夜警化と資本主義市場の自己調整を達成しようとした一九世紀の西欧自由主義のイデオロギーであり、反対に、パーソンズの社会学は、ニューディール以降国家による市場への介入によって「大衆民主主義」という体制目標を組織してきた二〇世紀現代資本主義のイデオロギーであった。

これにたいし日本資本主義は、戦後から高度経済成長期をへて、はじめて、戦前の後発資本主義を支えた農村共同体によって過剰労働力を維持するメカニズムを解体し、ケインズ主義的政策をつうじて全国民の市場への統合を準備した。国家により管理され脱属人化した資本のもとへ労働者を完全雇用するシステムに、総中流化した国民を〝平等〟に動員することで、憲法の理想とする「近代市民社会」と「現代的福祉国家」を同時に達成してしまったのである。

こうした国家の全面介入に依存した市場イデオロギーの普遍化というパラドクシカルな時代状況にこそ、川島が、いっけん相反するかのようにみえるヴェーバーの主体的行為理論とパーソンズの社会体系論とを重ね合わせていった背景があろう。川島法社会学における行為と体系、個人と社会という危うい均衡は、まさに戦後日本資本主義の市場的自由化と国家的組織化、つまり体制目標としての「近代化」と「現代化」がアンビヴァレントに共存する時代のアイロニカルな隠喩であった。

四　その後の法社会学

それゆえ、こうした構造機能主義の法社会学は、一九七〇年代における高度成長の破綻と、現代資本主義の「小さな政府」、「新自由主義」、「市場的民営化」への転換、およびこれと軸を一にする八〇～九〇年代における社会主義の崩壊とともに、川島の後継者や弟子たちによって多元的な分解の季節をむかえることになる。

こうした二〇世紀末以降の〝新しい〟法社会学として、①サイバネティクスにもとづくフィードバック理論や数量化の手法の導入によって、法の構造変動をも説明しようとする小室直樹や広瀬和子。②現象学を摂取したN・ルーマンの法社会学の受容によって主観的行為を再評価し、構造・機能主義から機能・構造主義への逆転をはかる六本佳平・村上淳一。③現代資本主義の新自由主義化に歩調をあわせてR・A・ポズナーらのロー・アンド・エコノミクスをとりいれ法の効率性を追求する平井宜雄・松村良之。④戦後マルクス主義に彩られた市民法理念へと再び回帰しようとする渡辺洋三らの民主主義法学といった諸潮流があげられる。しかしこれらの各潮流もまた、多くはすでに、その指導者が故人となり、継承者も少なく、いまや〝法の社会学〟そのものが風前の灯である。

戦後の法社会学が、法解釈学から独立した一個の社会科学を標榜しながら、けっきょく現代資本主義の法イデオロギーに深くビルト・インされてきた現実を、いま冷静に顧みる必要がある。今日の日本の法学の混迷と停滞はまさに、人間も社会もともにボーダレス化し目標を喪失したまま衰退しはじめた日本の現状をそのまま反映した縮図であろう。

〈参考文献〉
川島武宜『川島武宜著作集』全一一巻、岩波書店、一九八一～八三年。
川島武宜編『法社会学講座』全一〇巻、岩波書店、一九七二～七三年。

潮見俊隆編『法学文献選集』全一〇巻、学陽書房、一九七三年。

藤田勇・江守五夫編『文献研究・日本の法社会学・法社会学論争』日本評論社、一九六九年。

補論2　中小企業と「営業の自由」論争

一　「営業の自由」をめぐる学説と判例史

私たちの住んでいる日本は、資本主義社会と呼ばれる。

資本主義とは、商品による商品の生産をつうじ、各企業が競争によって利潤の最大化をはかる経済システムであり、この実現のためには、資本がより有利な投下場所を求めてたえず自由に移動できる市場メカニズムの作動が必要になる。日本国憲法は、個人の財産の自由（二九条）という私的所有制度のフレームワークとともに、この動的な側面を、「職業選択の自由（二二条一項）」として保障している。それゆえ、学説上、職業選択の自由は、たんに自分の従事したい職業を決定する自由つまり営業の開始・継続・廃止の自由にとどまらず、自分の選択した職業を任意に行なう自由つまり営業活動の自由を当然にもふくむものと解されてきた。「営業の自由」は、憲法二二条一項にいう職業選択の自由と厳密には区別されず、むしろそこに含まれるものとして、広く私的な経済活動を公権力による規制から自由に行なう基本権として理解されてきたといってよいだろう。

じっさい歴史的にも、営業の自由（Gewerbefreiheit）は、封建的ないし絶対主義的権力による営業の独占や産業規制を排除し、市場における自由な競争を国家に承認させるものであり、一八世紀ブルジョア革命期の自然法的な人権思想の基礎をなすものであった。さらに一九世紀には、人間生活の基本的要求がアダム・スミスのいう「見えざる手」により自動的に充足されることを前提にして、資本主義市場の自己調整メカニズムに対する国家の干渉をできるかぎり排斥するという自由権（laisser-faire）の中心思想をなすにいたった。それゆえ営業の自由は、日本国憲法に明文の規定がないにもかかわらず、宗教・良心・表現など精神の自由や奴隷的拘束・苦役を強要されない人身の自由を根底で支えるものとして、自由権的人権に属することが自明のこととされてきたのである。

もっとも、営業の自由は、精神の自由や人身の自由と異なり、他人の人権と密接な関連をもつ経済的自由権であり、人権相互の衝突が避けられないため、さまざまの規制をうけざるをえない。通説では、この規制の手段は、放任したさいに生じる社会や公共への弊害を防止するための必要最小限の消極的・事後的規制と、社会国家（福祉国家）的な見地から不平等を是正する目的で行使される積極的・政策的規制とに区別される。前者は、憲法一二、一三条の「公共の福祉」一般を肯定的に解し、社会的共同生活上さけられない人権相互の衝突の調整原理として扱われ、これにたいして後者は、憲法二二、二九条にのみ特に明示されている「公共の福祉」を根拠にして、立法府の裁量による経済活動への統制原理として位置づけられている。

いわば、一二、一三条の「公共の福祉」は資本主義の原理ないし自由主義的市場経済の保障を前提としたものであり、その規制を実施するためには、(1)事前抑制の禁止、(2)抑制すべき内容の法定、(3)明白かつ現在の危険、(4)より制限的でない他の手段の明示、という厳格な条件を充たさなければならないとされる。これに対し、二二、二九条の「公共の福祉」は、現代資本主義に固有の国家による市場への介入を肯定する規制であり、資本主義の修正と組織化をはかる社会・経済政策的制限であるといってもよいだろう。

次に判例に即して「営業の自由」概念の変遷をたどってみたい。

① 職業安定法違反事件

「営業の自由」の制限を認めた判例には、古くは職業安定法違反事件がある。判決裁（最高裁一九五〇年六月二一日大法廷判決）では、職業安定法は、職業の安定と労働力の補充による経済の興隆を目的にして、労働者に不利益な契約を強いた過去の職業紹介への反省から、営利目的の有料職業紹介を禁止していると述べ、公共の福祉による営業規制の合憲性を認めている。もっとも、この判決では、法規の立法目的は肯定されても、そこにいう「公共の福祉」がどの規定を指すのか、それゆえ、その達成のためにどのような規制までが可能なのかというガイドラインが示されているわけではない。

② 古物営業法事件

つぎに、公安委員会の許可なく古物を商った者を処罰する、古物営業法の合憲性が争われた事件がある。最高裁は、古物営業法の立法目的は被害者の財産の保護および犯罪の予防であり、規制手段としての許可営業主義は、許可基準の法廷によって行政庁の恣意を抑え、また不許可のさいの救済方法を設けている点で、公共の福祉の要請にかない違憲ではない、とした（最高裁一九五三年三月一八日 大法廷判決）。この判決は、はじめて規制手段の選択の適否を問い、許可制が人権に対する必要最小限の消極的規制、すなわち憲法一二条の「公共の福祉」にもとづくものであると判断した点で意義がある。

③ 公衆浴場法違反事件

公衆浴場法の違憲性そのものが争われた事件である。最高裁は、国民の健康および公衆衛生の確保の観点から、配置の適正規定を置かなければ、公衆浴場の偏在や乱立をまねき利用者の不便や衛生施設の低下などの悪影響をもたらすとして、設置場所にかんする距離制限を合憲とした（最高裁一九五五年一月一六日 大法廷判決）。これに対して学界多数説は、自由競争によっておのずから配置の適正ははかられるのであり、自由放任と衛生の低下に因果関係があるとはいえない。衛生設備の低下にたいしては、公衆衛生上の点検や許可の取り消しなどの行政措置で十分であり、あらかじめ距離制限をすることは、消極的・事後的規制の手段として必要最小限をこえており違憲である、とする。

④ 小売商業調整特別法違反事件

最高裁は、同法三条一項にもとづく小売市場開設許可にかんする距離制限を合憲と判断した（最高裁一九七二年一一月二二日 大法廷判決）。この判決の特徴は、第一に、経済活動の自由については、人権の相互調整とは別に、福祉国家の理念のもとに積極的な社会経済政策による規制が認められるとする公共の福祉の「二重の基準」理論を明らかにした点。第二に、このうち積極的政策的な規制の合理性について立法府の裁量権を肯定し、目的と手段がいちじるしく不合理でないかぎり合憲性の推定がなされ、裁判所は違憲・無効となしえない、とする「明白の原則」を採用した点にある。それゆえ小売市場の許可制は、中小企業の保護を目的とした経済政策の一環であり、その手段も、過当競争による弊害が著しい小売市場のみを規制対象とするものであるから、明白な不合理性は見当たらないとする。「営業の自由」に対する社会国家的制限すなわち現代資本主義的な介入を肯定した判例として注目されよう。

⑤　薬事法違反事件

こうした「二重の基準」理論をさらに詳細に展開したのが、薬事法違反判決である。最高裁は、薬事法六条二、四項にもとづく薬局開設の許可基準のひとつである距離制限を違憲とした（最高裁一九八三年四月三〇日 大法廷判決）。先の小売市場判決が、積極的・政策的目的の規制について「明白の原則」を適用したのに対し、この判決では、薬事法を、不良医薬品供給による危険の防止を目的とする社会の安全のための消極的・事後的規制として位置づけて、かつ許可制が職業選択の自由そのものを制限する以上、より「厳格な合理性」の基準を採用すべきであるとした。すなわち消極的目的の「公共の福祉」による営業の自由の制限は必要最小限にとどめるべきであり、「同じ目的を達成できるより制限的でない他の選びうる手段」があることに照らして、薬事法を違憲とし、設置不許可の取り消しを判決したのである。

ここに、営業の自由に対する「公共の福祉」による違憲審査基準、すなわち憲法一三条を根拠とする消極的制限（資本主義市場経済の自由）と、憲法二二条を根拠とする積極的制限（現代資本主義の国家的組織化）との区別・連関が判例上も明確になり、その後の判決は原則的にすべてこのライン上にある。

二　「営業の自由」と二つの「公共の福祉」

つぎに、営業の自由の消極的制限と積極的制限を、それぞれ営業を行なうこと自体の規制と、すでに選択した営業活動の規制とに分けて、行政法の規制タイプに即し整理する。

1　消極的・事後的制限（一三条の「公共の福祉」）

①　営業を行なうこと自体の規制

（a）営業の資格制限　これは個々の営業行為が社会に及ぼす害悪を防止する目的で、一定の基準を定めて不適者を排除するものである。

第一に「届け出制」がある。これは、行政監督の必要な業種について営業者に届け出義務を課す方式であるが、それ自体は開業の制限ではないとされる。かつて「貸金業等の取締にかんする法律」による届出義務について、最高裁は、不正金融から大衆を守りその福祉を保護するための必要かつ合理性のある措置であり合憲とした（最高裁一九六一年一二月二〇日大法廷判決）。第二に「登録制」がある。これは、資格・能力のある者を行政庁の公簿に記載し、その者にのみ営業を行なわせる方式である。登録にさいし業務にかんする一定の知識・経験・技能を要求するが、不適者や不正業者の排除を目的とする最小限の規制手段であるとされる。採石法三二条や業務管理者試験制度などがこれにあたる。第三に「許可制」がある。これは、営業の一般的禁止を行政庁が解除し、適法に営業を行なわせる方式であり、行政庁の羈束裁量が原則とされる。許可の要件を定めたものに、建設業法七条、食品衛生法二一条、麻薬取締法三二条があり、不許可の欠格事由を定めたものに、建設業法八条、古物営業法四条、火薬類取締法六条、高圧ガス取締法七条などがある。

（b）営業を行なうことの禁止　「あんま・マッサージ・指圧師・はり師・きゅう師にかんする法律」一二条は、

無許可者が医事類似行為を業として行なうことを禁止する。最高裁は、一定の業務行為が人の健康に害を及ぼす社会的危険性をもつことを根拠に、営業の禁止が憲法一三条の「公共の福祉」に適合するとして合憲とする（最高裁一九六〇年一月二七日大法廷判決）。

② 営業活動の自由の規制

営業を許された者の営業活動に対して制限を加えるものであり、危害発生の危険性ないし蓋然性があれば、規制措置の合理性が認められる。このため「営業を行なうこと自体」に対してよりも広範な規制が可能となる。たとえば、薬事法は、国民の健康への危害を防ぐために、医薬品等の販売につき取り扱い・広告を規制し、行政庁に立入検査、緊急命令、改善命令、廃業などの監督権を与えている。また、食品衛生法は、販売の取り扱い規制、表示、検査義務を課す。さらに、風俗営業等取締法が、善良の風俗を維持するために、深夜業務の規制、年少者の営業禁止、個室付き浴場やモーテルの場所規制を行なうのも、憲法一三条を根拠としている。

以上は、いわば資本主義市場経済の自由を前提としたうえで、そこからはみ出す営業に必要最小限度の規制をくわえる、自由主義的政策の一環をなすものといえよう。

2 積極的・政策的制限（二二条の「公共の福祉」）

① 営業を行なうこと自体の規制

（a）営業の資格制限　これは、当事者の適格性とはまったく別に、もっぱら国家による市場への介入・コントロールを目的にして、あらかじめ政策的に「営業の自由」を制限するものである。

特定の基幹市場では、まえもって競争の制限を営業の許可基準とすることができる。たとえば石油業法六条は、巨大石油化学工業の濫立や競合による供給過剰を防ぐため、競争制限条項を設けている。酒税法・たばこ事業法は、国の税収の確保という財政的見地から距離制限をおく。また小売商業特別法は、中小企業間の過当競争の防止を目的とし、大規模小売店舗法の届出制は、経済的弱者である中小企業を保護するための積極的制限である。「特許制」は、電気事業法・ガス事業法・通信事業法・航空法などに適用され、許可制と異なり、国家行政のなすべき事業の経営権を私人に賦与するものとされる。最高裁は、道路運送法一〇一条一項による自家用車を有償運送に供する白タクの禁止を、二二条による営業制限として合憲とした（最高裁一九六三年一二月四日大法廷判決）。また、「指定制」は、原則的に禁止されている営業を、指定を受けた者が例外的に行ないうる方式であり、行政庁の自由裁量に属する。覚醒剤取締法や核原料物質・核燃料物質及び原子炉規制法がこれにあたる。

（b）公的独占　旧郵便法や旧たばこ専売法など国家の独占事業により国家財政の安定と国民への均等なサービスを目的とするものである。もっとも、近年の新自由主義による「民営化」政策によって、これらの多くは縮小ないし消滅しつつある。

② 営業活動の自由の規制

独占禁止法は、「公正かつ自由な競争を促進し……一般消費者の利益を確保するとともに、国民経済の民主的で健全な発展を促進する」（一条）という目的で、私的独占・不正取引の制限・不公正な取引方法の禁止を行なう。同法は、独占企業の営業活動の自由を、「公共の福祉」により積極的・政策的に制限するものと解される。こうした規制は、立法府の裁量権に属するものとして合憲とされる。

以上は、二〇世紀以降の現代資本主義に固有の法政策であり、国家が市場に対する介入・組織化を試みるものとして、営業の自由に対する憲法二二条の「公共の福祉」を根拠とする社会国家的制限であるといえよう。

三 「営業の自由」論争

これらの憲法学における通説および判例に対して、岡田与好ら経済学者によって経済史をふまえた批判がなされた。

一般に、営業の自由論争または法学＝経済学論争と呼ばれる。

1　経済学からの批判

この批判によれば、憲法学の通説では、「営業の自由」を憲法二二条の「職業選択の自由」に含まれる人権とみなすが、これは歴史的事情を無視した解釈であり、逆に、後者の方が前者の範囲と程度によって制約される。職業選択の自由は、個人の欲する職業を追求する自由であるかぎりにおいて、自然法的人権の原理から導き出すこともできよう。しかし営業の自由は、歴史的に、たんに国家による産業規制からの自由ではなく、むしろ同業組合（guild）的な営業の独占（monopolies）と制限（restrains of trade）からの自由であり、私人間の自由競争の確保と小経営の維持という制度的な要請を内容とする。それゆえそれは、国家からの自由である人権ではなく、あくまでも個人および私的団体間の関係に適用される私法上の「公序（public policy）」として理解すべきである、という。

こうした「営業の自由」の理解は、とりわけ独占禁止法の合憲性の問題にかんして際立った特徴をしめすことになる。憲法学者の多くは、営業の自由に独占形成の自由を含めて、独占禁止法をその制限とみなすのに対して、この説では、独占禁止法こそ私的独占を排除することで、公序としての「営業の自由」を具体化する自由主義的立法である、とされる。したがって憲法学の通説のように、「営業の自由」と「公共の福祉」を対抗的に捉えるのでなく、逆に、営業の自由の実現（自由競争の機会の確保）がそのまま公共の福祉にかなうものとして評価されることになる。この説は、中小企業の保護のための公権力的規制の根拠と限度を、あいまいな「公共の福祉」という概念によってではなく、営業の自由を私人間における具体的実質的な内容において明確にした点において、意義があったといえよう。

しかしながらこの説においても、中小企業の営業権が、「公序」つまり「公共の福祉」としてのみ位置づけられ、基本的人権の枠外に放置される点ではなお、憲法学の通説と共通であったといわねばならないであろう。

2　基本権の第三者効力説

そこで、中小企業の営業権を人権として保護するために、基本権の効力を伝統的な国家からの自由にとどめず、この法理を拡張解釈して、独占企業による法益の侵害に対しても認める見解があらわれてくる。いわゆる基本権の第三者効力説（Dritrwirkung）である。

もっとも、「営業の自由」は第三者への直接効力どころか、明文がないため、その内容が確定した社会生活上の具体的基本原理とさえいえない。せいぜい国家に類似した巨大独占体による私的統治（準国家説）、ないしは国家の財政的援助や授権（国家関与説）を根拠にして、第三者にその効力を主張しうるにとどまる。しかも独占体も中小企業も、双方とも相手方の活動を制限する理由として「営業の自由」を主張できるため、裁判所は利益衡量によってこれを調整するしかなくなる。このため、個人の生活に密着した「小さな営業」と他人を支配できる「大きな営業」を区別する理論や、あるいは企業の社会性を強調する理論、さらには法人の人権主体性を否定する理論などが登場してきた。

けれども、これらも決定的な学説とはなりえていない。

3　社会権的人権説

最後に、中小企業の営業の自由を社会権的人権として位置づける見解が登場する。

この説はまず、憲法上の人権と公共の福祉の関連が個別的に明記されているのは、第二二条と二九条のいわゆる経済的人権に限られている点を強調する。第一二条と一三条の「公共の福祉」は訓示的規定にすぎないのであり、経済的自由権のみが固有に制限される根拠は、それが生存権（二五条）、教育を受ける権利（二六条）、勤労の権利（二七条）、労働基本権（二八条）という社会権の保障と明白に対立するからにほかならない。

ワイマール憲法以降の「社会国家宣言」は、もともと営業の自由をはじめとする経済的自由権の大幅な制限の上にのみ成立しうる。つまり、現代法において独占価格に枠をはめ、独占的大企業の「営業の自由」を制限できる根拠は、けっして自由権相互の調整原理などではありえず、公共の福祉を体現する国民の生存権的人権固有の効果にこそある。現代資本主義においては、自由市場を維持する自由権や公序の立場でなく、中小企業の没落を防止し保護するという「営業」の社会権的人権としての構成のみが、はじめて独占企業に対する営業制限を可能にする、とされるのである。

もっとも、二一世紀に入り、国境を超える情報通信産業の隆盛のなかで、営業の自由は、社会権的人権としての側面を縮小し、一部においては国家の介入を縮減する自由権的性格が再評価されつつあるのが現状といえるだろう。

四　基本的人権というイデオロギー

いずれにせよ「営業の自由」の概念は、資本主義の高度化と現代的変貌とともに、相互に矛盾する内容や規制をともなって変質をこうむらざるをえない。

古典的資本主義つまり自由主義段階には「営業の自由」という人権は文字どおり自由権を意味し、それは、国家の干渉を受けずに国家から自由に経済活動をする権利として認知されていた。そこでは「公共の福祉」も、人権相互の消極的調整原理にとどまっていたといえよう。しかし現代資本主義のもとでは、「営業の自由」は、社会的に脆弱な企業が国家に積極的援助を要求する権利へと転換した。「公共の福祉」が経済的自由権に対する政策的制限概念としてあらわれ、それは、福祉国家政策のもとで中小企業の「営業の自由」を積極的に保護する社会権的人権として定着していった。ところが近年また、人権の意味にやや変容がみられるようである。すなわち国家の市場経済に対する規制緩和政策のもとで、ふたたび「営業の自由」の自由権的意義が再評価されつつある。

このことは、基本的人権という概念が法解釈学的にはいかに重要なものであったとしても、社会科学的には、制度的フィクションでしかないことを明確にしめすものであろう。「営業の自由論争」は、「人権」なるものが、日本国憲法第一一条がいうような「侵すことのできない永久の」自然法的普遍性をもつ権利ではなく、むしろ、資本主義の変遷とともにその内実を変える一つのイデオロギーであることを明らかにするものであったと結論づけることができよう。

〈参考文献〉


小林直樹『新版　憲法講義（上）』東京大学出版会、一九八〇年。

今村成和「基本的人権と公共の福祉」『ジュリスト増刊・憲法の争点』一九七八年。

岡田与好『独占と営業の自由』木鐸社、一九七五年。

堀部正男「法学＝経済学論争」『社会科学の方法』一九、二四号、一九七一年。

下山瑛二「『営業の自由』論争について」『歴史学研究』四三八号、一九七六年。

中島茂樹「『営業の自由』論争」『法律時報』四九巻七号、一九七七年。

小島康裕「反独占法理の歴史と展望」『法学セミナー』二四一～二四四号、一九七五年。

東京大学社会科学研究所編『基本的人権』全五巻、東京大学出版会、一九六八～六九年。

高柳真一・藤田勇編『資本主義法の形成と展開』全三巻、同、一九七二～七三年。

柴垣和夫『社会科学の論理』Ⅲ経済と法、同、一九七九年。

あとがき

「まえがき」にも記したように、本書はまったく新しく執筆したものであるが、そのモチーフは、一九八四年に刊行した『資本論と法原理』（論創社）を受け継ぐものである。そのため本書の全体にわたって、この旧著のアイデアが利用してある。価値形態論の理解やヘーゲル法哲学の評価など、長い年月のあいだに私の考えがやや変化した所もあるが、本書では、宇野自身の法学への問題提起を尊重し、できるかぎりその意図を忠実に再現するように努めた。この点をお断りしたい。

また、第三章には、一九九二年に上梓した『ポスト・マルクスの所有理論』（社会評論社）が、第四章と第五章には、二〇〇二年に刊行の『コミュニタリアニズムへ』（同）が、それぞれ部分的に利用してある。終章は、私の宇野理論理解の原点であり、『資本論と法原理』以来さまざまの機会に論じているテーマなので、本書にも手を変え品を変えしつつ収録させていただいた。さらに、補論として二編の論文を加えた。どちらも短いものではあるが、「補論1」は、一九九五年刊行の黒木三郎ほか編『社会と法』（法律文化社）に掲載した論文を全面的に再構成したものである。また、「補論2」は、一九九三年刊行の曽我英雄ほか編『法学』（啓文堂）に公表した論文を大幅に書き換えたものである。前者は、本書の「序章」で触れた法社会学論争についての理解を補うのに好都合であり、後者は、本書のテーマである「経済と法の原理論」を、法解釈学の視点を入れてやや異なった角度から論じた。いずれも、本論を読むさいに参考にしていただければありがたいと思う。

さらにもう一点、お断りしておかなければならない。

本書を執筆するにあたって利用した参考文献についてである。見られるとおり、若い読者から見れば、かなり古い文献が目立つのではないかと思う。これには二つの理由がある。

一つは、「マルクス主義法学」なるものはもはや存在せず、それゆえ批判すべき著書や論文も、戦後から二〇世紀末までのものにほぼ限られてくることである。このことは、宇野弘蔵が直接ないし間接的に批判したマルクス経済学の原理論に関する著書・論文にも同じことがいえるだろう。もう一つの理由は、本書で言及した著書や論文は、ほとんどが、歴史の風雪に耐えて現在でも参照に値する古典的名著に属するものであることである。もちろんマルクス主義の古典なるものは、現在ではすでに批判すべき対象でしかないだろう。だがそれにしても、それが歴史において持つ〝重み〟は尊重すべきであろうと思われる。

それゆえ、本書の参考文献の多くは、主に、歴史的意義のある〝古文書〟に限定することになった。読者諸賢にはご理解をお願いしたい点である。

本書の刊行に際しては、今回もまた、社会評論社とりわけ松田健二社長および編集を担当していただいた新孝一氏にたいへんお世話になった。篤くお礼を申し述べたい。また、旧著『資本論と法原理』刊行のさいにご尽力を賜った論創社の森下紀夫氏にも改めて感謝したい。あの旧著がなければ、本書は決して上梓されることはなかったであろう。

本書が、経済学のみならず法学および社会科学に関心をもつ幅広い読書人各層に受け入れられることを祈念して筆を擱きたいと思う。

二〇一九年六月一六日

青木　孝平

人名索引（50 音順）

［ア行］

［カ行］

［サ行］

［タ行］

［ナ行］

［ハ行］

［ワ行］

青木孝平（あおき・こうへい）

1953 年　三重県津市に生まれる
1975 年　早稲田大学法学部卒業
1984 年　早稲田大学法学研究科博士課程単位取得
1994 年　経済学博士（東北大学）
2018 年　鈴鹿医療科学大学教授 退職
専攻：経済理論・法思想・社会哲学の相関理論

著書:『資本論と法原理』論創社、1984 年。『ポスト・マルクスの所有理論』1992 年。『コミュニタリアニズムへ』2002 年。『コミュニタリアン・マルクス』2008 年。『「他者」の倫理学』2016 年、以上、社会評論社。
編著:『天皇制国家の透視―日本資本主義論争』社会評論社、1990 年。
共著:『法社会学研究』三嶺書房、1985 年。『クリティーク経済学論争』社会評論社、1990 年。『現代法社会学の諸問題』民事法研究会、1992 年。『法学』敬文堂、1993 年。『ぼくたちの犯罪論』白順社、1993 年。『マルクス主義改造講座』社会評論社、1995 年。『社会と法』法律文化社、1995 年。『エンゲルスと現代』御茶の水書房、1995 年。『マルクス・カテゴリー事典』青木書店、1998 年。『マルクス理論の再構築』社会評論社、2000 年。『新マルクス学事典』弘文堂、2000 年。『市場経済と共同体』社会評論社、2006 年。『コミュニタリアニズムのフロンティア』勁草書房、2012 年。『現代社会学事典』弘文堂、2012 年。『ドイツ哲学思想事典』ミネルヴァ書房、2019 年、など。

経済と法の原理論　宇野弘蔵の法律学

2019 年 8 月 1 日　初版第 1 刷発行

著　者＊青木孝平
発行人＊松田健二
装　幀＊右澤康之
発行所＊株式会社社会評論社
東京都文京区本郷 2-3-10　tel.03-3814-3861/fax.03-3818-2808
http://www.shahyo.com/
印刷・製本＊株式会社ミツワ

Printed in Japan